中国珠宝年鉴

2003 2004

《中国珠宝年鉴》编委会 编

地质出版社

· 北京 ·

《中国珠宝年鉴》编委会

《中国珠宝年鉴》

《中国珠宝年鉴》编辑部

《中国珠宝年鉴》

主办单位： 中国宝玉石协会

协办单位： 上海钻石交易所
国际铂金协会

承办单位： 北京博观经典艺术品有限公司

序言

有人说：一滩水洼可以映照出整个天空，一件首饰同样可以凝缩一段历史。20年来，中国珠宝业的不断发展恰恰见证了中国老百姓生活的沧桑巨变。这种变化正是今天推动中国珠宝业发展的巨大潜力，《中国珠宝年鉴》每年都将这种变化及成就忠实地记录在册。

自20世纪90年代初以来，中国珠宝业以高于10%的年增长率快速发展。从产值1个亿发展到1000亿元，从业人员从2万人发展到200万人，行业生产加工企业3000多家，销售企业2万余家。中国珠宝首饰市场的铂金、黄金、钻石等首饰消费总量居世界前列，其中每年用铂量约120万盎司，黄金用量250吨，钻石销售额达145亿元人民币；中国是世界上玉石和翡翠加工及消费最大的国家，其中翡翠每年有6000吨的销售量，约占翡翠原料总产量的80%以上；中国还是世界上珍珠产销量最大的国家，年产珍珠500多吨，占世界珍珠总产量的90%以上；2003年，中国珠宝首饰出口总额达32.95亿美元，较2002年增长15.6%。

21世纪初中国经济仍保持着强劲的发展势头。居民收入迅速增长，购买珠宝首饰的经济支持力仍然强劲。在这一历史时期，中国珠宝业仍将保持一定的发展速度，但数量的增长将让位于质量的提高，企业将更注重品牌的塑造，千店一面的竞争格局将被打破。在2003年中国珠宝业的发展已表现出一些新的变化：

2004年9家黄金企业经过不懈努力，赢得中国珠宝业的首批“中国名牌产品”称号，由此，揭开了中国珠宝首饰名牌的序幕。这9家黄金企业以高质量的产品和服务，恰当的品牌经营，一定的技术创新和开发能力，现代企业制度和管理水平以及特色的企业文化等综合实力打造出中国珠宝业的首批名牌产品，为促进整个行业的品牌建设，提升整个行业的发展水平树立了标杆。

随着珠宝消费的多元化，珠宝首饰市场被不断细分，品种极大丰富。珠宝企业产品定位将逐步到位，是以镶嵌为特色还是以K金或黄金加工为主打产品，在未来珠宝企业经营中会更加明确，内在质量会不断提高。同时珠宝产业链中的生产、批发、零售各个环节的分工、协作也将更为紧密，产业规模不断扩大，并逐步规范化。

中国在钻石、人造宝石和首饰镶嵌方面已经成为世界瞩目的重要基地。现在中国有2万人从事钻石切磨，年加工量超过300万克拉；有10万人从事人造宝石切磨，加工占世界总产量的70%以上；有500多个企业从事首饰镶嵌加工贸易。中国珠宝地域化生产、经营特色更为突出，产业集群效应更为显著。辽宁岫岩、广西梧州、山东昌乐、广东番禺、河南镇平、浙江诸暨、江苏东海、深圳等20多个地区依托地缘、资源、人才等优势，形成了一定规模的特色产业基地，并在未来时期不断扩大。

随着中国珠宝首饰生产和消费的扩大，经营专业化、集约化渐成趋势。专卖店日渐成为珠宝首饰终端销售的一个必由之路。现今，我国珠宝首饰专卖店的发展从数量和质量上都有很大的提高。特别是一批大中型企业，出于对自身发展前景规划及对市场分析和认识，不断扩充专卖店并将其作为重要销售方式，从整体上取得了较好的收益。随着国内经营者观念的不断提升，高质量及个性化产品的不断丰富，专卖店的特色经营服务将成为企业品牌经营的最好出路。

2003年，中国社会消费品零售总额实现46000亿元；进出口总额达到8500亿美元，已升为世界第四大贸易国，预计2004年中国外贸进出口总额将突破1万亿美元，成为世界第3大贸易国。中国经济的发展也为世界提供了良好的投资场所。国外同业竞争给国内珠宝企业带来压力的同时，也将先进的管理理念、灵活的经营方式注入国内市场。这些，都为珠宝业的腾飞创造了机遇。

在2003年里，中国珠宝业的政策环境不断改善，市场竞争环境不断改进，发展的对比优势不断加强，企业集聚效应和综合实力不断提高，做大做强中国珠宝业的时机已经来临。可以肯定，在不远的将来，中国一定会成为世界上最大的珠宝首饰加工贸易集聚中心，中国珠宝业发展前景广阔！

中国珠宝业在经历了2003年的市场洗礼，克服了肆虐全国的SARS危机带来的行业危机后，迎来了更盎然的勃勃生机。《中国珠宝年鉴》将伴随业界人士一道开创未来中国珠宝业更辉煌灿烂的明天。

孙凤民

2004年10月

中国珠宝年鉴

标志释义

“龙纹”——中国／概念

龙是中华民族吉祥文化中代表最高祥瑞的神物。

龙纹是中华民族吉祥文化中最有影响的图案。

“夔龙纹”——古老、至尊、清雅、君子／概念

夔龙，古代神秘传说中的一种独角龙。古老图案应用夔龙。古老图案常用夔龙造型。《龙纹》里有云：“夔龙为群龙之主，饮食有节，不游浊土，不饮溷泉，所谓饮于清，游于清者。”夔龙乃龙中君子也。

“玉器龙纹”——珠宝文化／概念

夔龙造型源自于战国时期的玉龙纹图案。

此标志在设计中吸取玉雕工艺手法，刻意运用温润线条，提炼中国珠宝玉器文化“温如其玉，尽显君子之德”的和谐风采，摈弃传统龙纹中的狞利霸气，同时又保持龙纹气贯长虹的国粹神韵。

“夔龙标志”——年鉴形象／概念

古老的夔龙造型，其久远可与中华玉石文化形影相随。

夔龙玉器龙纹，以其史、以其德、以其神形，足可领衔《中国珠宝年鉴》的标志形象。

“铁锈红色彩”——皇家的标志色／概念

皇家的专用色有铁锈红、明黄、藏青、青绿，本标志选用铁锈红寓意权威的地位。

序　言

第一篇　行业论坛

目录

CONTENT

第二篇　行业资讯

目录

CONTENTS

目录
CONTENT

目录

CONTENT

第三篇 行业专栏

第四篇　行业综述

目录

CONTENT

第一章　相关政策法规

第二章　行业大事记

目录

CONTEN

中国珠宝年鉴

CHINA JEWELLRY ANNALS

【第一篇】

行业论坛

First chapter Forum

【第一章】

相关政策研究

Researching relation policy & rule

中国名牌产品的培育、评价与珠宝首饰行业

文／葛志荣（国家质量监督检验检疫总局副局长）

一、实施名牌战略是经济发展中战略性问题

名牌问题是经济发展中战略性问题，中央领导同志历来十分重视。改革开放的总设计师邓小平同志指出，中国应该有自己的拳头产品，创出我们中国自己的名牌，否则就要受人欺负。江泽民同志也提出，我们的企业就要敢于参与国际市场的竞争，在国际市场打响中华民族的优秀名牌，要长民族志气、创世界名牌。

党的十六大以来，新一届的党中央、国务院领导同样高度重视、大力支持实施名牌战略的工作。2003年四月，胡锦涛总书记、温家宝总理、黄菊副总理先后就进一步推进名牌发展的战略做出指示。中央领导提出：自己的名牌产品和知识产权是企业增强市场竞争力的关键，积极支持、大力推进国家名牌战略、努力在市场竞争中形成一批世界知名品牌，并明确要求我们会同有关部门进一步研究适应社会主义市场经济体制的名牌扶持政策，进一步推进中国名牌战略的实施工作。

我们应该清醒地认识到，虽然经过改革开放20多年以来的经济发展，我们许多产品的质量都已经位居世界前列，总体质量水平有了很大程度的提高。但在产品质量、信誉方面还存在着不少问题，产品竞争力还不强，特别是世界公认和有国际竞争力的名牌还比较少。党的十六大提出要形成一批有实力的跨国企业和著名品牌，这是具有战略意义的决策和部署。实施名牌战略不仅对提高企业的竞争力和长期发展具有决定性作用，而且对一个地区、一个国家的经济社会发展具有战略意义。要全面实现建设小康社会的目标，必须有参与市场竞争的品牌，没有名牌的经济是没有竞争力的经济。一个名牌的确立，特别是一个大型企业名牌的崛起，往往可以改变一个企业的面貌，可以带动一个地区经济的发展。

发展是振兴中国的第一要务，要全面建设小康社会，发展一批中国自己的名牌并成为世界名牌，这既是增强我国企业和产品竞争力的需要，也是满足人民日益增长的物质文化的需要。实

施名牌战略，发展中国名牌，争创国际品牌，已经成为我国全面建设小康社会一项十分重要而迫切的战略任务。

二、抓住机遇，全力推进我国名牌战略实施工作

2001年国家质检总局成立以后，按照国务院颁布的质量振兴纲要提出的要求，认真贯彻落实党中央国务院领导的指示精神，成立了中国名牌战略推进委员会，颁布了《中国名牌产品管理办法》，开展了中国名牌产品的评价工作。三年来共向社会推出了57类283家企业生产的333个中国名牌产品。

在胡锦涛、温家宝、黄菊与吴仪同志关于推进名牌战略的指示中，对质检系统提出了更明确的要求。我们将在国务院的领导下，会同其他几个部门把这件事情办好、办成。我们要抓住这个战略机遇期，推动尽快形成一批国际品牌，我们将进一步研究和完善适应社会主义市场经济体制的中国名牌产品的培育、评价和推出机制。通过中国名牌产品的评价和确认，带动更多的企业争创中国名牌产品。

开展中国名牌产品评价工作就像举办奥运会，通过举办奥运会给有实力的选手创造竞技的舞台，选拔出中国顶尖的产品；以政府的名义予以表彰，可以帮助这些品牌继续做强做大。中国名牌产品的评价工作，是对企业、对地方、对行业长期培育名牌、创名牌工作的认可，评价和培育相比培育更为重要，但科学规范的评价可以带动更多的企业严格质量管理、苦练内功，在消费者心目中树立良好的品牌形象，不断地扩大市场份额，逐步成长为世界级的名牌产品。

三、珠宝玉石首饰企业要苦练内功，加强质量管理，做强做大，冲出亚洲，走向世界，争创名牌

珠宝玉石首饰行业是一个传统而古老的行业。随着我国经济持续快速增长和人民群众物质文化水平的不断提高，珠宝玉石首饰正在从奢侈品向生活必需品过渡。珠宝玉石首饰既能美化生活又有保值功能，深受消费者喜爱，对于繁荣市场，拉动内需，引导消费，促进经济的发展有相当大的促进作用。改革开放以来，随着我国经济的快速发展，珠宝玉石首饰行业的发展突飞猛进，成就瞩目。2002年珠宝玉石首饰国内总销售额达到了800多亿元人民币，出口达到28亿美元。当然，现在我们珠宝玉石首饰行业的企业规模还偏小，生产集中度还偏低，知名的品牌还不多，特别是缺少人尽皆知、家喻户晓的大品牌、大名牌。

名牌是企业创造出来的，是行业培育出来的，而不是评出来的。因此珠宝玉石首饰企业要在创名牌、培育名牌上下功夫。对珠宝玉石首饰企业来讲，我们觉得特别要在以下几个方面进一步加强工作：

第一，要不断地发展以优势企业为主体、以信誉品牌为龙头的企业集团，充分发挥优势企业的品牌效应、规模效益，扩大知名度和市场占有率。

第二，为了争创中国名牌产品，组织好经营活动，强化内部管理，积极探索管理制度、机制的创新，建立和健全完善的企业管理体系，提高企业的整体素质。

第三，企业要坚持质量第一，建立和健全企业质量保证体系，大力加强标准化、计量认证等基础工作，抓好产品销售服务，确实维护产品的信誉。

第四，加快新产品的研发，不断实现技术创新，高度重视提高产品的技术含量，按国际标准和国外先进标准组织生产，做到超国际先进水平，增强产品在国内外市场的竞争力。

第五，企业要增强自我保护能力，充分利用法律武器和运用防伪技术，发挥企业自身打击假冒伪劣、保护名优的主动性。

党的十六届三中全会为我们提出了进一步完善社会主义市场经济体制的目标，企业的发展、行业的发展面临前所未有的机遇和挑战。2003年是实践党的十六大提出的全面建设小康社会奋斗目标的第一年，也是中央要求我们大力推进国家名牌战略关键的一年，让我们在以胡锦涛同志为总书记的党中央领导下，高举邓小平理论伟大旗帜，全面贯彻“三个代表”重要思想，与时俱进，开拓创新，扎实工作，奋发进取，以新的面貌、新的成绩为全面建设小康社会，推进社会主义现代化建设做出更大的贡献。

加强市场监督管理、促进行业健康发展

文／母建华（国家工商行政管理总局消费者权益保护局局长）

我国现已进入全面建设小康社会、加快社会主义现代化建设的发展阶段，伴随着经济的发展和人们生活水平的提高，珠宝玉石首饰行业也取得了很大的发展。据了解，目前我国已有各类珠宝玉石首饰生产加工企业5000多家、零售企业3万多家，从业人员300多万人，年销售额超过1000亿元，其中出口创汇达28亿美元。逐步形成了一大批具有生产加工特色的基地和企业，为国民经济的发展和出口创汇做出了积极的贡献。

但是，在市场监管中，我们也发现珠宝玉石首饰行业还存在着一定的问题。少数珠宝玉石首饰生产和经销企业缺乏应有的商业道德，采取以假乱真、以次充好、偷工减料、伪造产地、虚假打折、故意提高饰品价格等手段，侵害消费者的权益；还有少数珠宝玉石首饰鉴定单位虚标质量等级，甚至出具空白鉴定结果，这些都极大地损害了珠宝玉石首饰行业的整体形象，阻碍了行业的健康发展，应当引起我们足够的重视。工商行政管理部门是国家主管市场监督管理和有关行政执法的机关，维护正常的市场竞争秩序、保护消费者的合法权益是工商行政管理机关的重要任务。

近几年来，工商行政管理机关认真履行职责，加大了对珠宝玉石首饰行业的监管力度，在流通领域开展了对珠宝玉石首饰行业的监督抽查，查处了一批制售不合格、假冒伪劣的宝玉石首饰商品和欺诈、误导消费者的违法违章案件，净化了消费环境。工商行政管理机关还充分发挥12315消费者投诉举报网络的作用，及时调解有关珠宝玉石首饰商品消费的纠纷，有力地保护了消费者的合法权益。2002年全国工商行政管理系统共受理消费者关于金银珠宝玉石的投诉案件26096件，查处假冒伪劣金银饰品案件1627件，价值500多万元。为进一步规范珠宝玉石首饰行业的经营秩序，促进行业的健康发展，工商行政管理机关在继续深入开展整顿和规范市场

秩序的工作中，将进一步加强整顿和规范珠宝玉石首饰市场经营秩序的工作力度，充分履行职责，严格执法，切实维护广大消费者和经营者的合法权益，积极营造放心的消费环境。

一、严格执行珠宝玉石首饰商品的质量标准，把好商品的市场准入关

为了规范珠宝玉石首饰行业的商品质量，切实保护广大消费者能够购买到质量可靠的珠宝商品，国家制定了一系列珠宝首饰商品质量标准，这既是执法机关依法监督的科学依据，更是珠宝生产经营者必须遵守的法定标准。珠宝玉石首饰经营企业要按照产品质量法的要求，坚持商品质量标准，严格履行商品质量责任义务，把好产品质量入市关。工商行政管理机关要按照标本兼治、重在治本、以防为主、防打结合的方式，指导、督促和检查珠宝玉石首饰商品经营者建立商品质量查验登记制度，推行产品产销协议准入制度，规范经营者和生产者之间的购销行为，强化经营者在进货、仓储、销售等环节的商品质量把关责任，从源头上确保珠宝玉石首饰商品质量。在严格商品市场准入的同时，建立不合格和违法商品的市场退出机制，确保流通领域珠宝玉石首饰商品的质量。

二、加大市场监督执法力度，维护珠宝市场的经营秩序

工商行政管理机关将继续加大珠宝玉石首饰市场监管执法力度，把商品质量监督抽查与专项执法检查、市场巡查结合起来。对珠宝玉石首饰商品的质量以及商标、广告进行全方位监管，坚决打击侵害消费者权益的虚假宣传、以次充好、虚高定级、虚高定价等商业欺诈行为，规范市场经营秩序，要突出查处制售假冒伪劣珠宝玉石首饰商品的大要案件，对检查和抽查中发现的假冒伪劣产品和不法厂商要依法进行严厉打击，对触犯法律的要坚决移交公安机关追究刑事责任，同时要通过新闻媒体予以曝光。

工商行政管理机关要继续加强以国土资源部珠宝玉石首饰管理中心和行业协会等有关部门的协调配合，共同打击珠宝玉石首饰商品销售中的各种违法行为，为消费者营造放心的消费环境。

三、大力推进信誉建设，切实加强对珠宝玉石首饰行业商品经营企业的监管

目前全国各级工商行政管理机关正在大力推进“金信工程”建设，依据职能对企业进行分类监管，按照企业大小、守信承诺分为四类：守信、轻微失信、失信、严重失信企业。根据不同企业的守信状况，采取不同的监管措施，强化企业信用意识和守法经营意识。在“金信工程”建设中，要结合珠宝行业特点，建立珠宝行业信用监管机制，切实规范珠宝首饰经营企业的经营行为，对珠宝首饰守信企业要重点扶持；对存在轻微违法行为的企业，及时予以警示；对失

信珠宝企业进行重点监控；对严重违法失信的珠宝企业，依法吊销其营业执照并公开违法记录。通过实施分类监管，一方面强化对失信企业的监控，另一方面尽快建立起珠宝玉石首饰行业自律机制，提高珠宝企业依法、诚信经营的意识。

四、充分发挥12315消费者申诉举报网络的作用，及时处理珠宝消费者申诉举报

近几年来，工商行政管理机关在全国建立了遍及城乡、受理及时、反应迅速的12315消费者举报申诉网络，并在保护消费者的权益、维护市场秩序中发挥了重要作用。各级工商行政管理机关将进一步完善12315消费者申诉举报网络，尤其要尽快在珠宝经营场所设立12315消费者申诉举报联络点，方便消费者的申诉和质量监管，及时受理珠宝消费者申诉举报案件，调解消费纠纷，查处消费欺诈以及制售假冒伪劣的珠宝玉石首饰商品等违法行为，切实保护消费者的合法权益。

五、加强与行业协会的配合，积极促进行业自律

行业协会是政府和企业之间的桥梁和纽带，在行业规范发展中起着重要的作用。2003年元月，在国家工商总局和中国宝玉石协会的支持下，江苏省工商局在南京组织召开了珠宝玉石首饰质量监督抽查暨行业规范促进会，会上中国宝玉石协会公布了《中国珠宝玉石首饰行业自律公约》，发起了珠宝玉石首饰行业的诚信行动；同年2月，中国宝玉石协会在北京组织召开了全国珠宝玉石首饰行业自律工作会议，通过并下发了自律公约以及行业自律质量监督检查办法，将行业自律工作纳入制度化的轨道，取得了很好的效果，产生了积极的社会影响。近期我局将与中国宝玉石协会组织质检机构在全国范围内对珠宝玉石的质量开展监督检查、抽查工作，以及行业自律工作。今后工商行政管理机关将进一步加强与中国宝玉石协会的联系与配合，对于检查和抽查中发现的问题及时向协会反映，共同研究解决的措施和办法，充分发挥行业协会在自律、协调和指导方面的作用，维护公平竞争的市场秩序，促进行业的健康发展。另外在市场监管工作中，工商行政管理机关还要充分发挥珠宝玉石首饰名优生产企业的作用，利用其提供的案件线索和知假辨假的优势，联手开展打假维权行动，要积极依托法定的珠宝玉石首饰质量鉴定检验机构，建立广泛的消费商品争议送检和商品质量抽检的检验机构联系网络，为加强珠宝市场监管、促进珠宝行业健康发展提供强有力的技术支持。

我们深信，在有关行政执法部门、行业协会、检验机构以及广大珠宝玉石首饰生产经营企业的共同努力下，我国的珠宝玉石首饰经营市场秩序将日趋规范，广大珠宝玉石首饰消费者的合法权益将得到更加有效的保护，珠宝玉石首饰行业将会在健康有序、快速发展的基础上迎来更加美好的明天！

中国税收政策的改革进程对珠宝首饰行业的促进作用

文／胡先明（国家税务总局流转税司处长）

一、现行的一些税收政策

1994年，税收政策改革以后，珠宝玉石首饰行业征税主要有以下几种：①以销售产品为对象的间接税，也就是通常我们所说的流转税；②以所缴纳的流转税为税率征收的附加税；③以企业的经营利润为征收对象征收的直接税，既所得税。具体涉及到的税种有适用流转税范畴的增值税、消费税、营业税；适用附加税范围的有城市维护建设费和教育费附加；适用直接税征收范围的企业所得税。下面主要对流转税中的消费税做一些分析。

1994年税收政策改革以后，我们除了把珠宝玉石首饰行业作为普通的货物征收增值税以外，实际上我们还把它作为一种特殊的货物在征收消费税。根据消费税的定义，把贵重首饰、珠宝玉石列入消费税征收范围，具体征收范围包括：各种宝玉石，人工首饰，经过开采、打磨的各种珠宝玉石及贵金属首饰。1994年规定税率是10%。在这几年的改革中，税率经历了三次调整。第一次是在1995年，将其中的黄金饰品消费税由生产环节和进口环节征收改为在零售环节征收，税率由过去的10%调整为5%，这是第一次变化。第二次变化是2002年1月1日，将其中的钻石及其饰品的消费税由生产和进口环节征收改为在零售环节征收，税率也从10%调整为5%。第三次调整是从2003年5月1日起将其中的铂金及铂金饰品的消费税由生产和进口环节征收改为在零售环节征收，税率同样也由10%调整为5%。经过这三次调整，实际上我们所有征收范围就变成两部分，除了黄金、铂金、钻石及其饰品放到零售环节征收以外，其他的宝石、玉石之类的加工首饰仍然还在生产环节征收，这类税率仍然执行10%。另外，把珠宝首饰、贵金属首饰作为普通的货物和其他的产品一样征收增值税，这是现行的珠宝消费税政策。

二、关于现行政策的分析

1994年税收政策改革之后，消费税政策的确定和调整对贯彻国家产业政策，引导消费行为，

增加财政收入都起到了积极的作用。也就是说，1994年的税收政策改革是成功的，是可行的。目前由于国家珠宝玉石首饰行业的管理体制已经发生了很大变化，尤其是黄金、钻石、白银等一些贵金属的交易市场的形成与目前现行的珠宝玉石税目税收政策发生了冲突，与我们的征管模式也发生了很大冲突，现行的税收政策已经不能适应形势发展的要求。这些问题表现在：国家对黄金、白银等贵金属的管理体制已经发生了变化。以前贵金属都由中国人民银行统购统销，高度集中；现在已经放开了，可以通过黄金交易市场、白银交易市场、钻石交易所等这样的渠道自行采购。国家在零售行业也不再实行人民银行审批制度。这种变化，对现行的税收政策已经产生了非常大的影响。具体变化情况是：

第一，证明单的使用情况发生了变化。过去企业只凭人民银行批准的证书才能领到所谓的证明单；现在人民银行不批了，证明单就难以取得。证明单的使用没有条条框框的限制了，使用情况非常不理想，证明单的使用已经成为企业一个沉重的负担。

第二，消费政策发生了变化。从贵金属首饰饰品本身来看，其消费性质已发生了变化。1994年我们在设计这个税率的时候，是把珠宝首饰、贵金属首饰作为一种奢侈品。当时人民生活水平刚处于温饱状态，还未达到小康水平，首先需要解决的是吃饭问题。所以对珠宝首饰、贵金属首饰的需求只限于高收入的阶层，对于普通大众来说它仍然是一种高档的、奢侈的消费品，在那时对其进行适当的限制是应当、是可行的。但是，现在随着人民生活水平的提高、收入的增加，这种所谓高消费的行为已经变成了普通化、大众化的消费行为，从收入的对比和相关产品的对比来看，现在的黄金、铂金、钻石尤其是黄金的消费已不是高档消费了。现在买一件黄金首饰还不如买一部手机所需费用高，所以仍然把它看成是奢侈品进行消费限制，征收消费税，显然不太合适了。

1994年设计消费税的时候还有个考虑，就是当时由于通货膨胀，限制消费，从这一点出发设计了消费税；现在是通货紧缩，要鼓励消费，要刺激消费，在这种情况之下，我们认为适当地改变现行税收政策应该是可行的。

第三个变化，我们觉得现在贵金属首饰及珠宝玉石首饰的税负比较重。前面提到，经营贵金属首饰、珠宝玉石首饰的单位承纳的主要税种有增值税、消费税、营业税、城建税、房产税、印花税、车船使用税、教育附加费等等，还有一些其他的收费项目。结果导致黄金饰品、黄金原料的价差过大，这个价差远远高于目前香港金店买卖进出差价（10%）。国内金店黄金买卖差价大致为25%，因此黄金饰品保值的功能也失去了。多数企业不堪重负，或者企业只能采取一些变通的办法，而这些变通的办法又严重扰乱了黄金饰品的销售市场，对税收也是一个非常大的冲击，带来了很大的危害。从广东地区的调查了解到，由于黄金饰品的价格非常透明，利润空间小，现有的税负水平已经对黄金企业的生产经营及其销售造成了非常不利的影响。

1997年以来，由于多方面的原因，我国黄金销售也在不断地下降。这里面有很多地原因，其中税负高也是影响这个行业发展的原因之一。除此之外还有一个原因就是纯贵金属首饰的比例在下降，镶嵌首饰的比例在上升，这就给征收消费税带来了一定的困难。另外，据了解，国际上有很多国家和地区都是以较低的税负来鼓励消费，或者说来鼓励旅游者进行消费，这样既繁荣了市场又增加了就业。例如韩国、泰国、马来西亚、印尼等国家及中国香港、台湾地区对黄金饰品都采取了较低的税负政策。泰国只征收7%的增值税，不征收消费税；印尼只征收10%的增值税，不征收消费税；新加坡只征收3%的消费税，不征收增值税；日本只征收5%的消费税，不征收增值税；马来西亚、中国香港、中国台湾规定，黄金饰品不征收任何税负。如果我们还坚持现行的高税收政策，那么大量的黄金购买力将流向海外。据不完全统计，香港黄金饰品销售额每年大概在60亿港元左右，其中60%是大陆人购买。如果适当调整税收政策，留住这60%的购买力，对繁荣国内的珠宝首饰市场将起到非常大的促进作用。当然，消费者到香港购买不仅仅是因为价格，款式也是很主要的原因之一。在珠宝玉石首饰、黄金白银贵金属首饰管理体制发生很大变化的前提下，如果税收政策做相应调整，实现与消费政

策同步，必将为生产、销售、加工企业提供一个广阔的发展空间，为良性消费创造一个有利的环境。

三、如何调整目前的税负

前面已经提到，由于珠宝玉石首饰、贵金属首饰行业税负过高，已经影响了整个行业的发展。经过调查和研究，提出初步的研究意见并非最终意见（因为所有的税收政策的调整都由国务院批准，只有当国务院批准以后才能够变为现实）。第一方案：取消对珠宝玉石首饰、贵金属首饰行业的消费税；第二方案：改进管理方法。

第一方案：

（1）为什么要取消珠宝玉石首饰、贵金属首饰行业的消费税？

我们的理由如下：取消对贵重首饰及珠宝玉石首饰消费税能产生一系列的积极效果。

- 有利于增加对珠宝玉石首饰、贵金属首饰的消费，扩大内需。自古以来，黄金等贵金属及其系列产品具有特殊的保值、增值作用，尽管目前黄金饰品的地位有所降低，但仍有相当数量的老百姓对此有所偏好，如果价格适中、品种齐全、款式新颖，就有利于促进黄金及其系列产品的消费。根据国外的经验，印度在黄金开放之前，它的消费量是200吨左右，开放后猛增到600吨左右，这说明黄金市场潜力巨大。同时，从我国目前人均占有黄金饰品2.5克左右来计算，如果提高到人均3克左右，这就有650吨的消费潜力；按持续销售20年计算，平均每年有325吨的销售量，说明其市场前景同样很广阔。目前，黄金已不简单是饰品及相关产品，而且还可以作为投资品种，比如说金条、金砖等，这种功能已经为社会上中高等收入的阶层所接受，成为他们相应的一种投资渠道。这也同样增加了黄金的消费量。

- 有利于扶植民族企业的发展。珠宝玉石、黄金、白银等产品从矿床勘探、生产、加工到销售是一个完整的产业链，经过多年的发展，目前我国在这方面已基本形成了一定的行业规模。由于劳动力成本低的优势，实际上中国香港的大部分黄金饰品、中国台湾地区的部分黄金饰品都是在大陆加工生产的。从生产经营看，目前和今后黄金行业的形势并不乐观。具体原因有：一是黄金饰品价高利低，经营黄金的企业无利经营，更无力开发一些高附加值的产品；二是一些经营规模小的企业在偷税、漏税、以次充好、降低成色等方面做文章，进行不正当竞争；三是消费者中的白领消费层买不到合适的产品，只能到海外购买相应的产品。上述几种情况都不利于黄金饰品的经营，长此以往，恶性循环，会加剧国内黄金企业的困难。为了保护民族产业，鼓励国内黄金企业的发展，需要在政策中推出一系列的鼓励措施。其中税收上的鼓励措施具有直接、及时的特点，可以优先采用，通过一系列的扶持措施，可以促进黄金企业的休养生息，有助于进一步扩大再生产。

有利于缓解社会就业的压力，促进社会稳定发展。从事珠宝玉石、黄金、白银的开采、加工、销售企业都是劳动密集型的企业，尤其是黄金的加工过程，劳动力的需求很大。据统计，我国现有各种规模的金银珠宝加工企业3000多家，零售企业大概20000多家，黄金珠宝行业从业人员400万人左右。随着黄金管理体制进一步改革以及黄金珠宝业的进一步发展，相应的还会增加一部分从业人员。他们是我国就业人群的一个重要组成部分，不断维持和发展黄金产业有利于稳定他们的就业问题，对社会稳定起到积极作用。从黄金加工大省——广东省的情况来看，由于黄金加工业的不景气，该行业的从业人员工资和福利待遇偏低，已经影响了这些工人的稳定。因此，应该想方设法促进黄金珠宝行业的发展，为全社会的就业和国家的稳定做出努力。

（2）取消珠宝玉石首饰、贵金属首饰行业的消费税的可行性。

从税收政策的总目标看，必须根据宏观经济政策的变化及时调整税收政策，以适应经济形势的发展。目前，贵重金属首饰及珠宝玉石首饰的消费税政策已经不适应市场发展的需要，急需改革。可参考的原因有：

从贵重首饰及珠宝玉石首饰的消费税调查的范围看，它只涉及珠宝玉石、黄金、白银等一些消费品的改革，不触动该行业的增值税和其他的税负，涉及面小，社会影响小，不会引起大的震动。

贵金属首饰及珠宝玉石首饰缴纳的税收比较少，近几年我国这部分的消费税基本上是在4亿元左右，最高年份达到过6亿元。如果综合考虑到改革后贵金属首饰及珠宝玉石首饰销售量可能增加，增值税、营业税及其相关的其他税负也相应增加的话，那么这种影响还会更小。

取消珠宝玉石首饰、贵金属首饰行业的消费税对财政收入影响不大，如上所述，由于现在这部分税收中消费税大致在4亿元左右，在财政收入里面所占的比例是非常小的，不会对财政收入构成很大的影响。

不单纯对珠宝玉石首饰、贵金属首饰行业进行消费税调整，对其他消费品也进行一些适当的调整，比如说现在有很多产品准备考虑纳入到消费税征收的范围当中。这个考虑一方面根据国家产业政策的需要，比如大排量的汽车；另一方面是环保政策的需要，比如说一次性使用的自然资源、产品。在这种有增无减的情况下对财政的影响将会更小。

消费税一旦取消，黄金及其他一些首饰的消费量在大量增加以后，增值税、企业所得税将增加，对财政的影响将会更小。

这是有可能取消珠宝玉石首饰、贵金属首饰行业消费税的几个有利条件。目前，有关的报告已基本形成，不久将报到国务院。

第二方案：

如果取消珠宝玉石首饰、贵金属首饰行业的消费税这一方案得不到国务院批准，就要改进

现行管理办法。

现行管理办法存在的一个主要问题是划分批发和零售所使用的证明单、购买黄金饰品的证明单，也就是我们通常所说的四联单。证明单本来的作用是要保护企业的，企业有零售和批发，企业对外卖的时候要确认谁是零售、谁是批发；有证明单的企业证明你是零售企业，那么在企业采购的时候，工厂以不含税的价格给你供货；如果不能提供证明单，将视为直接消费行为，工厂将以含消费税的价格供货。领取证明单的企业须具备几个条件。零售单位、批发单位到当地税务局非常方便地领到证明单，供货商对有证明单的企业以不含消费税的价格供货，批发企业和零售企业应该有积极性和主动性来使用证明单。而现在的情况恰恰相反，大家都不愿意使用证明单。我分析原因有两个：①黄金饰品价格非常透明，竞争非常激烈，企业要求使用证明单，客户可能不来进货而到不要求使用证明单的企业进货，这属于一种不正当竞争。之所以出现这个情况，是因为有的企业管理严密一些，要求使用证明单，对没有证明单的企业以含消费税价格供货；而有的企业、有些地区对此管理不严，不管有无证明单都以不含消费税价格供货。②增值税和其他税负的问题。零售企业现金交易的较多，也不需要增值税发票，即使开票也是一张普通发票，这样在申报增值税的时候就可以少申报，所以企业不愿意使用证明单的着眼点主要在增值税，由此一来其他的税负也就逃掉了。从税收的角度考虑，不使用证明单逃税是主要的原因，这样就给生产企业造成了很大的压力。对没有证明单的购货商，如果生产企业坚持要证明单，货品就卖不出去；不要证明单税务局要征税，使生产企业陷入两难的境地。为此，就把所有的购买单位分成两类：增值税一般纳税人和增值税小规模纳税人，因为一般纳税人到工厂购货时需要开具增值税发票，这个发票就能证明你是批发还是零售，让它来起到证明单的作用。对小规模纳税人来说，不对它进行增值税管理，那么继续使用证明单。当然在证明单的使用和管理上将改变现在的一些办法、一些条件。

我们初步是这样考虑的，而且也正在按照这个思路展开工作，按照工作计划，贵金属首饰及珠宝玉石的消费税不管是取消还是改进管理办法，争取在2004年1月1日有个新的面貌出现。

【第二章】

产业资本与金融资本融合的趋势

Trend of industry capital and finance capital mixed together

金融和资本是推动产业发展的强有力的杠杆，但是目前正是金融手段和资本运营的“游离”阻碍了中国珠宝业的进一步发展壮大，探索珠宝经济发展新思路，运用银行、信托、担保、基金等手段和方式拉动珠宝经济发展，已成为当务之急。

中国珠宝业建立信托基金的可行性分析

文／刘传葵　（《中国证券投资基金年鉴》副主编）

一、中国蓬勃发展的证券投资基金业

国内的证券投资基金业从1997年发展到现在已有六年的时间。1997年是分水岭，1997年11月《证券投资基金管理暂行办法》出台以后为新基金时代；此前为老基金年代，属于不规范的基金。当时投资比较复杂，包括证券、房地产、实业，那个时代珠宝黄金可以直接受到基金业的辐射。1997年《证券投资基金管理暂行办法》出台以后，整个基金业被约束在证券市场领域。概括来讲，国内整个基金市场有如下几个特征：

（1）整个基金行业规模在不断发展壮大。截止2003年9月底，我国内地基金有80支，基金规模超过1600亿，占整个股市流通市值的10%，对整个证券市场有一定的影响力，最近基金对招商银行可转债的问题就是一种表现。

（2）基金管理公司、基金托管银行的数量从最初的10家到现在30家左右，整个基金管理公司的数量在不断增加，为各行各业包括黄金珠宝行业介入资金市场提供了机会，这个数量的增加是加速度的，目前证监会也在不断地接受这种成立新基金管理公司的申请。

（3）目前证券投资基金行业还存在个别不规范现象，出现过为社会所关注的事情，但从整体上来说它是非常透明的行业。

（4）基金品种不断创新，在股票基金当中有成长型、复合型、价格型等种类，债券基金、货币市场基金、保本基金等也在酝酿之中。基金品种和数量的增多为基金投资各领域提供了条件。

（5）整个基金的营销渠道在不断地拓展，有利于扩大市场规模，这种资金量的增加给基金

投资带来源源不断的动力。基金市场与基金行业是一个非常国际化、市场化的行业，随着海外力量的介入，整个市场国际化进程会大大加快，可能带来些新的理念、新的管理技术，同时将加剧整个行业的竞争。

(6) 职业基金经理人市场的形式。珠宝玉石首饰行业在介入基金行业时面临的一个具体问题是人才匮乏问题，出资方不可能提供基金方面的专业人才，因此必须在整个基金市场建立一种职业经理人制度或氛围，为各行各业进入这个行业提供人才的支持。

(7) 前景有乐观的一面，也有风险的一面。基金管理公司主要的利润来源是基金的管理费，按股票基金1.5提取，这项收入在全国各行各业毛利当中是比较高的。但是必须看到，随着竞争的加剧，随着整个市场平均利润的出现，基金管理费将会有下调的趋势，是各行各业包括珠宝玉石首饰行业介入这个市场时必须考虑到的因素，也许是阶段性的，但是这种风险作为个体企业和行业都是要承受的。

(8) 整个基金作为投资主体将逐步与其他投资主体一起获得平等地位。比如以前获得的优惠政策，也包括一些过分的约束，这种走向两个极端的做法都是不合适的，应该逐步得到平等的待遇。以上是整个国内基金市场的基本状况及特征。

二、国内证券投资基金业的有关政策背景

到目前为止，对这个行业主要实物运作产生影响的主要政策法规有：

- 《证券投资基金管理暂行办法》
- 《开放式证券投资基金试点办法》
- 《关于申请设立基金管理公司若干问题的通知》，俗称“好人举手制度”，这是一个过渡性的政策制度
- 审核当中的《证券投资基金法》

(1)《证券投资基金管理暂行办法》于1997年11月由国务院颁布实施，到目前为止是整个基金行业最重要的一部法规。此法规特别规定申请设立基金管理公司必须经过中国证监会审查批准。申请公司应具备以下条件：①主要发起人为按照国家有关规定设立的证券公司和信托投资公司，主要发起人的意思是说除了证券公司和信托投资以外其他行业的公司也可以介入；②主要发起人经营情况良好，最近三年连续盈利；③每个发起人实收资本不低于3亿元；④拟设立的基金管理公司的最低实收资本为一千万元，目前申请公司实收资本基金都达到五千万元以上，而且大部

分是一亿元左右；⑤有明确可行的基金管理计划；⑥有基金管理人才，这与前面提到的职业经理人市场有一定的关系；⑦符合中国证监会规定的其他条件。

(2)《开放式证券投资基金试点办法》讲到基金行业里主流的产品——基金。按交易方式划分，基金可以分为封闭式基金和开放式基金，目前开放式基金已经超过了封闭式基金。开放式基金成为主流已是确凿无疑的现实，到目前为止基本上是按照这个试点办法来实施的。

(3) 2001年5月25日，证监会颁布《关于申请设立基金管理公司若干问题的通知》。申请设立基金管理公司的机构做基金管理公司大股东也好，一般股东也好，都要提出申请、递交自律承诺书，接受一年的考察期，这是能不能作为基金管理公司股东的一个基本条件。这个条件的目的是考察申请公司是否遵守证券市场法规等规则，这个制度被俗称为好人举手制度，意思是说只有好人才能成立基金管理公司。用制度和法规进行约束，从源头上要求做这个行业的人应该是好人，好人管理全社会谋求基金商业利益投资者的资产。这种制度的实施，给行业带来了巨大影响。主要表现在：①引入监督机制，要求申请建立基金管理公司作为股东机构在证券市场上的活动应受监管部门和全社会的监督。②放宽了基金管理公司发起人的范围，使更多行业能够介入到基金行业里。目前基金管理公司很多股东来自非证券公司和非信托公司，例如首创公司在银华基金管理公司拥有股份；长信基金管理公司里有上海海星、武汉钢铁两家上市公司股份。③在这种制度框架下，近两年整个基金市场呈现加速度发展趋势。

(4)《证券投资基金法》，是从《中华人民共和国投资基金法》演变过来的。根据《中国华人民共和国投资基金法》，本想按照产业基金、证券基金、还有风险基金或者叫做科技基金来设计整个基金市场的框架；但由于种种原因在实践中最成熟、相对最规范的还是证券投资基金。为了使法规出台更顺利、更务实，就要把它缩小到证券投资基金的范围。这个法规已经通过人大的二次审议，并提交人大进入三审。这个法规出台将使整个行业处于法律的约束框架下，提高它的法律地位和全社会的认知度，整个行业在更加规范的游戏规则下运行。在这种规范的游戏规则下，全社会参与这个行业的信心更加明确，从这个角度讲整个行业发展将进入一个新的阶段。

三、新型证券基金业

如果一个公司想涉足证券基金市场，对新型证券投资基金业有一个相对比较到位的认识是非常必要的。几年前（基金没有成为很显性的行业，即未被全社会关注的时候），证券投资基金或叫共同基金也是一个很重要的金融产品。作为一个很重要的指标，当时确实被疏忽了，现在已逐步体现出来。还有央行M0、M1、M2这种划分问题，当时央行不可能把基金考虑进去。目前，随着基金的发展，它充当一种总货币的功能已经体现。两年前，曾经提出一个观点：投资基金是股份制在金融领域里的一种升华性的实践，投资基金不仅是股份制，同时还是一种升华。就此做如下几点分析：

（1）基金有契约型、公司型基金。公司型基金完全是一种股份制公司，只不过是经营货币投资的股份公司。

（2）股份公司是一种不可赎回的证券，买了股份公司股份的投资者，他的转让交易一定在投资者之间进行。在基金里面，开放式基金突破了股份制、企业不可能直接赎回的限制、约束或缺陷，使得基金一方面拥有了股份制的色彩，又在赎回方面给了投资者很大的自由，它可以直接向发行或者成立开放式基金的管理机构或者是公司型基金赎回自己的基金，从而对管理人有强大的约束；而股票上市、股票的基本转让虽然说可以在股票市场招投标，对公司经营的触动性在目前这种情况下是比较有限的。投资基金提供了一种机制，实际是提出了非常严格的要求，正因如此它也获得了更多投资者的认同。

（3）投资基金存在期限是灵活的。股份公司除非破产，它的经营一般是无期限的，是永远存在的。投资基金则不同，封闭式投资基金有封闭期，现在挂牌的基金一般封闭期是15年，挂牌满15年是一定要清盘的。开放式基金从理论上说能够永远存在，如果经营不善投资者可以赎回，导致基金解体，这就对经营管理提出了一个非常苛刻的要求，这是该行业的特点，对自己苛刻能够吸收更多的社会基金，所谓的缺憾就是对经营管理提出了更高要求，要介入这个行业必须认识到这一特点。

- 投资基金组合性投资特点使它比一般股份制公司投资风险相对较小。
- 基金投资基本集中了民众对股份的间接投资，它的流动性比一般实业股份制公司流动性要强，更适合中、小资金的扭转，对动员整个社会资金提供了便利。
- 投资基金具有股份制的色彩，其他金融机构如银行、保险等也许是股份制企业，也许不是；但是投资基金就一定是股份制的，因为它把基金分割成为若干个单位，具备了现代企业色彩。

四、珠宝玉石首饰行业参与证券投资基金业市场的路径和方法

（1）设立基金管理公司是介入证券投资基金行业最直接也是获利相对比较大的做法。目前，通常采用的方法有两种：①作为非证券、非信托公司更多是参股，如果对这个行业利益和利润包括企业的战略发展做规划，可以考虑参股；②控股，目前只有深圳机场、华泰证券并列第一大股东做到控股。随着整个行业开放性加强，未来无论珠宝行业还是其它有意投资这个行业的行业作为控股型投资都是可能的。

（2）发行行业内企业的股票、上市吸收基金投资。发行股票上市获得基金的投资也是对基

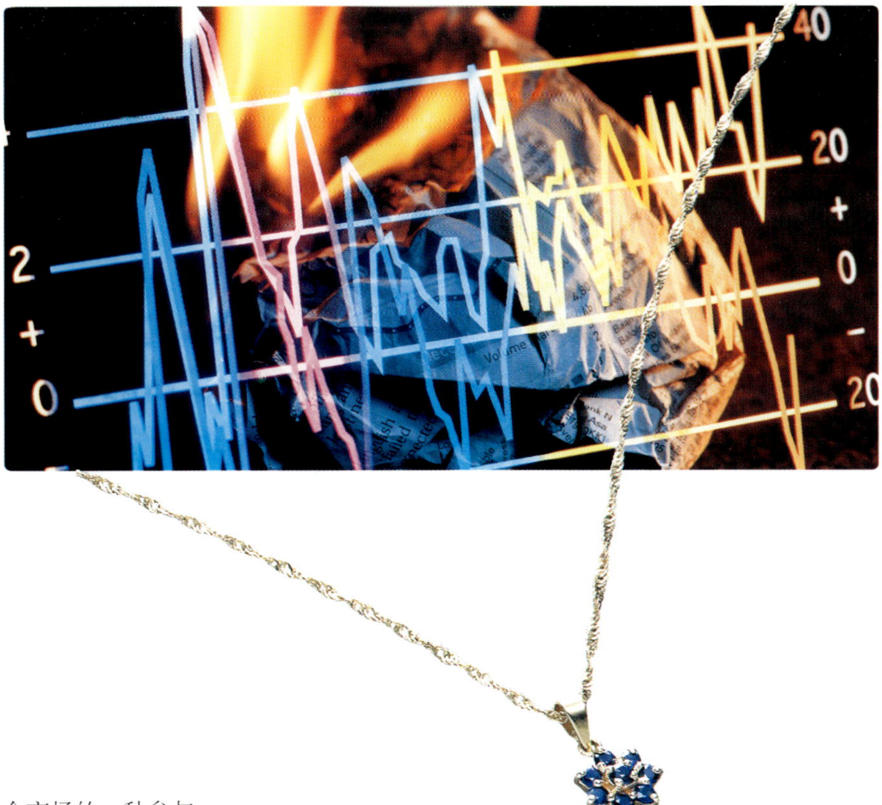

金市场的一种参与。

促进信托公司发行珠宝玉石首饰行业有关的信托计划。基金是集合信托，也是信托的一种，目前信托业可以发行信托计划，珠宝玉石首饰行业可以通过类似于这种思路的方式去进行，这也是介入基金投资的一个渠道。

我们可以促进目前的基金管理公司发行投资于珠宝玉石首饰行业或其关联企业，包括行业下游企业的一些小额的股票基金。因为目前国内的基金刚刚起步，大家都争着上规模，随着发展，微观的行业基金会出现，它可以是封闭式比如它的规模就三千万、五千万，这样我们珠宝玉石首饰行业和相关产业在上市公司里面可能有一定的容纳度，通过基金机构投资理念的示范效应使珠宝玉石首饰行业得到一种新投资理念，从而促进珠宝玉石首饰行业的进一步发展。

企业有一些闲置资金可以去投资于目前的基金管理公司管理的有关的基金品种，作为一种投资确实需要去决策，从表向上看容易产生悲观情绪，整个股市走势不太好，基金也受它的影响。我们做过详细的统计，选取了深沪A股市场和债券市场的整体走势作为评价基金净值增长的基准，就是按基金管理办法规定二八开：上证A指和深证A指收益率简单平均乘以80%加上中信国债指数收益率乘以20%。按这个指标测算，1999年以来连续几年净增长率超过比较基准的；从分红的角度来看，1999年以来都有分红，总体年度分红收益率超过了一年期储蓄的存款利率。

通过上述介绍，说明投资微观基金品种的方案是可以考虑的，整个基金业有一定的专业专家的理财水平，有一个强大的、有利于行业发展的基石。

中国经济发展与中国珠宝业的机遇

——走向理性繁荣，提升中国珠宝业竞争力

文／吴晓求（中国人民大学证券研究所所长　著名经济学家、博士生导师）

一、中国经济目前处在蓬勃发展时期

从1998年开始中国经济进入了一个起飞阶段，一个国家的经济发展特别是像中国这样的经济大国，她在迈向发达的过程中，都有一个10～20年的快速增长时期，我们称之为经济起飞阶段。日本、韩国都经历了这样的阶段，他们比我们早15～20年的时间。我国从1978年迈出了经济体制改革的第一步，至今已积累了20多年的能量，加之我们坚持了正确的改革开放政策，20世纪末中国经济已经进入了一个起飞过程，这个过程可能要保持10年、15年的时间。如果以这种速度发展下去，到2015年中国经济将达到非常庞大的规模。如果把未来汇率的变化做一个变量考虑，那么2015年中国作为全球经济体的第二位，是有可能的，第三位是完全可能的。在这种经济成长的背后，人们的消费结构、消费需求结构和资产结构都会产生根本的变化，并反作用于人们的生活。这种变化可以从以下两个方面得到体现：

以前人们的消费是很单调的，资产结构是很物质化的；随着中国经济的成长，人们消费要求的结构以及资产结构都会发生一系列的变化，消费结构发生变化是最显著的特征，人们日常的消费需求会慢慢上升，中国作为全球最大珠宝消费国的事实会一直持续发展下去。从传统意义上看，在比较落后的时期，人们对黄金怀有眷恋，从资产和消费结构上看黄金占的比例是比较低的；随着中国经济的快速发展，黄金消费将会有很大的发展，这是中国珠宝业发展很重要的动力来源，因为有需求就有市场。

资产结构也会发生相应的变化。过去完全物质形态的资产（比如房子、汽车）慢慢会成为人们的消费品而不是一种资产，人们会慢慢地拥有金融资产，早期更多拥有银行所提供的产品——储蓄，慢慢人们会拥有证券化的资产，人们也会慢慢地储备包括珠宝在内有一定保值功能的资产。

二、展望未来

随着一个国家金融市场的发达，人们金融意识的提高，珠宝将慢慢从物质的资产转变为具有金融概念的资产。在金融市场中货币要分层次（从M0～M5），从流动性的角度对货币和购买力进行划分，从M3就进入股票层面，进入货币资产结构状态。中国的珠宝特别是宝石随着它在流动性市场的发展（前提是必须有良好的流动性和良好的品牌），珠宝玉石首饰将会慢慢衍生成近似于金融资产的一类资产。初步判断，如果有很好的流动性市场存在，珠宝玉石首饰消费可以划在M4的范围内，因为它有良好的流动性，可以随时转换它的购买力。从货币的角度来看，黄金更靠近货币，黄金可作为M3出现，宝石可作为M5出现。从货币结构的变化来看，金融市场在人类历史发展过程中推动了全社会资产的流动，是社会抗御风险的必要机制。今天，珠宝行业可能作了一些流动性市场的建设，但是从完全的流动性来看，还需进一步发展。珠宝玉石首饰作为金融资产和准金融资产的时代并不遥远，珠宝作为准金融资产将是社会巨大进步的标志。

三、一个产业的发展需要多种要素来推动

当今社会，产业技术含量的提高是非常显著的特征，一个产业新技术从出现到成为主导性技术，整个发展过程所需时间在缩短。时间在缩短，最重要的推动因素之一就是金融业的发展、金融制度的创新。金融制度的创新将会帮助一个产业走向规模化，珠宝业也离不开这样一个基本的原理，需要依靠资本市场、需要多种资本结构来推动珠宝产业的发展。我国的上市公司从很狭义的角度看可以称为股票市场，如何借助资本的平台来发展中国的珠宝业是珠宝业所面临的一个新问题。

珠宝行业还处在一个自然经济的形态、物质的形态，我们必须把它做成规模化。要做成规模化，就要借助于资本市场。本次论坛将讨论整个行业的发展，包括信用。从人们对珠宝需求来谈珠宝首饰本身，你说它很值钱，它就很值钱；如果不喜欢就不值钱，这里有诚信文化的问题，中国玉石首饰行业要借助诚信文化推动行业的发展。中国社会面临巨大的任务，就是诚信文化建设，诚信文化建设做不好将会严重影响中国经济的发展。诚信本身就是一种资源、一种资产，是有价值的，一个没有诚信文化的社会即使最值钱的珠宝也变得不那么值钱。我们要借助资本的平台，极大地提升珠宝业的市场价值，极大地推动产业的规模化。

通过对以上三方面问题的分析，可以得出一个结论，从未来发展的角度看，中国珠宝玉石首饰行业借助良好的机制、良好的平台一定会有大发展。

【第三章】

珠宝行业发展途径探讨

Discussion on developing direction of jewelry trade

战略执行与珠宝行业的发展

文／刘 建（北京鑫融基创业投资有限公司　董事长）

2003年令人记忆犹新的事件是一度肆虐全国的SARS疫情。SARS的流行使中国的珠宝行业遭受了巨大的损失，大大加重了珠宝行业的竞争程度。虽然这场突如其来又不可能回避的自然灾害很快平息了，但是由此引发的人类与大自然以及人类自身之间应彼此和谐共处的严肃思考应该对我们有着许多深刻的启示。中国珠宝行业随着日益激烈的市场竞争已面临着重新洗牌的局面，威胁与机遇同样摆在每一个珠宝企业面前。一个珠宝企业就如同航行于汪洋中的一叶小舟，为了达到理想的港湾而在风浪的不断沉浮中苦苦挣扎，它所面对的任何方向都有可能是逆风，要想保持持续航行在正确的航线上，就必须学会随时做出正确的选择。而唯一能够保证企业做到这一点的办法就是制定完整的发展战略。战略的目的就是为企业找出未来安身立命的生存空间，并告诉企业的管理者"我们现在身处何地？我们将要去往何方？我们如何才能够到达"。但是设计再科学、构思再严密的战略也不会自动实现，它必须由人们切实地执行。事实上，一个具有适应性和可能性的战略本身通常无所谓优劣，关键在于其被执行的水平和力度，执行是一种暴露现实并根据现实采取行动的系统化的方式，它包括对方法和目标的严密讨论、质疑、坚持不懈地跟进，以及责任的具体落实。执行应成为战略的重要组成部分，它是目标与结果之间不可缺少的关键环节。因此，战略执行成为正处在重大选择阶段的中国珠宝企业所面临的最重要的问题。

中国珠宝行业正处在不断发展的上升过程中，由原料供应商、生产商、分销商、相关产品的生产商或服务商、技术提供商以及许多中介服务机构与珠宝消费者构成了一个有机的商业系统。与自然界的生态平衡一样，这个商业生态系统中的每个成员最终都要与整个系统同呼吸共命运，就像果子狸与人类之间互相存在着难以分割的相互依存的共生关系。这导致我们推出这样一个命题，就是珠宝企业的战略执行与中国珠宝行业的发展之间存在着内在的必然联系。本文将从中国的珠宝企业已进入依靠发展战略参与市场竞争、制定公司战略应立足于维护行业健康发展、执行决定战略目标最终实现三个方面，论证珠宝企业依靠战略执行将共同促进自身的发展，从而也必将推动中国珠宝行业的健康发展。

一、珠宝企业制定战略是参与竞争的必然选择

从行业发展规律看，行业分为新兴、成熟、衰退三个发展阶段。中国珠宝行业经过20年左

右的发展已经具有相当的规模，但整个行业可以说还处于新兴成长阶段。从目前的行业背景来看，国际珠宝市场已进入成熟阶段，本土市场发展已经停滞不前，缺乏动力，大部分国际珠宝企业都有开发中国珠宝市场的愿望，并且已有零星的国际珠宝品牌登陆中国市场。国内珠宝市场虽然规模迅速扩大，消费需求不断增加，市场发展空间巨大，但是却存在着整个行业资源配置水平不高，产业供应链不完善，国内大部分珠宝企业效益低下的矛盾现象。从行业现状来看，国内珠宝行业成熟的品牌企业数量不多，珠宝产品大部分技术含量低，且缺乏专业设计和文化内涵，产品同质化现象比较严重。从消费现状来看，随着生活水平的提高，消费者在珠宝首饰的选择上更加强调个性化和装饰性，开始追求具有时尚和流行因素的珠宝产品。目前的行业发展存在着许多亟待解决的课题。例如：珠宝企业如何进行市场定位，如何选择赢利模式，如何参与激烈的市场竞争等。这些课题虽然是全行业宏观层面需要讨论的问题，但却是行业内微观主体的行为引发的，因此也必然需要从微观角度分析，这些课题是珠宝企业的决策者必须研究的，实际上珠宝企业的决策者对这些问题的认识及所做出解决方案的过程就是制定发展战略。

由于历史的原因，国内大部分企业缺乏战略思考能力和清晰的企业发展战略。随着市场经济的成熟，战略对企业会变得越来越重要。长江商学院曾鸣教授认为，中国企业市场发展和企业能力演变经历了三个阶段：第一个阶段，是寻租阶段，在20世纪80年代，企业关心的是社会关系资源转变为土地资源或其他生产资料的资源；第二个阶段是“一招鲜”阶段，在20世纪90年代这个阶段，中国市场发展出现重大变化，从短缺经济变成过剩经济，消费者开始有了选择的自由，对产品有了差异化的要求，企业如果某一方面比竞争对手强并充分宣传就可以在竞争中取胜，典型的例子是当时出现了一大批各行业的中国“标王”，但是这种企业竞争优势是不能持久的；第三个阶段是全面竞争阶段，中国经济很快会进入全面市场竞争阶段。在这个阶段中国很多行业出现了严重的产量过剩，企业光靠“一招鲜”已经不能取得竞争优势，只有靠全面管理的提升，特别是依靠战略思考能力来考虑未来的发展方向，才有可能在全面竞争时代的市场上立足并取得长远的发展。曾鸣教授的结论是：中国企业过去20多年发展的历史显示，过去的中国企业家是以资源为导向的，未来要获得成功，必须转向以战略为导向、以管理为基础的全面竞争阶段。

随着市场经济的发展和经济的全球化，营销价值链上一个越来越清晰的规律是：生产制造这个链条上的附加值越来越少，制造商利润越来越小，利润向供应链下游倾斜。2002年，沃尔玛公司以连续48周营业额2200亿美元的辉煌业绩荣登全球“500强”之首，这是有史以来非制造业的零售企业第一次获此地位。沃尔玛的成功源自其规范地连锁扩张并成功地运用领先的信息技术和后勤系统整合了供应链末端资源，改造了供应商的业务流程，提升了供应商向其传递的产品价值，从而最大限度地提高了自身的价值。沃尔玛的成功启示我们一个传统制造业为主的时代已逐步远去，一个“零售为王”的时代悄然而至。我们参考港台珠宝市场的发展历程可以得到相同的启示。从1993～2003年的10年间，港台珠宝行业逐步从保守走向开放，从单一走向多元化。从1993年开始，在世界黄金协会的大力推广下，组织业内设计师、制造商和零售商配合设计和广告，推出“阳光手链”系统产品，取得了黄金市场时尚化的空前成功。香港“镇科珠宝”推出第一个金饰品牌“镇金店”，成功地成为引领时尚的品牌；“周生生”跟进发展，推出“点睛品”的品牌，开展连锁经营；其后“镇金店”继续推出钻饰品牌“JRSY DIAMOND”等市场发展计划。这一系列现代营销体系的成功带来的冲击几乎改变了港台珠宝业原有的生态，使港台珠宝业进入了品牌、连锁经营的时代。中国珠宝市场进入品牌竞争、连锁经营的零售时代已成为必然趋势。对比曾鸣教授的市场发展阶段分析：我们可以总结出中国珠宝行业发展现阶段的典型特征是整个行业出现了产量过剩、企业竞争缺乏独特竞争力，没有清晰的市场定位，面临从依赖资源为导向变为以战略为导向的全面竞争阶段转型的战略思考。

中国珠宝行业目前存在的主要问题有：在生产、制造环节，国内珠宝首饰制造水平有待整体提高，制造商在设计、创新、加工工艺、产品品质等方面与国外制造商相比缺乏优势，整体综合素质需要提升。在零售环节，国内珠宝首饰产品营销处于初级阶段，产品同质化现象严重，大部分零售商仅使用价格竞争作为促销手段，没有形成核心竞争力，缺乏品牌的塑造，没有建立起分销体系。这些行业内普遍存在的问题以及市场竞争形势的变化，使珠宝企业面临着竞争和管理的双重考验，也面临着新的机遇。珠宝企业的决策者如何在这样的环境下确保企业成功运作面临严峻的挑战，珠宝企业建立系统及有效的战略管理体系才能完成公司生存和发展的使命。为了达到一定的目标，企业必须具备战略思考能力，做出适合自身条件又适应环境需要的选择，越是面对复杂的环境，企业越需要战略，战略强调的就是如何与众不同以及如何取舍，战略就是基于现实条件下的解决方案。

在20世纪90年代末期，随着宏观经济发展和珠宝行业规模的扩大，珠宝市场竞争日趋激烈，在珠宝零售市场出现了激烈的以价格为手段的市场竞争。珠宝业者逐步认识到更大规模抢占市场份额是

企业存续和发展的关键所在，而建立终端市场网络是最有效的应对措施。因此，以加盟连锁为模式的品牌竞争格局随之产生。北京的“戴梦得”品牌凭借在资本市场的初步尝试获得规模的先机，随之率先打出了“戴梦得”品牌连锁经营的大旗，依靠品牌及加盟连锁的经营模式，在短短的两年时间内打造了近300家连锁店，“潮宏基”、“金象”、“瑰宝”、“瑞恩”、“百利金”等众多珠宝品牌迅速复制了加盟连锁模式。“谢瑞麟”、“周生生”、“六福”、“周大福”陆续加入了珠宝首饰零售业连锁经营的角逐之中。这些品牌成功地覆盖了绝大部分珠宝零售市场。它们的成功在于认识到了品牌在分销体系价值链上的作用，认识到特许加盟、连锁经营的网络价值，运用了港台引进欧美产品过渡到大陆的影响力，将先进的管理模式注入到了传统经营之中，对市场发展趋势的判断、市场发展机遇的迅速把握。越来越多的中国珠宝商已经或正在调整自己的运营策略。他们都在以品牌延伸或规模扩张为核心，寻求更多的扩大市场份额的方法。为了占有更多的市场份额，他们引进了更多的先进管理理念：给企业的产品注入了更多的时尚元素，采取了更多的信息技术，吸引了更多的人才，投入了更大的资金。正是上述运营主体的扩张，使得处于成长期的中国珠宝市场面临着更为剧烈的竞争压力。在这种市场环境下，营造以品牌和规模为核心的可持续竞争体系的形成和提升是中国珠宝企业共同的选择。一个没有品牌的企业是没有希望的企业，一个没有品牌体系的行业无法实现行业的长期稳定发展。但是，如何培养品牌以及如何规模扩张是需要各个企业根据外部环境及内部状况做出不同的选择，这个过程就是制定企业的战略。有句苏格兰谚语说得好：“对于一只没有航线的船来说，任何方向都可能是逆风。”一个企业要持续航行在正确的航线上，唯一的保证就是制订企业战略。零点调查集团董事长袁岳最近写的两部著作《权变》和《绝配》，分别阐述了企业战略的两个核心元素：一个是生长空间选择，一个是资源组合。这两部书对珠宝企业制定战略有非常大的启示和指导意义。《权变》讲的是一个决策者如何衡量整个环境和社会是什么趋向，中国企业的发展与环境的变化对应性很强。权变的概念是考虑企业周围环境的变迁，选择你遵循的路径，这就是生长空间选择。《绝配》考虑的不仅是资源最佳组合的原理，而是还要看是否和合作者相配，是否和所拥有的员工相配，是否和目标消费者相配，是否和自身的能力相配。《权变》和《绝配》所阐述的原理对目前中国珠宝行业以品牌和规模为核心的竞争体系的形成和提升，以及促进产业资本与金融资本结合有着很大的借鉴意义。

尽管许多珠宝企业已意识到品牌的重要性，而且也出现了许多优秀的珠宝品牌。但是在品牌培养过程中，大部分企业对品牌的内在价值认识不够。所以在目前的市场状况下，以品牌开展连锁经营的模式存在着很大的局限性。现代工业创造价值的方式已由过去的管理有形资产转变为管理无形资产为主，重点通过无形资产的管理创造自身企业的竞争优势将成为现代企业的新的主旋律。“国美电器”在家电领域开展的以组织众多国内外知名电器品牌的品牌体系，并以品牌体系开展适应不同阶层消费者的连锁经营所打造的服务品牌正是典型的例证。在珠宝行业，针对国际珠宝品牌有进入中国市场的强烈愿望，以及国际珠宝品牌可以解决国内珠宝品牌对产品开发技术能力不足的市场优势的情况下，创立服务品牌以客户关系管理、高品质作业流程、前瞻并有效的信息技术、专业的市场推广方案、品牌形象塑造、信誉、熟练使用金融工具以及高素质管理团队等无形资产，开展连锁经营将为企业带来广阔的生长空间，正是以权变为特征的战略选择。

尽管许多珠宝企业也同样意识到资源整合的重要性，也出现了许多以企业重组、加盟连锁为形式的行业资源整合成功范例。但是在珠宝行业资源整合过程中，大部分企业对资源整合的含义理解不深刻，操作手段缺乏创造力，所以珠宝行业的资源整合同样存在着很大的局限性。中国珠宝行业由于企业规模小，融资手段受到限制，整个行业处于低水平竞争阶段，技术创新和规模扩张处于发展的瓶颈阶段，行业内没有形成垄断力量和龙头企业。而目前国际和国内资本市场资本充裕，中国已连续九年吸引外资居发展中国家之首，投资吸引力位居世界第二，数年来均在450亿美元左右。中国已成为一个高储蓄国家，居民储蓄目前近10万亿元人民币，外币存款8000亿美元。但是巨大的资本力量缺乏合理的引导和投资工具、渠道。在美元疲弱、股票下滑、地缘政治局势紧张的情况下，黄金珠宝作为传统投资保值手段又一次成为投资者青睐的金融资产，并且具有很强的收益性和流动性，作为资产变现能力很强。这为珠宝行业内企业资源整合创造了绝佳的内外部环境和条件。因此，可以说尽管中国珠宝市场有极好的发展前景，可是中国至今没有一家类似家电领域“海尔”这样重量级的实力强大并且业务贯穿原料、加工、销

售完整产业链的珠宝产业化集团，也没有专门投资于黄金珠宝行业的投资组织平台。所以，在海外设立一支致力于中国黄金珠宝行业资源整合的产业基金，面向国际、国内对中国黄金珠宝市场、资源开发以及行业资源整合有着深厚兴趣且苦于没有投资平台和工具的战略投资者，通过在中国黄金珠宝行业开展收购、兼并、上市融资等资本运作，创造更有效率的投资机会，实现海外金融资本与产业资本的融合，以提高行业资源使用效率，正是以绝配为特征的战略选择。

市场经济最重要的特征就是公平竞争，中国市场化程度的不断深入，将使珠宝市场竞争更加激烈。选择从事珠宝行业的人士和珠宝企业都不可回避地面临着如何参与竞争以解决生存和发展的现实考验。从逐步细分的珠宝市场和不断演化的消费需求出发，探讨企业市场定位和发展方向可以解决企业的现实选择。这种探讨和选择，正是企业的战略思考能力和战略制定的过程。珠宝企业制定培养品牌开展连锁经营，以及以资产重组为手段开展行业资源整合实现产业资本与金融资本融合的两种战略，正是从点到面解决珠宝行业生存发展的必然选择。

二、制定系统战略将塑造珠宝行业的良性竞争机制

在日益全球化和网络化的现代商业中，企业仅凭单打独斗是无法立足的。我们可以把中国珠宝行业看成是一个由相辅相成、互为依赖的各类企业编织成的庞大商业网络——商业生态系统。与自然生态系统中的物种一样，商业生态系统中的每一家企业最终都要与整个商业生态系统共命运。因此，尽管在珠宝行业这个商业系统中的微观主体——珠宝企业已经意识到制定企业战略是参与行业竞争的必然选择，但是在制定公司战略时不能只着眼于公司本身，还应从全局考虑，以全局的眼光和发展的视野来看待中国珠宝行业的发展与变迁，制定基于全行业的系统战略。基于系统的战略不仅使公司自身得利，而且使所有系统成员共同受益，从而形成行业内的良性竞争机制，使公司得以持续发展，使全行业拓展更大的发展空间。

人们通常把沃尔玛和微软在现代商业中的主宰地位归因于多种因素——从公司创造人的远见和魄力到公司大肆竞争的作法。其实，这两家迥然不同的企业能够取得今天的业绩，根本原因在于某种远远大于公司本身的东西——它们各自制定的商业生态系统战略的成功。商业系统表现为结构松散的由供应商以及许许多多的其他组织构成的网络。这些网络影响着企业产品的制造和交付，同时后者也反过来影响前者。商业生态系统战略具体表现为创造许多该系统中其他成员可以利用的“平台”——各种服务、工具或技术来提高自己的业绩。比如，沃尔玛的采购系统为供应商提供有关客户需求和购买偏好的、无价的实时信息，同时向零售商提供比竞争对手更大的成本优势。再比如，微软为其他软件公司提供软件工具和技术，使它们能够很容易地为应用甚广的视窗操作系统编制程序。反过来，这些程序又为微软源源不断地提供新的视窗应用软件。从上述两个例子中可以看出，企业共生互利的关系不仅最终使消费者受益（沃尔玛

的顾客获得了价廉物美的商品，而微软的客户则获得了许许多多新的产品功能），也使这两家公司的生态系统拥有了胜过其他竞争网络的集体优势。

虽然我们难以给商业生态系统下一个精确的定义，但无疑商业生态系统概念超越了传统的产业供应链的概念，也不局限于行业部门的概念，而是涉及供应商、分销商、外包服务公司、融资机构、关键技术提供商、互补产品制造商，甚至包括竞争对手、客户、监管机构和中介机构与媒体等等公司经营直接或间接所不能避免发生关系的诸多因素。因此，企业在制定目的在于确定自身竞争优势的公司发展战略时，必须面对系统内的诸多因素。把商业网络与自然生态系统进行比较，可以说明企业的经营大环境是一个联系紧密、互为依赖的共生系统，未来的竞争不再是个体公司之间的竞赛，而是商业生态系统之间的对抗。明智的公司在制定战略时不应仅从自身出发，还应当顾及合作伙伴以及整个商业网络的健康发展，与他人分享财富的公司最终将会获得财富。而只注重自己的短期利益，损害系统总体利益的公司最终的下场是失道寡助。

判断一个商业生态系统的健康状况有三个标准：一是生产率，以投资收益率来衡量和表现；二是生命力，即系统抵抗各种干扰和破坏的能力，以系统中聚合的企业数量多寡来决定；三是缝隙市场的创造能力，即是否不断创造更多的细分市场。那么，企业应当如何制定自身的战略来促进系统的健康和稳定，同时也保障自己的生存和发展呢？除了参照上述三个一般性标准之外，还取决于企业自身目前在商业生态系统中的定位，以及企业自身目前的发展阶段。企业会在商业生态系统中有三种角色，不同的角色有不同的制定战略的角度。一是骨干型企业，这一类型的企业在系统中占据中枢位置，为系统成员提供共享资产，有能力找到行之有效的创造价值的方法，并与其它成员分享价值。骨干型企业创造的价值对整个系统至关重要。二是主宰型企业，这类企业往往在系统中拥有关键位置，是由骨干型企业的竞争力达到极至、形成垄断力量产生的，主宰型企业的运营模式将影响系统的命运。三是缝隙型企业，这类企业构成了系统的主体，为数众多的缝隙型企业采取的是高度专业化的战略，对其他企业有一种天然的依

赖。只有依靠别的企业提供的资源，它们才能腾出精力，专注于狭窄的细分市场，以差异化求得一席之地。一般而言，企业的发展分为三个阶段：生存阶段、强者阶段、领导者阶段。企业建立初期很长一段时间，企业的经营主要是围绕生存来进行的。抓住一个市场需求或者机遇，逐步建立自己的业务体系，建立自己的运营架构，积累企业发展需要的资金和资源，取得尽可能长的生存权是追求的目标。这一时期是企业的生存阶段，企业往往在行业中处于弱势地位。处于这一阶段的企业在行业中一般是以缝隙型企业的角色出现的。在企业的生存问题基本解决，并积累了一定资源和能力后，企业就需要充分利用和发挥自己积累的资源和能力优势，建立在行业中的强者地位，这一阶段是强者阶段。处于这一阶段的企业在行业中一般是以骨干型企业的角色出现的。具备强者地位的企业往往并不满意已经取得的竞争优势，还希望通过不断的努力和发展，成为行业中处于领导地位的企业。只有这样，企业才能具有行业话语权，才能够取得更大的竞争优势。这一阶段是领导者阶段，处于这一阶段的企业一般是在行业中扮演主宰型企业的角色。无论处在什么发展阶段以及在行业中扮演什么角色的企业，在制定企业发展战略时都应以维护系统健康为标准。我们可以分析处在生存阶段以及在行业中扮演缝隙型角色的企业的战略思考来阐述这一原理。

由于国内的珠宝行业发展历史不长，所以处在生存阶段的企业数量众多，而且大多在越来越细分的市场中以差异化寻求自身的发展空间。这种类型的企业更迫切地需要制定战略来提高自身的行业地位和竞争能力。制定战略才有可能帮助它们向强者阶段迈进并成为行业中的骨干企业。而这些战略帮助它们实现既定目标后，将会帮助它们利用、完善这种战略思考和执行能力，向更高目标前进。因此，研究这类企业的战略制定，有助于分析总结行业发展的普遍规律，可以将这类企业中一家公司设定为A公司，通过研究A公司战略制订的全过程，剖析战略制定与系统健康的关系。

制订公司战略有三个角度：企业战略、经营战略、职能战略。企业战略要义是指在本质上与整个企业的全部经营范围有关的决策。处理在企业中不能授权下级处理的任务。这些任务需要在宏观的范围中正确处理，企业战略解决的是企业的宏观理念问题。经营战略要义是管理行为的核心，是建立可持续竞争力并使企业参与行业竞争中获得优异经济回报的重要决策。经营战略解决的是企业的管理行为问题。职能战略要义是指努力发展和培养企业的核心竞争力，即作为竞争优势来源的能力。职能战略解决的是企业的竞争能力问题。

制定公司战略，首先要审视公司的外部环境。第一要参考经济概况，与公司有关的主要的地理区域中现有环境条件及未来发展趋势（如国民生产总值的增长率、通胀率、失业率和就业率等），用以衡量将来的预测结果。第二要考察行业现状，针对目前及将来公司的经营业务涉及和将涉及的行业，判断相关行业现在和将来的状态（如整体市场、规模、市场增长率、公司的市场份额等），作为量化监控公司自身业务发展变化的指标。由于目前珠宝市场增长率在10%以上，市场整体规模不断扩大，作为生存阶段具有缝隙特征的企业，完全可以利用充满发展空间的行业背景，制定以某种自己擅长的手段或在行业中相对薄弱的领域以点带面迅速扩张地发展。第三要考虑基本的外部因素，即描述外部因素对公司有利和不利的重大影响（如技术发展趋势、人力资源供给情况、政治因素、社会因素及法律因素），确定并理解这些因素在过去和未来的状态，使企业归纳出面对的机遇和威胁。

审视公司外部环境的最终目的，是要从影响企业的有利因素中鉴别出主要的机遇，从不利因素中找出主要的威胁，为公司的"战略定位"提供外部客观依据，通过审视目前公司的外部环境可以概括出的主要机遇有：

- 经济概况：国民经济持续高速增长。
- 产业政策：中国珠宝行业缺乏成文的"游戏规则"，国内市场是实践者的舞台，即将要解决的钻石即征即退的政策将使珠宝行业走出灰色地带。
- 技术趋势：国际品牌已开始在国内建立来料加工基地。
- 政治因素：党的第四代领导集体已顺利接班并卓有成效地开展工作。
- 社会因素：社会稳定，收入提高，人们的生活方式有所改变，开始重视物质享受。

主要威胁有：

- 经济概况：中国珠宝行业没有严格的进入限制，业内竞争日益激烈；人民币始终存在升值的压力，将影响珠宝的购买力。
- 政治因素：政府主要精力着重平抑改革带来的收入分化严重的趋势，作为奢侈品消费的珠宝行业不会得到更多的优惠政策。
- 产业政策：政府至今未正式确认国内珠宝行业在国民经济中的地位。CEPA的政策出台很快刺激改变国内珠宝市场的格局。
- 社会因素：社会处于经济转型期，中国人多，工作压力大，重视工作，忽视休闲，少数人追求高品位生活方式。

制定公司战略，其次要观察公司的内部状况。

第一要明确公司的经营宗旨，回答公司面临的将在哪里竞争以及如何竞争的基本问题。通过确立企业的业务范围来解决公司的竞争方向，通过确定公司已经具有并要继续保持的独特竞争力来解决如何竞争的问题。经营宗旨的陈述可以表现业务范围的确定以及独特竞争力的形成，应采取“借船出海”、“企业外包”的市场策略，积极应对品牌竞争时代的到来。处在生存阶段、具有缝隙型特征的A公司，经营宗旨可以表述为代理国际珠宝品牌并利用组织广告公司、装修公司、信息工程公司、投资银行、律师事务所等珠宝销售有关联性的专业技术公司打造服务品牌，以时间换取空间的策略，开展连锁服务品牌作为自己的核心业务。A公司的经营宗旨采用的“借船出海”的市场策略，回避了自行采买原材料、委托加工商订制产品、打造产品品牌的大部分零售商的选择所带来的激烈竞争，进行错位的业务范围的确定，同时也帮助了国外有兴趣开发中国珠宝市场的有实力的国际品牌进入中国市场。这种策略具有“鲶鱼效应”，会促进国内加工商和批发商吸收、分享国际知名品牌先进的生产、销售管理经验，促进中国珠宝行业整体水平的提高。A公司采用的“企业外包”的市场策略，是将影响珠宝销售的各个环节所必须接触的相关行业的专家引入到自己的管理、营销和服务当中，形成合作伙伴关系，扩大双方的业务领域和规模，提高了珠宝行业的整体运作水平。

第二要进行业务划分。为了能够有效地管理公司的资源，必须明确地把公司的活动有条理的纳入不同的部门当中。为不同的业务分配资源，在不同的业务间分配资源，以及为了开始新的业务使用和组织公司的资源和能力，确定经营宗旨是制定经营战略的起点。在确定经营宗旨时，公司管理层必须做出的重要决策之一就是确定业务范围——即决定在哪个领域竞争。这个决策几乎比其他的所有决策都更为重要。如果在确定业务范围时出现错误，对于企业来讲，可能意味着十分严峻的后果。忽视重要的成长型业务领域，或者在已缺乏吸引力的、饱和的业务领域沉溺过久，企业都可能错失良机。确定业务范围，首先必须确定当前的业务范围——即产品内容、市场定位和地理位置，它们必须是当前业务内容的一部分；同时也要确定新的业务范围——即新的产品内容、市场定位和地理位置，它们是将要加入到业务中的内容。业务范围的确定可以采取制定一个按优先级别顺序排列的评价尺度表来进行。公司应依据自身已拥有或可能获得资源在产品内容、市场定位和地理区域方面按照将要剥离或从中退出、具有较低重要性、具有较高重要性以及具有最高重要性的顺序进行分配。公司业务范围确定的过程一方面追求更恰当的竞争领域，一方面也是选择放弃某些竞争领域。这一全过程渗透了有所为、有所不为；有竞争、有合作的观念。例如：A公司由于处于成长期，具有缝隙型生存发展特征，就应避免选择回避与处在成熟期行业中扮演骨干型角色的企业所经营的产品内容、市场定位和地理范围。目前，这企业由于品牌历史较长，具有一定知名度，通过常规或者市场的主流产品在大部分城市均设有连锁店。所以，A公司需要更准确地把握自己的市场定位，选择相对空白的高端非主流产品进入市场。比如代理进口国际品牌的产品，借助国际珠宝商的产品开发能力以及品牌知名度来塑造自己的服务品牌；当自己的服务品牌具有一定知名度时，再选择主流产品塑造产品品牌，进入市场参与竞争。由于从代理国际品牌入手，所以需要针对国际品牌进入国内市场所需的服务环节入手培育自己的服务体系。这一体系的形成，应借助珠宝行业外与珠宝行业相关的广告公司、装修公司、信息公司、外贸公司以及商业咨询公司等专业公司进行业务外包。这一体系已远远超出了原来的零售商依靠原料供应商、产品制造商以及原料、成品分销商所形成的行业产业链概念范畴。每家公司制定战略时所进行的业务范围确定将有助于行业系统的资源优化配置。

第三要开展横向联合。是指公司在划分业务范围后，如何解决不同业务间的协同作用问题，以求获得超出各项独立业务创造的价值之后的附加价值。这种多元化的协同活动是企业加强其竞争力优势的独特形式。这种独特形式可以使企业各部门共享独特的无形和有形资源，使存在于企业各区段的价值链有机地链接起来，这种横向联合将产生所有业务都可共享的资源——“独特竞争力”。独特竞争力是指公司把自身的业务和其他公司的业务区别开来的能力。它是相对其他竞争者保持业务具有独特、可持续优势的能力。独特竞争力的确定同样可以根据公司自身已拥有及未来可能拥有的资源，制定一个按优先级别顺序排列的评价尺度表来进行。按照不再提供竞争优势、提供很少竞争优势、将会成为重要的竞争优势的来源、将会成为很强的竞争优势的来源以及将会成为最关键和最具差别性的竞争优势的来源的顺序，针对独特竞争力的优先权分配自身资源。A公司制定“服务品牌”的经营宗旨，正是填补了国际珠宝客户开发国内珠宝市场的需求以及国内追求个性化消费，追求高品质珠宝品牌消费的需求。通过为国际珠宝品牌提供专业化、综合的代理服务将引进国际名牌珠宝首饰产品，同时满足国际品牌供应商以及高端珠宝消费的两者需求。并通过“连锁加盟”的整体市场服务在进一步保持上述范围内的市场倡导力的同时，为自身打造产品品牌以空间换得了时间和更大的成长空间，使自身更具竞争力，这正是将资源优先分配给将会成为最关键和最具差别性的竞争优势的具体体现。国内家电业的“国美电器”、“苏宁电器”为代表的电器品牌正是这种服务品牌，这种服务品牌汇聚众多家电品牌的各种有形、无形的资源，对下一步扩大企业规模——连锁加盟创造了有利条件，使存在于各品牌以及服务品牌之间的各阶段价值有机融合产生了比价值之和更大的附加价值，对合作各方都是有利无害、互惠互利的。这种横向联合才是典型的绝配型资源整合，我国的珠宝行业正是缺乏这样的以服务品牌

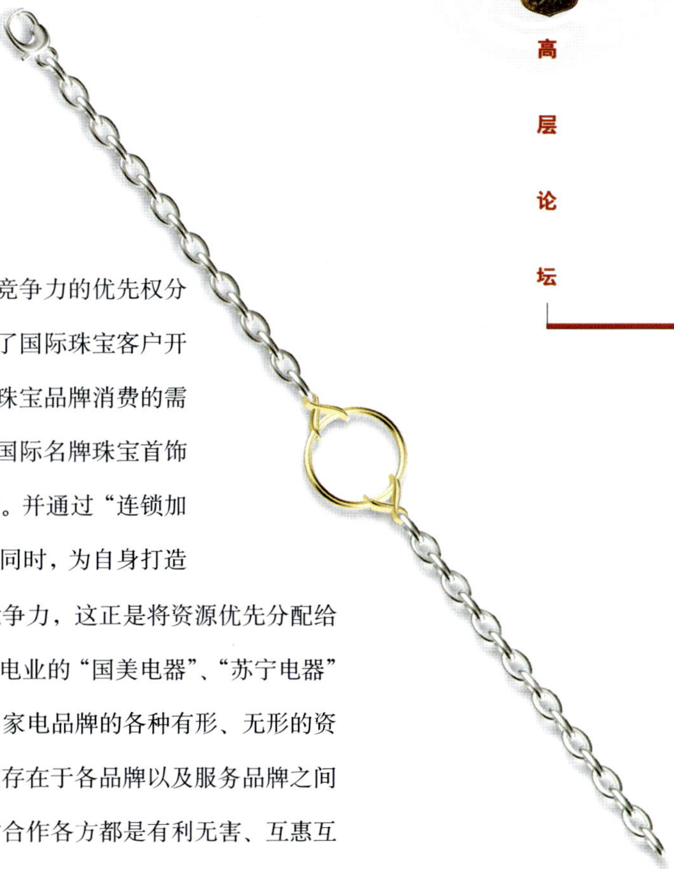

为特征的珠宝品牌。由于服务品牌更多地将资源投入到整合品牌营销、提高专业化服务、引进先进管理模式等珠宝行业相关的专业领域，这样可以使产品品牌与服务品牌的主要业务模式分离，形成优势互补、错位经营，从而将形成珠宝行业的良好竞争环境，有利于促进珠宝行业的资源效率的提高。

第四是对纵向一体化的认识。对于价值链上的一般性活动，公司应当为它们划定界限，是生产还是批发，是销售还是整合。市场经济发展的最大特征就是市场将成为最稀缺的资源，一切非市场资源都可以买到，只有市场本身买不来。沃尔玛连续三年居世界500强之首，达到年销售额2000多亿美元也表现了这一市场趋势。零售为王将是今后的市场主旋律，所以在价值链上，零售终端将是实现各个环节价值的最重要环节。世界级的品牌都会经历研发、生产制造到营销的整个环节。而随着市场竞争形态的发展，今天企业竞争已经不是单个企业之间的竞争，而是整个价值链的竞争。因此，像A公司这样的企业，应在审视内部资源的过程中选择一个价值链上的恰当环节入手，站稳市场才能向上、下游延伸，而最适当的环节就是零售环节。由于国内珠宝市场的主要份额被骨干型企业瓜分贻尽，因此应当选择相对薄弱的高端市场进入零售市场，像意大利、瑞士、日本、美国等国的有几十年甚至更悠久历史的众多世界级珠宝品牌，对中国市场心仪很久，高关税的门槛以及缺乏本土化企业支持使它们望洋兴叹。而它们的这种愿望与国内珠宝市场高端的薄弱正是像A公司这样的企业的商业机会，高端市场也正是一种稀缺的资源。因此，A公司制定代理国际品牌、组合品牌营销、创立服务品牌，开展连锁经营的战略，将为下一步借船出海，研发自己的中西方文化结合的产品品牌打下良好的基础，并且很好地解决了自身产业链的完善和可持续发展的问题。

第五是公司理念的形成。企业要相对持久地审视内部以及与关联方的关系，解决好企业与其主要相关利益者——雇员、客户、股东、供应商和企业从事经营活动的社区的关系。企业要明确在管理风格、组织策略、人力资源管理、财务管理、市场营销和技术等问题上的基本政策。要通过盈利性指标来陈述公司希望达到的宏观目标，并应陈述公司有关道德、信仰以及个人和企业活动准则方面所体现的公司价值。公司应通过鼓励个人和团队间存在竞争并承诺推行股票期权来解决人力资源与公司的长期利益一致问题。公司推行高端产品所拥有的富裕阶层是公司的新增客户，同时要根据目前国内消费水平差别因素向不同地域的客户群配售不同价位的产品，但仍保持国际品牌的品质与形象，可以使公司拥有不同层面的客户群。公司应广泛与海外供应商建立合作伙伴关系，为其提供咨询、市场信息、培训等服务，帮助其开拓中国市场。公司凭借国际供应商的合作关系，可以与目前国内珠宝的零售终端主要分布场所——百货商建立合作伙伴关系，帮助其开展营销推广、专业培训、引进国外品牌，以及环境提升等各项提高百货商场珠宝卖场竞争力的服务。同时，公司要始终牢记股东的高回报率的期望，在开展品牌组合营销、连锁加盟业务的同时，与金融服务商——投资银行密切配合利用资本市场帮助股东的投资通过上市实现股本溢利退出并吸引更大的社会资本，实现公司的宏观目标。

观察公司的内部状况的上述五个方面，可以归纳公司的整体优势和劣势。公司宗旨和业务划分用于确定战略制定和执行的范围；横向联合和纵向一体化为这些相应的业务实体提供了必要的联系；公司理念具有连接作用，增加了一系列用于指导业务管理的价值观。

通过剖析类似A公司类型企业的战略制定过程以及有关战略概念的思考，可以看出现代化企业的经营业务绝不是独立自主的活动，相反，它们要与许多因素实现一体化，成为一个互相关联的整体，这个整体就是商业系统概念，一个珠宝企业所处的商业系统就是整个珠宝行业。

三、战略执行是目标与结果之间的关键环节

当今时代，每个人都在讨论变革，企业家都在研究和制定选择企业的发展战略。创新思维、战略思考等理念会使人们更清醒地面对复杂的生存环境和市场竞争。战略的目的就是为企业找出未来要安身立命的生存发展空间，它通常会为企业勾画一幅宏大的图景，并告诉管理者“我们现在身处哪里？我们将去何方？我们如何能够达到？”但是设计再完美的战略也不会轻易实现，它必须要人们克服许多在设计战略时无法考虑和估计到的困难才可能得以执行。

珠宝企业根据外部环境和内部状况所制定的自身发展战略，目的在于指导企业内部配置资源的效率提高以及企业竞争力的提高，这一目的的实现无疑会促进整个珠宝行业资源的优化配置以及整个行业规模的扩大。因此，可以得出一个结论：珠宝企业制定发展战略会促进珠宝行业的发展。但是，珠宝企业如果无法实现自己制定的战略所导致的衰退，必然也会影响整个行业的健康发展。换句话说：战略执行比战略本身对企业发展更具有实际意义，战略执行与珠宝行业发展之间存在着因果关系。当我们讨论如何推动珠宝行业发展这一目标时，应当把战略执行视为目标与结果之间最重要的一环。

战略设计的本身应当是简洁的和概况性的，而实际执行则是复杂的和具体的过程。正像依靠简单的菜谱很难烹调出真正的美食一样，仅凭战略构想是无法达到预期的目的的，而应该设

法将战略转化为一种执行的语言。这种语言使得战略得以清晰的表达，易于理解和可以操作。战略主要是解决做什么的问题，而执行则强调如何去做。许多成功的企业的领导者都是非常擅于在目标和结果之间搭起“执行”的桥梁，执行问题虽然非常重要也非常值得讨论，但是几乎很少有人真正了解执行的真正含义，也很少有人会将执行与行业发展联系起来考虑。为了更好地把计划变成现实是非常有必要对战略执行做出深入的探讨，这种探讨将有助于企业克服战略执行的种种困难和障碍，也必将有助于行业人员的整体素质提高。

执行是一套系统化的流程，它包括对方法和目标的严密讨论、质疑、坚持不懈地跟进，以及责任的具体落实；它还包括对企业所面临的商业环境做出假设，对组织能力进行评估，对战略与运营的相关实施人员进行有效配置，对人员及所在的部门进行协调，以及将奖励与产出相结合；它还包括一些随着环境变化而不断变革的前提假设和提高公司运营能力的实际流程和机制。大部分公司的领导者都会以“高层战略人员”来给自己做出定位和工作态度，他们喜欢把自己的工作局限于构思和寻找那些“伟大的创意”上面，而不去关注任何实际工作的落实，经常以命令的口气指挥公司下属去做具体工作。他们非常善于把握和阐述战略计划，却不是抓住战略中最关键的问题——如何把计划通过各项具体工作转变为现实。在他们看来，这些事情应该是下属的工作，但是下属往往由于不知战略制定的各项相关信息、政策、公司资金实力等背景资料，在具体执行战略时无法做出更为科学、准确的决定，经常会由于细节的问题造成战略执行的种种困难和障碍。因此，要充分意识到战略执行是一门学问，它是战略的一个内在组成部分，同时更要注意的是战略执行是企业领导者的主要工作。我们将通过分析珠宝企业如何科学地执行战略和企业领导者决定执行的结果来说明战略执行是珠宝行业发展的关键因素。

珠宝企业由于面临着市场需求不断增长的发展机遇以及行业资源使用效率低下的发展瓶颈的局面，应根据自身的条件做出把握市场机遇和克服市场瓶颈的发展战略。通过企业战略解决理念规范，通过经营战略解决行为规范，通过职能战略解决竞争能力。企业战略应表达珠宝企业所决定的经营理念、赢利模式、企业宗旨等概念；经营战略则表述了珠宝企业所决定的切入现行的珠宝市场的战略业务单元（strategy business unit 简称 SBU）和独特竞争力的选择；职能

战略表述了发展和培养企业的核心竞争力。珠宝企业能够在制定战略过程中充分审视企业的外部环境，包括宏观经济概况、行业发展规律等因素，以鉴别机遇和威胁；也能够充分观察企业的内部状况，包括公司业务范围确定、资源优先分配权等因素确定优势和劣势。无疑，制定发展战略的规划会使珠宝企业在解决自身业务范围确定、独特竞争力形成的同时提高珠宝行业中人员和企业的整体素质，促进珠宝行业的资源优化配置，从而推动珠宝行业的发展，使珠宝行业的粗放型发展转向集约化发展。但是制定战略是设想而不是结果，制定战略是珠宝企业的投资者以及经营决策者的主观意识，并不是客观事实。珠宝企业制定的优秀战略可以写成论文在珠宝年鉴发表，可以在珠宝论坛研讨，但是绝不等于珠宝市场会由于众多的优秀战略甚至符合逻辑的分析而变得健康、有序、快速、高效的发展。可以说珠宝企业制定战略，促进自身规模的发展和经济效益的提高与珠宝行业有序竞争，行业资源优化配置之间存在着可能的但不是必然的联系。目标与结果之间缺乏的关键环节正是珠宝企业的战略执行。如果能够熟练掌握执行这门学问，并将执行作为主要工作，目标就可以转化为结果。

从最基本的意义上说，执行是一种暴露现实并根据现实采取行动的系统化方式。如果不能客观地面对现实就无法正确地落实战略，在执行战略过程中企业的领导者如果艺术地把现实主义注入到管理的各个流程当中，建立一个注重执行的企业文化，现实主义就会很好地体现在企业的产品和服务中。比如，当A公司制定了完整的系统战略后，会面临着因为一个细节不能贴切地符合公司战略而很可能战略执行会变形甚至中断的障碍。A公司用“品牌组合，连锁经营”的凝炼语言高度概括了以点到面解决从依托国际知名品牌解决迅速提升和锻造自身的服务品牌，从而开展连锁业务扩大规模的意图。但是，A公司如何才能达到依托国际知名品牌来迅速提升自己的服务品牌的意图呢？显然A公司首先是要解决公司内部员工，以及国际知名品牌如何理解这些意图以及这些意图与它们的利益关系如何等问题，这正是A公司的现实状况。A公司需要将解决这些现实状况的行动系统化，要将战略与管理的各个流程，包括人员流程、运营流程等形成互动性并与这些流程紧密地结合起来。这种结合包括公司的简介如何用合适的文字语言及VI形象表达这些战略意图；公司的广告资料片如何用合适的镜头、画面及解说词表达这些目的；公司的装修方案如何准确、清晰地展示这些想法；公司的旗舰店的选址如何充分体现这些目标定位等等运营流程的讨论与评估。A公司不仅要制定计划而且更重要的是所有参与的人对自己所承担的分工要承诺负责落实。对上述流程，A公司所有的人员需要从不同角度出于一个追求圆满实施的目的，对战略展开激烈的争论，只有这样才能接触到真正的现实。通过公开的讨论，使战略在管理流程中的每一个细节都得到统一的认识，也使具体负责落实的人非常明确事情的重要性，才有可能真正落实这项战略。开展这些流程的讨论与评估是公司制定战略的执行过程，实际也是管理层决策的过程，执行过程使得企业对人力、技术、资金、信息、社会关系等资源的使用愈发合理。人员之间由于目标的明确，不存在根本的分歧，运营过程更符合实际情况，而资金计划也会更加完善。

很多企业领导者都认为，作为企业的最高领导者，他不应该去从事那些具体的工作。只需要站在一旁进行一些战略性思考，用你的远景目标来激励下属员工，而将具体的细致而又困难的工作交给手下的经理们。但是，这种想法对一个有着长远发展战略却又面临着许多困难与风险的企业来说会带来难以估量的危害。对于一个组织来说，领导者不应该只靠说教而应靠亲身的参与来建立理想的执行文化，必须全身心投入到公司的日常运营当中。领导并不是一项只注重高瞻远瞩的工作，虽然这是他们工作的一部分，他必须对企业、他的员工和生存环境有着全面综合的了解，必须体会到下属在执行过程中所面临的困难，并亲自与下属一起去克服这些困难，以鼓舞所有人员的士气；只有这样，他才能将自己的经验、智慧、信息和建议很好地传达给所有人员，才能使员工提高整体的素质和能力。只有企业领导者才能左右企业中对话的基调，对话是企业文化的核心，也是工作最基本的单位。人们彼此交谈的方式可以对一个组织的运营方式产生决定性的影响。在企业里，人们之间的谈话是否充满了虚伪造作而支离破碎的色彩？人们在进行讨论的时候，是否能够从实际出发，提出适当的问题，针对这些问题展开具体的讨论，并最终找出正确的解决方案？如果是前者的话，企业领导者可能永远也无法参与员工的讨论中并了解到实际情况。如果希望成为后来者的话，领导者就必须与自己的管理团队一起深入到企业运营的每一个流程当中，不断地将一种注重执行的企业文化注入到企业运营的各个环节中。奉行“脚踏实地管理”的原则的领导者才能成为优秀的企业领导，因为他们通过深入地参与到企业的日常运营当中而全面了解、掌握企业，他们会具有亲和力。因为他们了解企业所面临的现实情况，并能够就企业当前所面临的问题展开讨论，而且提出切实可行的解决方案。他们会对自己所从事的工作充满热情，希望自己参与制定的计划能够得到切实的结果，他们激励员工的方式并非“恐吓”或“煽动性”的演讲，而是以身作则来教育员工。这种领导总是会在公司所有的事务上——从边际利润到员工待遇，从价格策略到客户服务，从产品组织到市场推广，从场地选择到公司宣传等等工作内容中，找出预期规划和实际结果之间的差距，并且能够迅速提出措施弥补这些差距。不能执行的领导是不完整也是不合格的。如果不能执行的话，领导者的所有其他工作都会是一纸空文或一场空谈。

通过对珠宝企业制定发展战略、提高核心竞争力，立足于行业整体利益制定公司战略以及依靠执行完善和实现战略目标的分析，不仅揭示了珠宝企业面对充满机遇与挑战的行业现状必须认识到战略执行是决定企业未来命运的关键问题，而且也充分论证了由于珠宝企业在依靠战略执行追求企业自身发展的同时促进了行业资源的优化配置，从而也必将推动整个珠宝行业的发展。因此，珠宝企业根据审视外部环境确定企业的机遇与威胁，以及通过观察内部状况确定企业的优势与劣势，在此基础上制定战略规划解决企业的理念规范、行为规范以及形象规范以确定明确的发展方向和目标，并且通过讨论、跟进、预测环境变化以及责任落实等一系列的行动系统化方式对战略目标的完善与落实已经不单纯是影响珠宝企业生存发展的重要因素，从而也必定是影响中国珠宝行业发展的重要因素。

市场化改革引来“投资”时代

——对中国黄金珠宝业“投资”概念的几点看法

文／王仲会（北京经易智业投资有限公司董事长）

一、前20年投资与营利

（1）中国的黄金珠宝业纵向上可分为黄金矿业和黄金珠宝首饰业。

（2）中国的黄金体系是严格计划管理体系下的黄金体系，在20世纪80年代初期以前的几十年中，新中国的黄金体系由单一的货币黄金体系组成。到80年代初中国逐步放开国内黄金市场后，形成了初具规模的以珠宝金银首饰为主要产品的商品黄金体系，商品黄金体系严格置于货币黄金管理体系下，实施严格的许可证及指标制管理。

（3）商品类黄金经过20年发展形成了纯金饰品与珠宝镶嵌首饰两个系列。纯金饰品20年经历了初级阶段、高级阶段、成熟稳定收益阶段到全行业微利阶段，构成了一个项目发展周期。镶嵌首饰经历了10年的发展，经历初级阶段及高利迅速发展阶段，现在处于成熟的发展阶段。目前这两个系列已成为首饰业的主流投资项目。

（4）20年来，黄金矿业的开发逐渐形成了一个稳定成熟的传统投资项目效益点。

（5）黄金珠宝行业经过20年发展和完善，打破了过去条块和部门分割的限制，初步建立了以市场机制配置资源的大黄金体系的黄金珠宝首饰业体系，辅助性项目的投资成为另一类的投资收益点。

二、未来投资热点项目

（1）中国黄金体制市场化改革，最终导致了黄金珠宝业市场配置资源体系的形成，并使黄金金融投资分出来，形成了货币黄金、金融投资黄金、商品黄金构成的新黄金体系。

（2）在金融性黄金投资体系的形成过程中，出现了制度性调整造成的投资项目。包括黄金交易所、黄金投资金商、黄金投资服务、黄金套期保值等系列高盈利投资项目。

（3）以金条金币实金投资工具为项目的黄金项目在未来有着广阔的发展空间和投资回报率。

（4）以纸黄金为投资工具的黄金项目将成为民众选择的重要投资方向，有良好发展空间。

（5）黄金套期保值投资、黄金衍生品投资将成为众多投资商的选择。

（6）从产品经营来看，和国际时尚化首饰接轨的金饰品将成为未来5～10年新的利益增长项目。

（7）品牌经营为成功树立品牌的有规模、有特色产品及科学管理的企业带来丰厚收益。

（8）黄金珠宝首饰行业未来5年投资回报高的重要项目领域是用市场手段整合资金，从事企业资本运营。

K金首饰投资亮点

● 所谓“K金首饰”，实际是指国际上时尚流行的以各种K金质材为材料，通过现代化、工业化生产制作的首饰统称。有两大系列，一指以意大利技术为基础的K金首饰，另一指以日本技术为基础的Pt首饰。

● 中国的首饰制造业基本停留在传统的以手工制作为基础的传统工业阶段，其生产效率及设计创新能力与国际一流水平存在差距，而随着中国国际化进程的加速，国内市场和国际市场的差距逐渐在缩小，时尚性国际潮流同步的K金首饰成为中国首饰市场未来5～10年新热点，设计生产水平与较低市场消费需求形成巨大反差，为这一领域投资提供了商机。

● 通过国际合作，按国际流行款式设计产品，以K金大规模生产为特征，依托国际品牌和管理经验经营的首饰项目会成为未来行业内新的投资项目和经济增长点。

● 项目的操作应采取中外合资方式进行，或自己创立品牌或借助国际品牌，应拥有足够的投资实力，应从以市场销售切入，有条件时应建立生产基地。

● 吸收国际先进的技术和管理经验，提高自己水平，并逐渐奠定参与国际化竞争的能力。选择最好的实施模式，如在意大利和日本收购有一定水平和规模的首饰加工企业，建立国际首饰中心的桥头堡。吸纳设计生产技术和管理经验，然后在国内建立生产基地，把技术引入生产基地，利用中国制造的优势，形成中国国际化首饰加工制作中心的地位。并以加工中心为依托，面向国际国内两个竞争市场。

● 从2000年开始，戴梦得公司抓住这一商机，积极在意大利投资开办企业，把（OROP）品牌引入中国，进行了积极尝试。无论投资回报率还是盈利性均比传统项目好，在未来5年将成为重要盈利项目。2002年年初推出的卡蒂尼品牌亦取得成功，戴梦得公司希望和行业内其他企业分享这一实践的成功，并通过合作为合作者带来良好的效益。

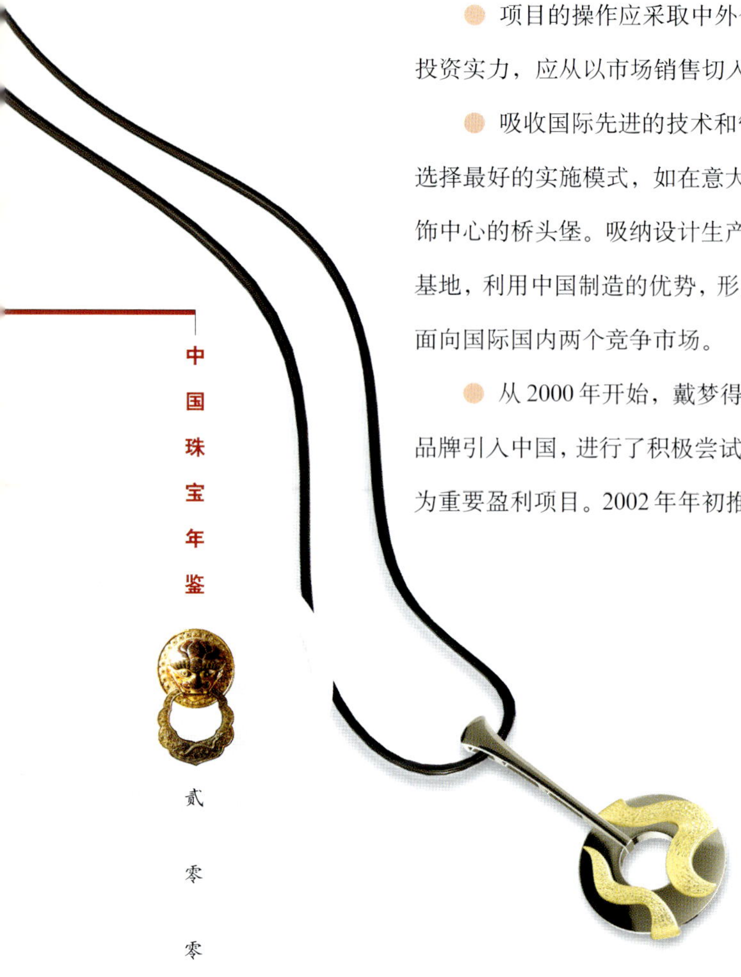

黄金投资巨大商机

● 黄金从货币体系中弱化，形成货币黄金、金融投资类黄金及商品黄金体系后，中国的金融投资类黄金刚刚起步，而历史上由于战乱和政府严格收缴控制，在民间形成巨大缺失。而中国人对黄金情有独钟，及对不记名财富增值保存的需求将为黄金带来巨大市场和经营潜力。目前是一个尚未开始的全新的投资领域和项目。

● 黄金投资将形成从交易所到银行或金商再到客户的完整的金融黄金投资体系。其投资产品基本可分为实物投资产品、纸黄金投资产品、黄金衍生品投资产品。黄金珠宝行业的企业利用自身有利条件，可开展实金投资产品的经营，商业银行利用自身有利条件可开展纸黄金投资产品的经营。投资服务类公司如证券公司、期货公司可开展黄金衍生品投资经营业务。

● 黄金珠宝企业目前最有条件抓住商机，开展黄金投资产品经营，努力把自己从一个黄金珠宝企业，改造成为一个金商。谁能做到这一点，谁就能抓住这一商机，在未来竞争中取胜。而黄金珠宝企业目前拥有从事这一业务得天独厚的网点，黄金产品经营及技术、经营管理人才等优势，所缺乏的只是资金及金融投资管理业务经验。

● 开展黄金投资业务必须按投资的模式经营管理，而不能用经营商品的经营管理模式来运作。尽快结合自身条件，建立作为金商的经营管理模式，这是开展黄金投资业务的关键。戴梦得公司结合自身爱塔、福麒、光大等黄金业务的优势，依托经易期货公司的平台，研发了作为金商开展黄金投资业务的商业经营模式，为开展这类经营业务探索经验。也希望和有意开展这项业务的投资者合作共同发展。

● 实金投资经营黄金，必须研发投资产品量，建立行情显示、投资交割、结算风险控制等业务平台。目前这一业务可通过合作搭载在已列明商业银行、期货公司的业务操作平台上，也可自建平台。

● 黄金投资经营按照产品的经营模式经营，可以以外汇交易模式，采用买入卖出中间价方式来运行，也可采取投资产品、溢价手续费方式来运行。不同经营单位可结合自身优势选择。同时，从事这一业务者必须有能力为客户提供从投资买卖到运输、保管、保险、技术等系列服务。

三、套期保值投资新领域

● 随着上海黄金交易所投入运行，中国黄金体系由原来的计划体系转为市场体系，黄金作为一种特殊商品开始按市场规则运行，即以交易所为黄金体系的核心，融合货币黄金体系、投资黄金体系与商品体系。

● 上海黄金交易所功能的不完善，仅能发挥现货交易功能。国内的黄金生产经营单位都要通过黄金交易所套期保值功能来规避风险，国内企业不能在国际盘上做套期保值操作。这种状况是客观条件，短时间内很难改变。

● 黄金企业结合自身生产需要，通过既不违背国际政策，又能间接实现套期保值，并在套期保值基础上寻找投资机会，获利是企业不可回避的选择。谁能实现这一操作，谁就能提高企业的竞争能力和避险能力。

● 利用国际黄金期货交易开展套期保值衍生品投资必须具备如下条件：

（1）必须选择设立间接的套期保值及衍生品投资通道，才能开展此项业务，具体方式和通道是各企业自身的秘密和盈利模式。

（2）必须拥有一批衍生品投资专家，专门承担套期保值及衍生品投资的决策及具体操作。这一团队即是衍生品投资专家，也是黄金方面专家，还要非常熟悉国际黄金运行体制。

（3）必须拥有实金的基础，买卖必须基于企业实际生产需要的规模和价格来进行，不能搞投机。这较适合于黄金生产企业和大的黄金首饰企业。

珠宝品牌的国际化之路

文／周伟鸿（潮宏基珠宝公司）

潮宏基的品牌策划、公关策划、促销策划，无时无刻不透露着这个珠宝企业的性格。通过透视企业的这种性格，我们就能真正明白潮宏基真正的价值及需要。在中国珠宝行业，很多了解潮宏基的人士不得不相信潮宏基是一个精心的策划。在第一届潮宏基杯中国珠宝首饰大奖赛以及大量的公关活动中，在强大宣传攻势的冲击下，在国际化潮宏基大旗的喧嚣下，人们很难看清潮宏基是怎样指挥着千军万马杀入市场的。透过潮宏基在业内广为流传的种种运作策略，潮宏基的策划思路逐渐浮现出来。

对于中国的大部分珠宝消费者来说，提起潮宏基，脑海里会立即浮现出一个个家喻户晓的案例：潮宏基真心2000、潮宏基2000希望之星、潮宏基真爱情侣、潮宏基2000年经典音乐之旅、八心八箭，爱情看得见——潮宏基丘比特切工、2001年第一届潮宏基杯中国珠宝首饰设计大奖赛全国巡回展、2001年真爱是我——送给情人最好的礼物、2002第二届潮宏基杯中国珠宝首饰设计大奖赛全国巡回展、2001夏日之恋、2002夏日传说及时尚丽人、2003年国际化潮宏基慈善之旅……

然而，这不过是最近4年才发生的事情。在此之前，普通中国消费者并不知道，潮宏基品牌自1996年成立以来，在几年内就已经在中国的中高档珠宝首饰市场上分得一杯羹。当你从宣传媒介看到对潮宏基的营销策略赞不绝口的时候；当你踊跃地参与潮宏基的各项活动并领略潮宏基珠宝迷人的风采的时候；当你站在潮宏基的柜台前脱口而出要购买潮宏基产品的时候，你是否也很感兴趣了解一下潮宏基公司到底是一家什么样的公司？你的心里也一定充满了各种各样的问号。潮宏基珠宝品牌为什么会在20世纪90年代中期一举成功，成为中国珠宝业最早成功的珠宝品牌之一？一起探索潮宏基这一珠宝品牌的成功奥秘，对中国各行业尤其是珠宝行业无疑是一个很好的经验总结。

一、品牌战略——成功的关键要素

潮宏基珠宝是一家实行现代化企业管理制度，以连锁专卖模式开拓市场的大型现代珠宝企业，是目前中国市场上最有实力的珠宝首饰品制造商和经销商之一。自1995年创立开始就致力于品牌形象的建立，走品牌化经营的道路，加上以诚致胜的经营理念，始终坚持用值得依赖的品质面对顾客。目前，潮宏基在新加坡、香港、法国、意大利等海外地区设有海外设计中心和旗舰店，在中国大陆已建立了以北京、上海、重庆、沈阳、济南、江苏、浙江等20多个大中城市为中心的营销网络，零售专卖店达一百余家。

2001年潮宏基与法国VENTI品牌建立战略合作关系，实现优势互补、资源共享、双赢发展。VENTI产品全部委托潮宏基进行加工，并在中国市场依靠潮宏基的营销网络进行专卖销售。

潮宏基的营销战略的高明之处主要表现在目标市场选择、市场地位和人力资源管理方面。

1．抢滩点——选取东北作为最先的目标市场

由于南方市场受香港等发达地区的影响太大，潮宏基最先选择东北地区抢滩登陆，在大陆市场的总部设在广东，依靠毗边香港、台湾等海外市场的优势，源源不断地吸收国外的最新珠宝资讯。然后以东北辽宁、黑龙江、吉林逐渐向沿海地区（上海、江苏、浙江长江三角洲等地）扩展，是别具匠心的。

2．以高取胜——潮宏基的品牌定位

潮宏基公司的产品一向以高档次、高品质著称。秉承潮宏基的“千锤百炼，争创第一”的企业精神，潮宏基在市场中的定位很鲜明，即“一流”、“高档”。潮宏基公司设有产品开发部和产品设计中心，汇集了国内外的国际获奖珠宝设计师专门研究如何提高产品的质量、包装技术和工艺技术，以及开发最新的符合中国消费者特点的珠宝款式，力求在满足中国消费者需求方面做得比竞争对手更好。

由此可见，潮宏基是以高品质、高档次的品牌形象打进中国市场的，这正切中了消费者崇尚名牌的购买心理。对于一种商品，中国消费者首先要对其产地做出选择：国产品牌，还是泊来品牌。多年来，国外的珠宝品牌以其价位高使一般消费者不敢问津，与价位低的国内地方品牌比较，本土化的知名品牌因其价位适中、品质有保证而备受青睐，往往是优先选择的目标。潮宏基的珠宝产品具有高品质的特征、流行的款式，以及新颖的包装，因而具有强大的竞争力，这也是潮宏基得以在中国珠宝市场上的众多品牌中脱颖而出的主要原因。自2000年推出夏季新产品起，潮宏基接连打响了“希望之心”系列产品、“真爱是我”情人套装、“夏日传说”夏季套装、“时尚丽人”夏季套装、“八心八箭”丘比特套装……一个又一个令人瞩目的新产品攻势。在中国宝玉石协会首次推出的中国珠宝首饰驰名品牌的评选中，潮宏基以经营业绩、市场占有率、品牌的知名度、美誉度等方面综合成绩第二名被评为中国珠宝行业驰名品牌。2001年，潮宏基成为广东省的著名商标。

3. 抓住新生代——目标市场的选取

潮宏基的广告画面多选用名人形象。马艳丽这位国际名模，中国模特演艺界炙手可热的大腕，成为潮宏基首位签约的形象代言人。从这位代言人可以看出潮宏基的目标定位是在25～35岁的成熟女性，这个阶层的消费者追求浪漫的幻想，崇尚无拘无束和富有个性色彩的生活，同时不像年轻人一样盲目消费，她们的消费较为理性。潮宏基选择这一消费群作为其目标市场，可见其看中的不仅是这个层次的人收入较高和稳定，同时还看中了这个消费群的主导消费作用。

在中国大陆消费者中，消费心理和方式显而易见地发生了较大变化的首先是青年消费者。很多国内珠宝品牌看中的是这一消费群体的不稳定性。但是在国外，珠宝品牌的真正目标对象是相对比较成熟的消费者，这个阶层带动了消费主义运动的兴起，改变了人们传统的生活态度和节俭观念，刺激着人们的消费欲望和财富欲望。对于许多内地人，尤其是中等收入阶层来说，追求享受和享乐不再是可耻和肮脏的念头，而是堂而皇之树立和追求人生目标。求新、追求名牌、喜欢广告、注重自我等心理正改变着大陆消费者的消费习惯和行为习惯。

潮宏基选取深受中国白领女性崇拜的偶像马艳丽作为形象代言人，并举办"潮宏基钻石周全国巡回展示活动"、"潮宏基国际彩钻全国首次巡回展示"，展示珠宝与女性的真我风采，围绕白领阶层和中等收入阶层所做的一系列促销活动，充分表明了它抓住了新生代的定位意图，而它卓著的市场业绩也充分证明了其目标市场定位的正确性。

4. 从各地吸收人才——人力资源专业化

潮宏基刚成立时，各部门的经理基本上是由经验型的珠宝业人士担任。当时，公司在人力资源使用方面遇到的困难是：

- 中国大陆珠宝市场是一个陌生而巨大的新市场，企业对珠宝市场的了解跟不上市场进程。
- 管理层人士存在明显的现代营销思维障碍。短时期内不容易掌握中国复杂的珠宝消费者的心理行为等，难以对中国珠宝市场产生全面而深刻的理解。
- 很多管理人员并不具备潮宏基长期发展所需求的管理水准。

鉴于上述情况，潮宏基提出了在3～5年内实现人才专业化的目标。为此，公司专门设立了人力资源部，每年都到全国各重点大学尤其是珠宝和营销专业招聘管理人员，在人力资源上公司采取的战略是：从高等学校毕业生中吸引大量的高素质、高知识水准、适合未来市场需要的人才。

潮宏基提供给专业人员的福利薪酬待遇在同行业中属于最高，并且在不断地调节薪酬待遇，使之富有竞争力，令表现优秀的人得到应当的回报。

从公司内部提升也是潮宏基公司的一个用人策略。潮宏基通过只从公司内部提升人员这一政策来肯定员工的贡献。几乎所有的潮宏基高层管理人员都是由于长期的优秀表现而升到他们的现任职位的。潮宏基还长期在内部组织各种类型的培训课程，还提供机会让员工在公司以外接受培训，甚至到国外接受培训。

潮宏基公司一直努力把先进的管理系统和管理方法引入中国。目前潮宏基已经在全国的一百多家专卖店实行了远程电脑管理系统，并在潮宏基总部实行无纸化作业，公司的供应链管理系统、OA办公自动化系统不仅使潮宏基成为中国珠宝行业第一家实行现代化管理的珠宝企业，同时也为潮宏基应对瞬息万变的市场竞争发挥了不可替代的作用。潮宏基公司不仅在软件上实现了公司人才专业化的目标，在硬件上也实行了管理现代化的目标，这些也成为其事业成功的关键。

潮宏基的成功并非偶然，除了在人力资源、定位、目标市场选择等方面运用卓越的战略之外，还得益于各种正确的市场策略综合运用。

二、品牌定位——国际化的追求

运用品牌在新市场和消费者心目中赢得知名度和形象认同。潮宏基十分注重运用品牌与消费者沟通，并取得了明显的效果。它把品牌知名度作为进军中国内地市场首要追求的重要目标，并且将塑造好的品牌形象作为公司的长远目标。通过大量的形象推广，潮宏基的品牌知名度在大陆市场上达到了一流的地位。

在相当长的时间里，潮宏基一直在酝酿和尝试着引进海外经营战略和珠宝潮流的种种构想，以便整合出符合国内珠宝业发展的战略。但让潮宏基一直忧心忡忡的是，国内的众多珠宝企业，从企业制度到财务管理、技术标准以及产品质量标准等，与国际惯例还相差很大，在短期内赶上国际珠宝潮流谈何容易。

经过分析，潮宏基确定了走向世界之前必须先“请进来”，不仅要引进国外技术和资金，更重要的是，必须引进先进管理人才以及掌握最新的国际流行趋势，从根本上改造和武装自己，整合国外的珠宝资源，传递给国内消费者。第一届和第二届中国珠宝首饰设计“潮宏基”杯大奖赛在很大程度上为潮宏基进行这一国际化战略打下了坚实的基础。此外，进行股份制改造，按国际标准建立质保体系，按国际标准生产产品，这些都是为了追赶世界发展潮流。

国际化的潮宏基并非是一句口号，它不仅是要让潮宏基走出国门，参与国际舞台的竞争，而且是要将具有国际化设计、国际化品质、国际化服务的首饰传递给我国的消费者，让我国消费者在国内就可以享受到世界上最美的首饰。

基于这种目的，潮宏基在进行详细的全盘策划下，首先聘请了国际上优秀的设计师来充实潮宏基的设计团队，然后筹备在法国、意大利、香港建立自己的设计中心。让世界珠宝艺术通过这些优秀的设计师及设计中心源源不断的传往中国。

自1996年涉足海外经营至今的7年里，潮宏基在国际市场已初步形成了自己的竞争优势：有着符合国际珠宝市场需求的丰富的产品系列，开发的产品与国外的流行潮流接轨，可满足大部分国家和地区的客户需求；与国际知名设计师签约并建立起稳定的合作关系，有初步适应国际珠宝市场的销售、技术和设计平台，由设计中心的一个专门的国际产品开发小组与国际珠宝界进行协调合作。

由于潮宏基珠宝在中国珠宝业的成就引起世界同行的瞩目，一些著名的国际珠宝商对潮宏基情有独钟，与意大利某著名品牌合资成立的潮宏基国际控股公司即将在意大利成立。可以说，这是潮宏基珠宝国际化战略迈出的最关键一步。

潮宏基已具备了国际化发展的必备条件，潮宏基在欧洲、东盟等地区设立了办事处。目前，公司已着手制定长期的国际化发展战略，使潮宏基成为一个专业化的国际珠宝公司，与国际接轨。通过与国外品牌的接触与合作，将国外的珠宝资源向国内进行有效的传递和沟通。这对于国内珠宝业或是终端消费者，都将是一大福音。

三、活动行销——贴近消费者进行沟通的手段

潮宏基策划了不少大型的营销活动，在中国创造了不同凡响的效果。因为活动充分贴近消费者进行营销沟通的特点，迎合了中国消费者重关系、重沟通、重场面的心理，所以在中国它比其他促销方式更能引起消费者的兴趣。当营销活动逐渐成为当前行销和促销的一种趋势，成为最由此来看这消费者的营销沟通方式时，潮宏基公司高瞻远瞩，最先领略了它的瑰丽风光。

潮宏基近几年来举办的营销活动主要有：1999、2001年两届“中国珠宝首饰设计潮宏基杯大奖赛”活动及其获奖作品全国巡回展；潮宏基2000年经典音乐之旅公关活动；第二届中国珠宝首饰设计潮宏基杯大奖赛颁奖典礼；潮宏基钻石周全国巡回展示活动；潮宏基国际彩钻（青岛）巡回展示会；2003国际化潮宏基（沈阳）慈善之旅助学活动等。

1. 中国第一届“潮宏基杯”珠宝设计大赛

1998年9月，中国第一届“潮宏基杯”珠宝设计大赛的正式推出，揭开了潮宏基公关策划的序幕，整项活动共收到了来自国内各地以及部分国家和地区的1200多件参赛作品，其水准之高，参与人数之多，以及其产生的深远影响都是十分罕见的。大奖赛的成功举办以及随后在各地举行的获奖作

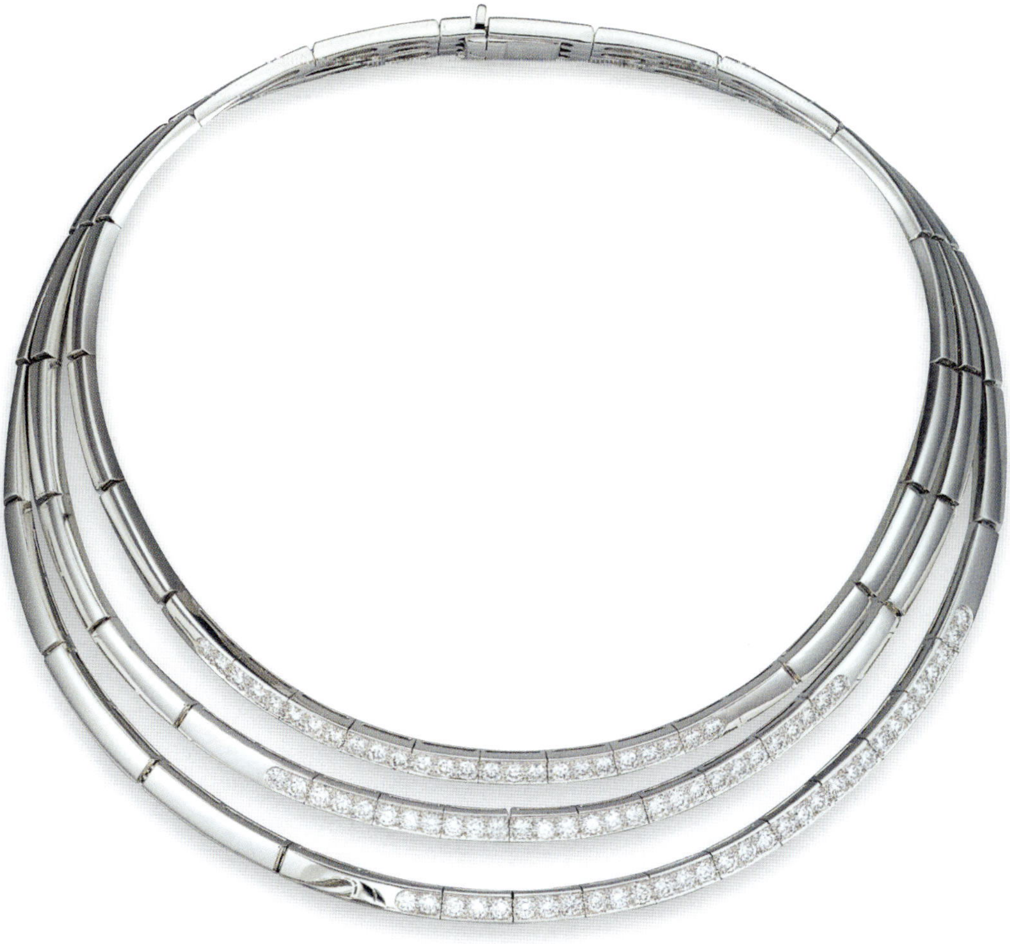

品巡回展，都向人们传递着这样一个信息——潮宏基，一个致力于为顾客服务的珠宝产品。

2. 中国第二届“潮宏基杯”珠宝设计大赛

为了继续致力于把东方的珠宝饰品文化推向世界珠宝业顶峰，打造世界华人珠宝界的远洋巨舰，推进中国饰品文化在国际上的推广和传播，潮宏基于2000年7月与中国宝玉石协会、《中国宝石》杂志再度携手，向全球华人珠宝界联合推出规模更大的中国第二届“潮宏基杯”珠宝设计大赛，大奖赛共收到了来自中国、比利时、意大利、美国等十几个国家设计师的作品1568件。由于这一大奖赛的独特性，世界各地的华人设计师无不重视这一奖项的角逐，其中几个惟一的一等奖更是竞争趋于白热化。由于设计师的倾力，参赛作品中出现了许多精湛力作，在2001年8月的终评会上，以英国珠宝协会会长、英国伯明翰学院院长、世界珠宝权威诺曼·切瑞博士为首的18名评委对所有作品都爱不释手，难以取舍。原定3个小时的评选一直延长到10几个小时才结束，最后由于奖项有限，评委们只好忍痛割爱，以总评分及无记名投票产生了所有奖项得主。2001年9月8日在北京国际俱乐部隆重举行了颁奖典礼，吸引了国内外的近百家新闻媒介参加。

3．潮宏基2000年经典音乐之旅公关活动

为回报新老顾客的关爱，潮宏基在2000年10月推出规模庞大的潮宏基2000年经典音乐之旅公关活动。该项活动以“经典、永恒、浪漫”这一不变的主题，加上潮宏基独特的广告宣传手法，来达成公关推广的长期目标。活动期间，不管新老顾客，都可免费加入潮宏基会员俱乐部，获得由潮宏基精心制作的中国经典音乐CD光盘，与潮宏基一起品赏经典。同时，潮宏基俱乐部会员在今后的消费中还可享受特别的优惠，以及在节假日获得意外的惊喜。在活动的一年时间内，潮宏基会员俱乐部的准会员超过了3万名，这些会员中的大部分已经成为潮宏基品牌的忠诚顾客。

4．潮宏基钻石珠宝周巡回展示

2001年5月份，潮宏基钻石珠宝周在青岛海信广场拉开首站的序幕。在随后的半年时间内，潮宏基钻石珠宝周巡回活动走过了大江南北，在江苏、浙江、山东、上海等地都留下了它的足迹。在潮宏基珠宝钻石周活动中，潮宏基首次展示了5克拉巨钻稀世珍宝及十多颗克拉钻石饰品。本次活动展示的潮宏基珠宝总价值高达3000万元，配合模特秀静态展示。展示期间，潮宏基更专门邀请了国内珠宝权威专家现场接受免费咨询及检测，现场免费清洗钻饰，受到各地消费者的热烈欢迎。

5．潮宏基国际彩钻（青岛）巡回展示会

2003年2月，春节、情人节的热潮刚刚过去。在青岛海信广场。王敏——这个魅力无限的中国模特界巨星首次与潮宏基联袂在青岛海信广场举办潮宏基国际流行彩钻展示会，演绎国际化潮宏基全新的品牌形象。这是王敏首次抵达青岛举办展示活动，同时也是潮宏基首次邀请国内明星进行区域推广活动。22日、23日一连两天青岛的10家报纸及电视台共计17名记者以及25名摄影家将潮宏基的活动现场团团包围，创造了在青岛罕见的新闻轰动效应。

潮宏基国际彩钻（青岛）巡回展示会还首次打破首饰展示的模式，将各种道具巧妙引入展示过程中，当模特用酒杯、鲜花、手托等道具出场时，璀璨夺目的彩钻已经不再佩带在模特身上，而是在道具中随着模特的转动而让现场观众在耳目一新之时又得到了近距离的欣赏。

首次有机会为潮宏基的彩钻产品进行展示推广、中国首席名模王敏表示由衷的高兴，她说：“由于职业的关系，我对首饰的要求很高，对品牌的选择也非常谨慎。这次来到青岛，代表我自己一向信赖的高品质的潮宏基国际珠宝，和大家交流首饰佩带的心得，分享这个缔造人生魅力的奥秘，真的觉得非常开心。”

6．2003国际化潮宏基（沈阳）慈善之旅助学活动

2003国际化潮宏基（沈阳）慈善之旅活动是“2003潮宏基慈善年”的主要公关活动内容。这个活动又一次诠释了潮宏基公司“回馈社会、关怀民生”的公益理念，将使社会各界与消费

者对潮宏基公司有进一步了解和品牌的认同，也对沈阳市2003助学工程起了很大的推动作用。

品牌战略的制定，准确的国际化品牌定位以及活动行销构成了潮宏基品牌国际化追求的坚定基础，为我国珠宝界走向世界树立了一个耀眼的典范。

【第四章】

中介机构及行业组织促进行业规模发展

Promotion the development of jewelry trade on scale by medium departments and trade organizations

金融服务与中国珠宝业

文／胡美军（中国银行业监督管理委员会）

珠宝界朋友都知道珠宝首饰企业从银行得到贷款或者融资服务是比较难的。银行愿意为什么样的客户提供融资服务？银行对珠宝玉石首饰行业的主流判断是什么？为了争取银行融资服务，最终成为银行的黄金客户，我们应该在哪些方面进行努力？下面我将对这三个问题进行进一下分析：

一、银行愿意为什么样的客户提供融资服务

银行是一个典型的厌恶风险的行业，很难给风险高的企业提供贷款和融资服务。因为银行的资本充足率在8%就可以了，还有92%的钱是借别人的钱。借别人的钱用肯定是要慎重一点，向高风险行业提供融资服务，别人不愿意。在英国社区银行里有一个很有特色的现象，人们觉得应该把钱存在这样一个银行里，这个银行的行长不管刮风下雨都穿黑西服、打雨伞，他们认为这样的行长做事比较审慎，不喜欢冒风险。如果存款人觉得银行冒了风险，他会把钱取出来不存在这里，因为银行92%的钱都是存款人的，结果只能是银行关门了事。基于这样的原因，银行做事有一个典型的特征——锦上添花，银行很难做雪中送炭的事，所以不要奢望企业遇到资金困难的时候能从银行得到贷款。

银行本身是追逐利润最大化的企业。银行不会贷款给盈利能力差的企业，因为银行本身的盈利来源于与企业瓜分企业在经营中的平均利润。如果企业本身的盈利能力差，银行利润也就不理想；如果企业因经营状况不好而倒闭，银行不但得不到利润，连收回本金也是很困难的。

金融理论界有一个看法：银行是社会信用中心、中转站。一个企业信用差，银行不会为你提供融资服务，存款人基于对银行的一种信任才把钱存到银行，银行基于对企业的信任才把款贷给企业。这个过程中有一个对称的问题，存款人把钱存到银行，如果银行不讲信用，就面临信用崩溃的处境，严重的情况下银行就会倒闭，所以银行是不敢对存款人不讲信用；相反如果贷款人不对银行讲信用，银行也不能把它怎么样，在现今文明的社会里，我们也不能采取原始的法律使用暴力解决问题。

目前有一个特殊的现象，银行与不讲信用的企业打贷款官司，要直接面对起诉难、胜诉难、执行难的现实问题。在这种情况下，银行在业务质量规范化之后，基本上对不讲信用企业的态度是打不赢就跑，银行之间实行黑名单制度，如果哪个企业有一次不讲信用，系统内就要通报，以后所有银行都不会贷款给这个失信企业。为了保证银行不遭受更大的风险，法律有一个规定，一般的企业贷款人提供抵押担保。由于珠宝玉石首饰产品本身的特殊性，在提供抵押方面存在困难，总体来说在我国珠宝首饰行业面临着贷款融资难的尴尬境地。

二、银行业对珠宝玉石首饰行业的主流判断

珠宝企业风险高、盈利能力趋于下降、信用机制比较薄弱，是银行对珠宝玉石首饰行业的主流判断。银行为什么会形成珠宝企业风险高、盈利能力趋于下降的认识呢？主要基于以下五个原因：

(1) 珠宝首饰业的稀缺性，对市场定价有极大影响。珠宝首饰行业要求市场细分程度高，以凸显个性和时尚，增加它的审美价值作为吸引消费者的重要因素。这样就会带来一个矛盾，标准化定价的二级市场的构建是非常方便的；但是标准化又会导致珠宝首饰竞争力的丧失，现在的社会时尚总是赶不上时代潮流，而追求时尚可能对珠宝首饰价值带来很大的影响。有些标价几万元的首饰过一年会打二、三折，这势必影响银行对企业盈利能力的信任。珠宝首饰行业的特征（追求个性、凸显时尚、市场细分）给企业带来了更高的风险。

(2) 原材料稀缺性和鉴定的难度也是导致珠宝行业风险较高的原因之一。珠宝首饰饰品追求稀缺性，产品越稀有越值钱。在珠宝玉石首饰原材料购买过程中企业所担的风险是很高的。比如翡翠赌石，一块石头赌对了，你就可以完成资金的原始积累；如果赌错了，那结果就截然不同了。

(3) 我国经济发展水平决定了珠宝玉石首饰行业是一个高风险行业。珠宝玉石首饰产品的消费直接受经济发展的影响，比如居民收入增长，消费需求也会随之增加；收入下降，消费需求就会下降。境外有一个测试，人均收入在5千美元左右，珠宝市场是稳定的，市场深度和广度都较大。香港弹丸之地珠宝企业能做到现在的规模就是一个典型的实例。我国改革20年，从1980年到2000年基本是四年一个周期，在国际上这个周期变化是比较频繁的，再加上珠宝首饰行业

本身资金回笼比较慢，存货和占压资金比较多，势必给珠宝企业带来很大的杀伤力。

（4）我国珠宝首饰行业发展态势影响它的盈利空间。我国珠宝首饰发展态势存在着很多的不足，在缺乏市场约束的市场中，小企业各自为政，这种竞争状态有几个特点：第一，有值钱的产品一拥而上；第二，低价经销，市场特别混乱，消费者信心受到损害。我国珠宝首饰加工培训方式仍然停留在师父带徒弟的模式，没有大型的、专业性较强的、定向培训的机构，这方面的创新人才比较缺乏，这对提升整个珠宝玉石首饰行业档次、增加国际竞争力造成了很大影响。竞争力的丧失、市场的深度和广度又不够，也势必影响企业的盈利能力。

（5）珠宝首饰价值评估问题影响了我国珠宝玉石首饰企业的信用机制。我们现在需要的是既懂珠宝专业知识又懂更高层次的如加工、心理学、社会学以及美学等知识的复合型人才，只有他们才能对珠宝玉石首饰做出真正准确、让大家相信的科学判断。由于这方面人才的缺乏，银行在考虑提供金融服务时，没有较为权威、准确的评估结果做参考，所以企业要获得银行金融服务是比较困难的。现在珠宝企业每年销售额已经超过100亿美元，并以每年10%的数量在增长，市场前景很好。如果每个珠宝玉石首饰行业从业者都从自身做起，遵守行业自律规则，改变目前存在的一些不好的发展态势，规范市场的发展，提高行业的信誉度，给银行一点信心，企业获得银行金融服务也是翘首可望的。

三、为了争取银行的融资服务，最终成为银行的黄金客户，我们应该在以下一些方面进行努力

（1）珠宝玉石首饰企业之间，建立小范围的信用监督机制，快速提升在银行领域的信用水平，通过上、中、下游有联系的产业链企业达成内部协议、进行整合，为获得银行的融资提供保证。小企业信用不好，担保不了，可以进行产业链的整合，企业之间互签协议，有一家不还贷的话，银行就会告诉剩余几家企业将得不到银行贷款。这样的方式可以提供关联的担保，这样银行可能会放心一些。为解决珠宝企业贷款难问题，这也是一种可以考虑的短期办法。

（2）从长远考虑，要想长期得到银行的资金支持，还要回到前面讨论的问题上来。第一，必须完善市场机构，创造新的竞争理念。要通过不管是纵向还是横向的联合，建立双赢的竞争模式。国外资料说中国珠宝玉石企业有一个毛病“窝里斗”，运用低水平的价格战去竞争，结果是市场不规范了，消费者消费信心降低了，社会对整个行业的认可度降低了。珠宝业者如果真想把这个行业做大、做强，做成一个产业，参与国际市场竞争，必须加强自身的约束机制，遵守行业自律，呈现给银行领域一个全新的、高信用的崭新面貌。

（3）改变现存的发展观念——企业资产规模大就有竞争力。面对分散的、层次不定的消费者，规模并不能解决所有的问题。我们要追求两个理念：①追求稳健的发展，做百年老店，店

越老信誉效益就可能好一些，改变目前有些产品打一枪换一个地方的竞争模式；②利用品牌向市场发布品牌信息，大家认可度才会比较高，交易成本才会较低，才能比较容易地以低成本得到银行的信任，同时得到它的资金支持。

（4）通过制度创新，降低珠宝企业与银行交易的信息壁垒。①企业之间建立信用壁垒机制，在国外钻石交易圈子是极其狭窄的，业务交易是在高度保密、高度信任的情况下进行的。换一个角度看，就是通过信任的壁垒机制，把不讲信用的人永远驱出这个领域。②要培养出具有中国文化特色的、真正能够鉴别中国珠宝首饰并对其价值进行准确评估的珠宝评估师。不要用目前这种资产评估师加上宝石鉴定师这种简单相加作为珠宝首饰评估的权威。

（5）与银行建立长期的战略伙伴关系。将一些低风险、没有风险的业务也在银行做，让银行自己觉得，如果有些贷款不给你做，可能就把你得罪了，要多角度和银行展开交易，锁定银行，让他们在融资服务方面为我们提供支持。

通过大家的共同努力，珠宝行业与银行之间一定能够形成一个双赢的局面！

探索钻石融资之路

文／王晓枫（上海浦东发展银行钻石交易所支行）

经过近两年的试运行，上海钻石交易市场于2002年6月1日正式投入运行，截至2003年1月，获权参与交易的市场成员企业数量已达95家。但是，银行在钻石行业中所应起到的作用，在中国还远没有发挥出来。发表本文，希望能探索出一条切实可行的钻石融资之路。

一、世界及中国钻石市场现状

世界90%以上的钻石产于下列国家，依产量排名如下：澳大利亚、扎伊尔、博茨瓦纳、俄罗斯、南非、安哥拉、纳米比亚、巴西。以价值来说，南非诸国供应了世界一半以上的宝石级钻坯。主要的钻石交易市场集中在比利时、以色列、印度和美国，而他们的钻石产业又各有侧重。印度的孟买和以色列的特拉维夫主要是切割加工中心；比利时的安特卫普曾是世界毛钻批发市场；纽约主要是一个小规模加工中心，主要加工大颗钻石。

中国的钻石开采量极为有限，而优势则是拥有大批廉价的劳动力和具有巨大潜力的钻饰品消费市场，所以致力于发展成品钻石贸易和钻石加工产业。

中国内地钻石首饰的市场规模与钻石零售业的发展基本保持同步增长。20世纪90年代初期是钻石首饰零售市场增长最快的时期。进入20世纪90年代中后期，钻石首饰零售规模增长放缓，但中国市场占世界市场的份额已从原来的0.5%增长到1.8%。1997年钻石首饰零售额为55亿元人民币，销售钻石首饰90万件；1999年钻石首饰零售额约59亿元人民币；2000年约61亿元人民币；2001年达到了90亿元人民币，销售钻石首饰总件数突破100万件。

二、基本运作和融资模式

2001年以前，世界上80%以上的钻石原胚是由全球最大的钻石生产和销售商戴比尔斯集团设在伦敦的中央销售组织（CSO）统购统售的。他们收购世界各地钻石矿出产的原石，分级后按一定配额出售给合作者进行加工。每位合作者所获得的钻石的等级、数量和为此需支付的金额都由供应商事先独自确定，且不容讨价还价。习惯上人们将这些直接与供应商订立契约并获得原钻的公司称作钻石的“大所有者”，他们实质上是钻石的一级批发商，加工好的钻石经“大所有者”之手出售给下一级批发商，经层层转手后到达世界各地的零售商手中。一般交易的流程见下图：

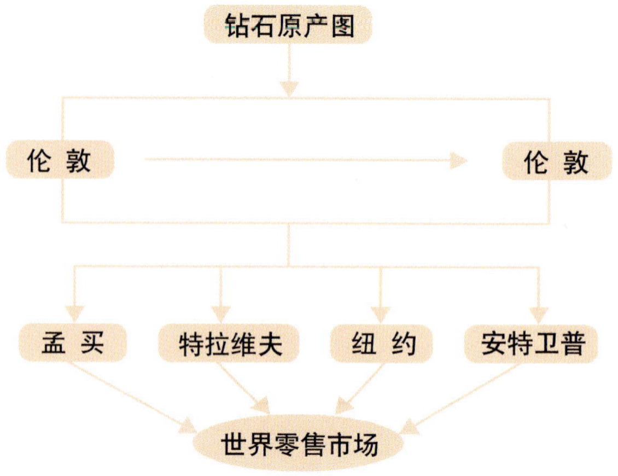

图1.4.2.1　世界钻石交易流程图

通常而言，品质最高的原钻将被送往安特卫普和纽约，高昂的售价可以充抵高精度切割、高人工所带来的较高的加工费用；中等质地的将进入约翰内斯堡和特拉维夫；剩余的大量成色较差的小钻会被发往孟买，那里的加工技术较差但人工低廉。由于各个钻石中心城市所担当的职能不同，所以形成了各具特点的钻石融资模式，见表1.4.2.1：

表1.4.2.1　世界各地钻石市场特色与融资模式

城市	特色	融资模式
安特卫普	世界毛坯钻石批发市场	短期进口／应收账款
纽约	加工中心	加工、季节性库存／应收账款
孟买／特拉维夫	加工中心	装船前后融资
香港	远东成品钻集散地	成品钻石进口、首饰加工和应收账款

三、钻石融资的必要性和可行性

1．为什么需要钻石融资

钻石融资归根结底就是“资产转为信贷”，即通过钻石交易流通环节中的不同阶段为钻石业务周期提供融资，从毛钻的交易员开始到加工商或精加工商、买卖成品钻石的贸易商、首饰制造商以及批发商。

那么，为什么在钻石流通的各个环节，批发商、加工商和首饰制造商都如此需要依赖于融资，而银行又如此乐于参与其中呢？

这得从钻石这一商品本身的特点说起。由于它的体积微小，十分便于运送，销售周期较长，所以“寄售”这一贸易手段在钻石交易中被普遍地采用。由于它轻便的特点，在一年中，一批钻石可以被辗转寄售多次。在寄售期间，货主需要资金充实库存，为下一个旺季做准备。而钻石的另一个特点就是它的价值比较稳定，不会如电子产品般易贬值。在亚洲金融危机期间，证券、楼市等价值一再缩水，可钻石价格却保持坚挺。所以对银行而言，这又是一种较理想的抵押品。

在今天，世界范围内的钻石业务需要大约60亿美元的银行融资。其中，孟买的融资达到17亿美元，以色列有13亿美元，纽约有9亿美元，其余的来自香港和其他较小的钻石加工厂。由此可见，在这一领域，银行的作用是至关重要的。在60亿的份额中，有20亿是比利时安特卫普的钻石银行出借的，而在这些银行中安特卫普钻石银行又首当其冲，ABN-Amro银行排在其后。

2. 如何锁定风险

对于国内的商业银行而言，钻石融资仍是一项较陌生的业务品种。从上面的介绍中可以看出，所有钻石出借的理由并不复杂，关键是做到有效的锁定风险。那么，成熟的钻石银行家用哪些措施来锁定风险呢？以色列米卢银行副总裁戴卫·西洛夫是这样建议的：“我们首先以一个积极的态度来对待融资……作为一个银行家，首先，我们会全面了解寄售交易的流程，确定相关的有法律效力的文本均已签订；确定是否有签订正规的寄售合同；同时我们将根据寄售备忘录跟踪钻石是否以合理的比例被发往收货人，各个收货人最终的成交率各是多少，货主本身是否尽心地检测这批货物的流转情况……我们将询问货主在同谁做这笔业务，通常这些钻石将在一年中的哪个阶段被寄回。如果所有环节都合乎我们的标准，那将给我们一个很好的印象，我们将乐于进一步合作。”钻石银行家们本身应该是钻石专家，能够评估库存，就这些产品的可销售性给出建议。

不难看出，面对钻石交易各个环节的客户，包括毛钻批发商、加工商、成品钻批发商、首饰设计加工商，要有效地锁定各个环节的风险，钻石银行需要做到：①接受非常规出借品种；②对钻石行业及全球贸易规模的全面了解；③对主要钻石中心的参与；④适合于每个市场的特定需求的出借模式；⑤久经考验的数据追踪系统，以便密切监视钻石公司的业务周期；⑥与客户之间的牢固的、可信赖的关系，认可、尊重其文化和宗教习惯。

对于仍处于起步阶段的我们来说，建立一个成熟的钻石出借系统完全从零开始是不现实的，而以色列和比利时的钻石银行则已积累了数十年的丰富经验和客户资源，所以进一步加强与这些资深同行的业务联系和合作将使我们收益良多。

由于注意到了中国市场需求的突飞猛进，上海钻石交易所的成立吸引了广大的钻石业人士，包括海外钻石商的目光。上海的钻石加工业充满了活力，正在形成本地的钻石市场，虽然目前这个市场还处于起步阶段，就规模而言无法与其他中心相比，但随着交易规模的扩大，钻石行业终将需要融资，与银行的合作可在加工、出口、进口及钻石交易所内外等4个通路中进行。

【第二篇】

行业资讯

Second chapter Massage, Data and Information

引 言

珠宝业是一个涉及养殖、采矿、制造、批发、零售、科学研究、技术服务、教育和文化艺术等国民经济多个行业的综合性产业，它对于繁荣市场、拉动内需、引导消费、美化生活、促进经济发展具有积极的作用。随着我国改革开放的进展，国民经济实力不断增强，人民生活水平日益提高，广大消费者对珠宝玉石首饰的需求不断增长，产品的市场潜力巨大，珠宝这个古老而又传统的产业已经成为我国极具发展潜力的综合性产业之一。

请看从不同渠道得到几组关于我国珠宝业的统计数据：

第一组：从1980年到2000年，生产企业从95家发展到1000多家，销售额从1.61亿元增加到800多亿元。

第二组：从20世纪80年代初到2001年，从业人员由2万人增加到300万人，销售额从2亿元增加到800亿元。

第三组：从1991年到1998年，企业数从100多家增加到2380家，从业人员从不足10万人增加到70万人，销售额从240亿元增加到762亿元。

从上面这些数据不难看出，一方面，改革开放20多年来，我国的珠宝业取得了巨大的发展，这是一个不争的事实；另一方面，我们现在掌握的数据还是残缺不全的，已经得到的数据之间也存在着不一致和不衔接的问题，还难以全面准确的反映行业发展的全貌。

马寅初先生曾经说过政治家不能离开统计而执业，经济学家不能离开统计而研究，实业家不能离开统计而发展。现代社会是一个信息的社会，各行各业都不能离开统计而发展。一个行业健康持续的发展，有赖于国家政策的指导，而国家政策的制定需要翔实可靠的统计信息的支持。目前我国珠宝业统计信息的缺乏，在一定程度上影响了政府对行业政策的制定。《中国珠宝年鉴》编辑部正是出于上述考虑每年与行业组织一起开展认真、翔实的行业信息搜集、整理及初步的分析工作，旨在为中国珠宝业的发展做出一定的贡献。

【第一章】

中国珠宝玉石首饰行业经营状况及发展趋势调查

The investigation on business situation & development trend of China jewelry trade

行业统计作为政府综合统计的重要补充，在整个国民经济统计中发挥着不可替代的作用。一方面，行业统计既要为政府制定政策提供基础数据；另一方面，行业协会可以利用所掌握的统计信息开展咨询服务，加强企业之间的联系，促进行业的健康发展。而且，珠宝企业以及投资珠宝的企业也非常需要行业信息，以便做出准确、及时的战略决策。作为联系政府和珠宝玉石首饰行业的桥梁和纽带的中国宝玉石协会，以振兴和发展我国珠宝玉石首饰行业为宗旨，为整个行业的发展做了大量的工作，2003年对2000余家珠宝首饰企业进行了调研，调研的内容基本上涵盖了珠宝玉石首饰行业及企业涉及的各环节、链条及经营要素。中国黄金报社和北京黄金经济发展研究中心也在2003年对十大城市的消费者进行了黄金珠宝首饰消费市场调查，获取了大量有价值的数据。

（注：以下调查数据由于是多项选择，所以数据总和非百分百。）

第一节　行业状况调查

一、蓬勃向上的朝阳产业

调查表明我国珠宝玉石首饰企业近八成是20世纪90年代后建立的，其中59.5%的企业仅有十多年的历史，17.6%的企业仅有几年的历史。虽然我国的珠宝玉石首饰行业是一个古老的传统行业，然而新中国成立后我国珠宝玉石首饰行业经历了一个重建再造的过程，这一过程仅有20余年的发展历史，并且是随着我国市场经济的产生而发展起来的。珠宝玉石产业是真正的朝阳产业。

二、以私有、民营企业为主体

我国经济目前还是国有经济主导的经济，转向市场经济体制之后，国有经济的重组与改造，乃至国有经济从竞争性行业的逐步退出都已成为当前我国经济改革的热点，但我国珠宝玉石首饰行业则有所不同。调查表明：私有、民营珠宝玉石首饰企业占75.8%（私企为54.2%，民企为21.6%），而国有全民所有制企业仅占3.1%。私有、民营珠宝首饰企业是行业的主体，可以说我国珠宝玉石首饰行业是民间资本撑起的“一片蓝天”。因此，对于这样一个行业的管理必须建立一个以市场机制为基本手段的创新的管理体制。

三、近九成企业为销售企业

我国珠宝玉石首饰行业中近九成（89.9%）是珠宝首饰销售企业，加工制造企业所占比例为26.4%（部分企业既加工又销售）。这个调查结果表明，我国珠宝首饰企业主要集中在珠宝首饰流通环节，这与珠宝首饰要直接面对个体消费者，消费者高度分散有关。调查结果给我们的启示是：珠宝玉石首饰行业的发展必须高度重视流通环节，那里是珠宝首饰企业的密集区，是珠宝玉石首饰行业的主体部分。因此，从一定意义上讲，没有珠宝首饰流通环节的改进，就没有我国珠宝首饰业的发展。这也表明珠宝首饰在交易过程中需支付较高的流通成本，故改善和提高珠宝首饰流通环节的工作质量，对于提高行业经济效益也具有重要的意义。

四、专业化是企业的主导经营模式

调查表明我国珠宝首饰企业绝大多数是专业化经营模式，产品生产经营的调整，主要是首饰品种间的变化 ，很少有跨行业的横向关联性多种经营活动。本次调查表明仅有6.6%的受访企业经营服装产品，4%经营箱包产品，3.5%经营汽车类产品、1.8%经营手机类产品。这与我国珠宝首饰市场仍处于发展期，珠宝首饰品种日益丰富，在行业内部仍有很大调整空间有关。但从珠宝玉石首饰行业更长远发展的要求看，产品关联性拓宽是必要的。而且珠宝首饰与人类生活方方面面（如服饰、装饰、用具）密切相关，产品的拓宽存在广阔的市场空间，这种拓展的本身也就是珠宝玉石首饰行业的发展和创新。

五、宣传媒体首选报纸

对于珠宝首饰企业宣传的必要性有近九成的认可度，其中认为非常必要的为受访者的43.2%，认为必要的为44.4%，总计为87.3%，可以说对宣传的必要性是有共识的，但对宣传媒体的选择则各有不同。选择报纸的为58.1%，居首位；电视为42.7%，居第二位；行业媒体以31.3%居第三位；广播以19.8%居第四位；杂志和网络分别为15.4%同列第五位。

以上调查结果表明，珠宝首饰企业选择宣传媒体关注的是时效性和受众群体的广泛性。杂志的短处恰是时效性差，而网络虽面向全社会，但因其专业性而限制了其广泛性，因此这两种宣传媒体的选择比例都比较低。

六、信息来源的主渠道是行业媒体

调查中65%的企业和44%的企业获得信息的主要渠道是行业媒体和通过企业的市场调研，有33%的企业是通过行业会议获得更多的信息，还有29%的企业是通过网络获取信息。应该说国内珠宝企业开发利用信息的渠道还是广泛的，特别是市场调研的开展规避了风险，减少了盲目性。对行业会议的利用一方面表明行业组织的作用在不断发挥，另一方面更多的企业将会议看作交流获取信息的一个平台。所以行业会议的召开应有其更广泛、延伸的意义。网络和媒体作为信息的载体，被企业利用的程度将越来越高。

七、珠宝企业已进入品牌竞争时代

63.4%的受访者已经注册了自己的商标,32.6%的受访者暂时还没注册自己的商标.这说明品牌是珠宝产品附加值及额外利润的增长点,也是珠宝企业做大、做强的根本体现,品牌经营是珠宝企业最根本的经营之道。还没注册自己商标的企业可能选择的是连锁经营、与人合作、引品进店等经营方式，也可能还没认识到品牌经营的重要性。总之，品牌经营是珠宝企业的终极目标。

八、产品附加值尚未充分开发

工艺设计、产品包装、品牌文化是珠宝产品的利润增长点。调研结果显示：单件珠宝产品5元以下的包装费占37.4%，6～20元包装费占41.4%，21～50元占10.6%，51元以上占1.3%。可见，产品包装这一珠宝产业链上的环节还有待于开发、扩展、加大力度。珠宝产品投资大、单件产品价值高，本应属于高利润行业，但因工艺设计没有个性、品牌建设刚刚起步，珠宝产品的附加值没有被开发出来。

九、广告投入低并选择自己做广告

广告投放在10万元以下的企业为43.6%，11万～50万元的企业为20.2%，51万～100万元的企业为8.3%，101万元以上的企业为8.3%。这说明珠宝行业还是一个较为传统、其自身特点和属性较为明显的行业，有其自身生存和传播的途径，不太依赖于现代传媒作为自己的营销工具，同时也说明珠宝行业的规模较小，尚处于发展的初期阶段。

65.6%的企业选择自己做广告，24.2%企业请广告公司帮助做广告，13.2%的企业请策划公司帮助做广告。这个调查结果表明，珠宝是一个新兴的行业，人员、专业化分工都不强，资金也不充足，没有多余的资金请人代理、策划广告，广告策划也没有专门服务于珠宝行业的专业人员。

十、消费者认为：珠宝首饰是奢侈品、企业利润高

42%的企业认为消费者把珠宝首饰作为奢侈品，有23%和15%的企业认为消费者把珠宝首饰看作耐用消费品和一般消费品。这从一个侧面反映出随着珠宝首饰消费的普及，消费者的观念也在发生显著变化。

调查反映企业认为32%的消费者对珠宝首饰产品的内在质量是认同的，26%的消费者认为珠宝行业是高利润行业，有14%的消费者认为有暴利倾向。反映出珠宝玉石首饰行业在消费者心目中还是比较神秘的。

第二节　消费市场调查

一、消费者喜爱的黄金珠宝首饰产品

中国黄金报社和北京黄金经济发展研究中心2003年进行了黄金珠宝首饰消费市场调查，我们将调查数据进行排列分析，对目前消费者喜好的产品进行评价，评出消费者喜爱的黄金珠宝首饰产品如下：

1. 黄金首饰

表2.1.2.1　黄金首饰

评价项目		选择比例/%	备注
款式	东方精巧典雅风格	46.7	共有5个选项
	中国传统风格	37.1	
	欧美简约风格	13.1	
品种	项链	40.2	共有9个选项
	戒指	35.7	
	手链	30.1	
价位	1000元以下	39.9	共有6个选项
	1000~1999元	39.1	
	2000~2999元	16	
品质	24K	77.8	共有7个选项
	18K	35.9	
	22K	5.2	

结论：东方精巧典雅风格，价位在1000元以下和1000~1999元的24K项链是消费者最喜爱的黄金首饰，戒指次之。

2. 白银首饰

表 2.1.2.2　白银首饰

评价项目		选择比例 /%	备 注
款式	东方精巧典雅风格	34	共有 5 个选项
	中国传统风格	22.6	
	欧美抽象、夸张风格	21.4	
品种	项链	42.6	共有 8 个选项
	戒指	33.7	
	耳环	28.9	
价位	200 元以下	58.3	共有 7 个选项
	200～499 元	25.5	
	500～799 元	8.5	
品质			无选项

结论：东方精巧典雅风格，价位200元以下的手链是消费者最喜爱的白银首饰，戒指次之。

3. 铂金首饰

表 2.1.2.3　铂金首饰

评价项目		选择比例 /%	备 注
款式	东方精巧典雅风格	54.3	共有 5 个选项
	欧美简约风格	31.4	
	中国传统文化风格	11.8	
品种	项链	64.3	共有 9 个选项
	戒指	58.4	
	吊坠	25.7	
价位	1000～1999 元	44.9	共有 6 个选项
	2000～2999 元	24.5	
	1000 元以下	20.3	
品质	PT950	69.2	共有 3 个选项
	PT900	36.2	
	18K 铂金	21.6	

结论：东方精巧典雅风格，价位2000元以下的PT950项链是消费者最喜爱的铂金首饰，戒指次之。

4. 钻石首饰

表2.1.2.4 钻石首饰

评价项目		选择比例/%	备注
款式	东方精巧典雅风格	49.8	共有5个选项
	欧美简约风格	37.9	
	中国传统风格	10.7	
品种	戒指	78.1	共有9个选项
	吊坠	38.4	
	项链	34.7	
价位	2000～2999元	29.4	共有6个选项
	3000～4999元	23.7	
	1000～1999元	19.8	
品质	20～30分	44.3	共有16个选项
	无	38.2	
	VVS	65.4	

结论：东方精巧典雅风格，价位2000～5000元，无色，VVS级净度，20～30分重量的钻石镶嵌戒指是消费者的最爱，其次是吊坠。

5. 有色宝石首饰

表2.1.2.5 有色宝石首饰

评价项目		选择比例/%	备注
款式	东方精巧典雅风格	43.1	共有5个选项
	中国传统风格	23.5	
	欧美简约风格	19.8	
品种	戒指	56.4	共有9个选项
	吊坠	37.2	
	项链	26.9	
价位	1000元以下	37.4	共有6个选项
	1000～1999元	37.2	
	2000～2999元	18.2	
品质	蓝宝石	47.7	共有15个选项
	祖母绿	39	
	红宝石	37.8	

结论：东方精巧典雅风格，1000～2000元的蓝宝石戒指是消费者的最爱，其次是吊坠。

6. 珍珠首饰

表 2.1.2.6 珍珠首饰			
评价项目		选择比例 /%	备 注
款式	东方精巧典雅风格	42.4	共有 5 个选项
	中国传统风格	33.1	
	欧美简约风格	12.9	
品种	项链	54.1	共有 8 个选项
	吊坠	31.3	
	耳环	26.9	
价位	1000 元以下	31.6	共有 6 个选项
	1000～1999 元	13.8	
	2000～2999 元	46.9	
品质	中国淡水珍珠	46.9	共有 10 个选项
	西洋养珠	30.7	
	日本养珠	19.6	

结论：东方精巧典雅风格，1000 元以下的中国淡水珍珠项链是消费者最爱的珍珠首饰，其次是吊坠。

7. 翡翠首饰

表 2.1.2.7 翡翠首饰			
评价项目		选择比例 /%	备 注
款式	中国传统风格	49.5	共有 5 个选项
	东方精巧典雅风格	39.3	
	欧美简约风格	5.9	
品种	戒指	43	共有 8 个选项
	吊坠	36.8	
	项链	17.4	
价位	1000～1999 元	36.4	共有 6 个选项
	1000 元以下	28	
	2000～2999 元	20.5	
品质	绿色	77.5	共有 6 选项
	紫色	8.5	
	红色	5.4	

结论：中国传统文化风格，价位在 1000～1999 元，绿色翡翠戒指是消费者最爱的翡翠首饰，吊坠次之。

纵观以上消费者所爱的首饰品种，对于把握我国黄金珠宝首饰目前发展潮流有以下提示：

(1) 东方精巧典雅风格的首饰款式占居主导地位，除翡翠首饰是中国传统文化风格款式选择比例高过东方精巧典雅风格款式的选择比例外，其他各种首饰的款式都是东方精巧典雅风格的选择比例最高，获得了最大多数消费者的认同。

(2) 项链、戒指、手镯（链）是公认的首饰品种中的“三大件”，长期占居销售量三甲的位置，但是现在吊坠后来者居上，这次调查表明吊坠已进入铂金首饰、钻石首饰、有色宝石首饰、珍珠首饰、翡翠首饰的前三位，已逐渐成为一个主要的首饰品种。

(3) 消费者可接受的价位还是以千元以下居多，只有钻石首饰的消费者预期价位较高，但5000元以下的价位即可涵盖近八成以上的消费者。而黄金首饰、铂金首饰、有色宝石首饰、翡翠首饰八成以上的消费者价格预期都在3000元以下。表明我国黄金珠宝首饰仍以中低档产品为主。

(4) 消费者对我国黄金珠宝首饰材质要求，总的趋势是追求高纯度，因此偏爱高含量的贵金属和纯洁度高的宝玉石。这种偏爱与“保值”、“财富”的黄金珠宝消费理念相关，消费者并不是单纯追求首饰的装饰功能。比如欧美市场K金首饰十分流行，而我国24K足金首饰是消费者的首选。

二、不同的消费群体，不同的消费选择定位

中国黄金报与北京黄金经济发展研究中心2003年黄金珠宝首饰消费调查结果表明，消费者对各种珠宝首饰有着自己独特的定位。

1. 黄金——家庭主妇

42.1%的受访者认为最适宜佩戴黄金首饰的是家庭主妇，而认为最适合职业妇女佩戴的仅为17.1%，老板仅为13.6%。虽然也有人认为职业妇女和老板适合佩戴，但选择比例却远远低于家庭主妇。多数人是把黄金首饰定位于最适宜家庭主妇佩戴，家庭主妇是黄金首饰的主体消费者。

与这一定位相一致，在选择最佳佩戴年龄的调查中，只有5.3%的受访者认为25岁以下的年轻人是最佳佩戴黄金首饰的人群，而认为中老年人是最佳佩戴人群的高达70.2%，其中35岁至50岁中年人群为39.6%，50岁以上老年人群为30.6%。

2. 白银——时尚女孩

金银首饰同是我国传统首饰，一般是较富裕的人购买黄金

首饰，而相对穷困的人群只能选择白银首饰，因为白银的价格仅及黄金的十分之一，甚至还要低。以前金银首饰消费者的分层，更多是按富裕与不富裕原则划分，而在金银首饰款式和品种的选择上则并无大的区别。但现在这一市场定位的原则已有根本的变化，白银首饰更多的是被认为是时尚首饰，其消费者主体是时尚女孩。

调查显示，57.7%的受访者认为最适宜佩戴白银首饰的是时尚女孩，只有18%受访者认为是家庭主妇，职业妇女则更低，只有8.7%。与之相一致的是，58.8%的受访者认为佩戴白银首饰的最佳年龄是25岁以下，而选择中老年的仅22%，其中35岁至49岁为11.1%，50岁以上为10.9%。

3. 铂金钻石——职业妇女

铂金首饰与钻石首饰被认为是最适合职业妇女佩戴的首饰。调查结果是：认为铂金首饰是最适宜职业妇女佩戴的占受访者52.5%，钻石首饰的选择比例为50.4%，超过半数的受访者把铂金和钻石“分配”给了职业女性，显然铂金首饰和钻石首饰的主流消费者是职业妇女。

时尚女孩也是铂金钻石的重要消费群体，在本次调查中有20%左右的受访者把铂金首饰和钻石首饰定位于是最适宜时尚女孩佩戴的首饰。具体的数字是铂金首饰选择比例是22.2%，钻石为19%。

与这一定位一致的是，认为最适宜佩戴铂金首饰的年龄是25～34岁，其选择比例高达65.1%，钻石首饰为62.5%。而这个年龄段恰是一般女性事业有成而又年轻的时候，既符合职业妇女的角色要求，又符合时尚女孩的角色要求。

4. 有色宝石——所有女性

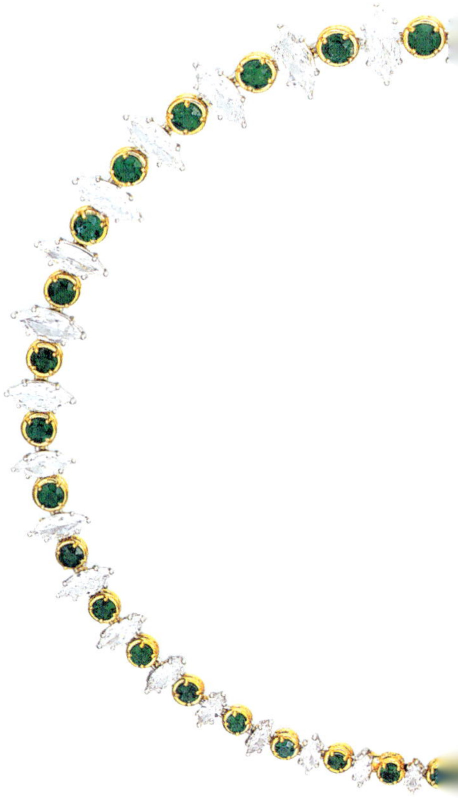

2003年珠宝首饰消费调查表明，对有色宝石首饰的选择是比较分散的，没有像黄金、白银、铂金、钻石首饰那样集中于某一个消费群体，这表明有色宝石首饰所面对的消费者比较广泛。认为职业妇女最适合佩戴有色宝石首饰的受访者为25.5%，家庭主妇为31.8%，时尚女孩为23.2%。不同角色的消费群对有色宝石首饰都有相当比例的钟情者。

虽然有色宝石首饰是不同角色女性皆宜佩戴，但在年龄的选择上更趋向年龄较大者。认为适宜25岁以下消费者佩戴的为10.8%，选择35～50岁年龄的为44.7%。如果我们以35岁为界，35岁以下消费者最宜佩戴有色宝石首饰的占四成，35岁以上的占六成。

5. 珍珠——中年女性

从消费者定位看，32.6%的受访者认为最适合佩戴珍珠首饰的是家庭主妇，职业妇女为34.1%，以上两项合计为66.7%。虽然女性是珍珠首饰的主流消费者，但从消费年龄的定位看，认为35～49岁是最适合佩戴年岁的比例为40.4%，在所有选项中比例最高，25岁以下的仅为8%。如仍以35岁为界，认为35岁以下是佩戴珍珠首饰最佳年龄的为37%，而认为35岁以上的则高达63%，而其中50岁以上的比例为22.6%，又远远低于35～49岁年龄段的比例，因此珍珠首饰是中年妇女首选首饰。

6. 翡翠——老板

老板是改革开放后出现的一个新阶层，一向被看成是一个富裕群体，他们是高档首饰消费的一个重要部分。

2003年珠宝首饰消费调查结果表明，认为适合老板佩戴的首饰白银的选择比例仅是1.4%，珍珠首饰是3.6%，铂金首饰为5%，有色宝石首饰为7.7%，而被视为高档首饰的钻石首饰也仅为9.9%，可见老板对于这些首饰认可度都不高。黄金是财富、是吉祥的理念源远流长，因此黄金首饰得到了13.6%的认可率，但是仍低于翡翠首饰的13.7%。

翡翠从很少有人认知到超过了钻石，超过了黄金，或者说是并驾齐驱，成为财富和高档珠宝的代表，这一市场定位的变化是近年来翡翠市场的拓展，使翡翠从一个狭小的天地走向了更广阔的市场，得到更为广泛人群的认知，从而大大提升了其在消费者中的市场定位。

在实际的消费过程中，消费者心目中对各种商品都有自己的“定盘星”，这个“定盘星”在消费过程中则成了价值标准，消费者正是根据自己的“定盘星”，决定对商品的取舍。而消费者的商品定位一旦形成，对消费者购买行为的影响作用是巨大的。

三、拓展男性首饰市场空间任重而道远

1．男性佩戴首饰渐成时尚

在我国，自古以来，金银珠宝就是财富的象征，而披金戴银，常常被认为是女人的专利。改革开放以后，人们的生活发生了天翻地覆的变化，日子越过越有滋味，不仅开始讲究吃喝，而且也开始讲究穿戴起来。穿金戴银不再是女人的专利，男人们也可以大大方方地选择自己喜欢的饰品佩戴。从手到胸再到颈部，从头到腰再到脚，都是男性佩戴首饰的较佳部位，一些具有时尚观念、思想前卫的男士、男孩们甚至戴起了耳环。

男性首饰是一个范围极广的概念，它有广义和狭义之分。广义的男性首饰，指男性佩戴或携带的所有具有装饰作用的物品，如常见的戒指、项链、手链、别针、领带夹等，像手表、眼镜、笔、皮带扣、袖扣、烟盒、打火机、钥匙链等也通常划入男性首饰之列。狭义的男性首饰仅指以珠宝玉石和贵金属为材质的饰品，常见的有戒指、项链、手链、耳环、脚链以及袖扣等。

与女性首饰一样，男性佩戴首饰能更充分地展示男性的气质和魅力，表现出一种深厚和力度，因此，线条刚毅、色彩稳重、结构简洁成为男性首饰的主旋律。在色彩方面，男性首饰不能以色彩悦人眼目，而要以晶莹坚实的无色钻石作为最佳饰品，因为钻石的折光具有极强的穿透力，光彩夺目，璀璨耀人，能展示男性高贵、典雅、成熟、气派的品质，透露着男性坚韧不拔、沉毅豪迈的阳刚之美。当然，名贵的红、蓝、绿宝石也是男性首饰的理想镶嵌材料。

我国男性佩戴的首饰多为常见的戒指、项链和手链。三、四年前，购买男性首饰的还不多，仅仅是一些先富裕起来的“暴发户”才买首饰，而且多以粗大笨重的足金饰品如戒指、项链为主。现在就不一样了，不仅所谓的成功男士佩戴，而且公司里的普通职员、自由职业者、时尚的青年男孩，甚至一些退休的老同志也都开始佩戴起首饰来了。在品种、款式和色彩方面，男性首饰也与过去大不一样了，过去是老三样：戒指、项链、手链，现在就丰富多了，除老三样以外，还有耳环、领带夹、胸花、袖扣等，款式也是造型各异、粗犷的、

简约的、沉稳的、奔放的、热烈的、含蓄的，应有尽有；在材质上也突破了以黄金为主的局面，出现了铂金的、镶嵌类的、宝石类的。

在西方发达国家，男了佩戴首饰是很平常的事情，他们不仅有款式各异、非常讲究的戒指、项链、手链等，而且据说近两年袖扣又“大行其道”起来。袖扣是西方男子的重要配饰，佩戴它代表着一种高品位，每年的一定时候，主要男装品牌以及一些珠宝商都会推出最新款式的袖扣，材质一般选用贵重金属，有的还要镶嵌钻石、宝石等。搭配袖扣大有学问，不仅要与服饰巧妙地吻合，而且要与皮带扣或领带夹相搭配。在北京，如果要购买上好的袖扣，要找卡地亚、登喜路、万宝龙等几个牌子，其售价多在1000元以上。

2. 销量约占首饰总销量的两成半

多数男性认为佩戴首饰能更好地展现男人的性格、气质、修养和身份。因此，一些具有一定经济实力的男子开始在佩戴首饰方面动起心思，这种迹象早在三、四年前就开始出现了，并且逐渐由沿海扩展到内地，由大城市发展到中小城市，购买人数越来越多，所占比例越来越大。据有关部门调查，男性首饰的销量已约占首饰总销售量的四分之一，而且还有上升之势。

目前，购买男性饰品的群体可以分为以下几类：准备结婚的年轻男士、追求时尚的年轻男孩、年轻有为的成功男士、白领阶层、为了纪念重要日子的老年男子，其中，前三者购买力最为旺盛。过去，准备结婚的新人大都只为女性购买首饰，现在很多都是既要女款，也要男款，讲究好事成双。所示时尚的男孩，因为经济实力有限，往往购买价位相对便宜、款式比较新颖的首饰，不过，他们的更换周期比较短，追求的就是新潮、时尚，购买的品种也是各式各样，连在一般人看来属于女人专属品，如耳环、耳钉、脚链之类的首饰，时尚男孩们也趋之若鹜。成功男士因为具有较强的经济实力和较高的社会地位与社会声望，因此，非常讲究首饰的品位和高雅。他们佩戴首饰不仅要讲究款式和质地，还要注重与服装的搭配、与场合的协调，他们一般拥有多种不同款式、质地、色彩的饰品。以上三个群体大约在18岁到38岁之间，是当前购买男性首饰的最大消费群体，也代表和引领着男性首饰的时代潮流和发展方向。其他男士购买首饰带

有很大的偶然性，有时候碰巧了看上了一款饰品就会买下来，当然价格不能太贵。

目前，台湾、广东、浙江等地的首饰生产商已经察觉到男性饰品市场的广阔前景，他们也制作了一些时尚的铜制、银制饰品，大受男士们推崇。而高档的男性饰品多来自美国、丹麦、法国等地，国内在这方面无论从设计还是制作上，差距都比较大。国内首饰厂商如果要想在未来的市场中站稳脚跟，并有一定的立足之地，除了加大对女性首饰的研发力度之外，还必须拓宽思路，在男士、小孩、老人等不同群体的需求上下功夫，开拓和塑造不同群体佩戴首饰的新概念。

3. 大力拓展市场空间仍任重道远

尽管男性首饰的销量已经占了很大份额，但要在此基础上进一步扩大，实现与女性首饰平分秋色的目标，困难仍然很多，原因有四：

首先，由于我国长期受儒家文化和思想传统的渲染，人们仍然讲究尊卑有序，举止有节，男尊女卑的思想也有一定市场，社会上对有些佩戴首饰的男性仍有一定看法，更不用说让男人们用首饰全新地把自己包装起来。因此，让大部分男士都来佩戴首饰还需要一个较长的认识过程和思想转变过程。

其次，尽管我国的改革开放使人们的生活水平提高了，生活也讲究品位了，但一些家庭仅刚刚解决温饱问题，诸如一些看病、养老、子女教育、住房、就业等问题仍在困扰着很多家庭。而大多数男人们仍要担负着养家糊口的重任，虽然有一定实力把妻子打扮得漂亮一些，但对自己而言，首饰仍然是一件贵重的物品，不可轻易购买。

第三，男性首饰品种较少，款式略显单调，而且价格也比较高，严重制约了其发展。各商场及首饰专卖店首饰柜里摆满了琳琅满目的女性饰品，相比之下，男性首饰的品种就显得比较单一，款式也很单调，而且价格不菲。由于可供选择的品种太少了，款式也没什么大的变化，不能长久有效地激发男人们的购买欲望。另外，购买首饰的男性就是那么一些人，这个群体不会扩大得很快，因此，男性首饰的销售近几年不会有太大的变化，除非有什么大的社会潮流推动它、激发它。

第四，真正在男性首饰的研发和宣传上下功夫的首饰厂商不多。据了解，目前，大部分首饰制造商都把主要精力、人力、物力集中在女性饰品的研发和创新上，而把男性饰品的开发和推广作为附带产品看待，于是就造成了男性饰品品种单一、款式单一的状况。而在女性饰品的销售市场上，由于竞争日趋加剧，利润越来越薄，需要开发的品种和领域越来越狭窄。相反，男性饰品却是一个较新的领域，只要敢于创新，认真分析男性的心理和需求，开发新产品，开拓新的消费空间还是大有可能的。

四、差异性经营才是企业的价格战略

为了吸引消费者，扩大销售量，众商家纷纷做起了“价格文章”。基于竞争的需要，“价格文章”的内容往往主要是降价让利，打“价格战”，以降价促销，以低价位竞争。

消费者有趋利动机，即追求以更少的支出获得更多或更好的商品，所以商品降价在一定程度上可以刺激消费，增加消费量。同时商品降价可以降低消费门槛，扩大消费群体，从而扩大消费量。

成本是竞争不能回避的关卡，低价位竞争可以把那些生产成本高，经营成本高的企业卡在关口外，迫使其退出市场，而那些低成本的企业便能迅速填充这些空出的市场空间，扩大市场占有率。

由于“价格战”是非常行之有效的促销手段，所以虽然社会、乃至各商家对“价格战”都颇有一些贬义，但各商家仍乐此不疲。特别是市场需求相对不旺时，竞相杀价更成为市场上的一道风景。

“价格战”虽有效，但也必须看到它的局限性。首先，消费者虽有趋利行为，但同时也存在着买涨不买落的消费心理，低价位又往往被视为低品质，而受到一些消费者的鄙弃。价格仅是影响消费者购买行为的要素之一，不是惟一的要素，更多的消费者看中的是商品本身的价值，而且消费者的购买行为还与宏观经济及个人收入前景预期有关。

摆脱“价格战”的局限性，在一个更高层面上构筑企业开拓市场和竞争能力，已是我国珠宝首饰业发展的现实课题，其途径是要把价格竞争由战术层面提升到战略的层面上来。首先要树立商品价格也是“顾客需求”的观念。我们经常说必须按需生产和提供顾客所需的服务，这里所指的“需”不仅是产品款式和数量要符合消费者的要求，而且还应包括价格的因素，应了解和把握消费者有多大支付能力和愿付的商品价格。其次要认识到消费者的价格预期是由多种因素促成的。不同的消费者因具体情况不同，产生的预期价格也不同。并不是价位越低越好，当然也不是越高越好，所谓消费者预期价格就是“物有所值”。所以满足消费者价格预期需求的最佳途径不是打价格战，而是对消费者价格预期的准确把握。主动满足消费者价格预期是要通过具体的产品服务实现的，所以要求产品生产商和服务提供商根据消费者价格预期研发和生产不同档次、不同内容、不同款式的产品，实现差异性经营，这是走出“价格战”的惟一选择。差异性经营不仅能够满足消费者的价格预期需求，而且可使生产者和经营者保有合理的利润。这就是企业的“价格战略”，掌握消费者的价格预期是实现这一经营转变的关键。

中国黄金报和北京黄金经济发展研究中心2003年黄金珠宝首饰调查的结果，为我们把握和了解目前消费者的价格预期提供了有价值的参考资料。这些资料表明，虽然不同首饰品种的价格预期有很人差异性，但也有 些共性特征：

九成左右的受访者可接受的预期价格是3000元以下，其中黄金首饰为95%、铂金首饰为89.7%、有色宝石首饰为92.8%、翡翠首饰为85.1%、珍珠首饰为95.6%。白银首饰和钻石首饰例外：白银首饰92.3%的消费者的预期价格是800元以下，明显低于3000元平均水平；而选择3000元以下钻石首饰预期价格的受访者仅为55.5%，23.7%的受访者的价格预期是3000元以上、5000元以下，20%多的受访者价格预期是5000元以上。表明消费者的钻石首饰预期价格高于平均水平。

3000元是一个非常重要的珠宝首饰预期价格指标，因为这是目前我国绝大多数消费者对各种首饰的价格预期选择，即使钻石首饰，预期价格的选择比例也超过了受访者的半数。

1000元以下低价格预期的选择比例，各种首饰由高至低的排列顺序是：白银首饰97.4%，珍珠首饰50.2%，黄金首饰39.9%，有色宝石首饰37.4%，翡翠首饰28%，铂金首饰20.3%，钻石首饰6.3%。从中不难看出，千元以下的价格预期是多数白银首饰消费者的选择。

万元以上的高价位首饰可接受比例除钻石首饰超过5%外，翡翠首饰为2.3%，其他首饰都在2%以下；其中铂金首饰与珍珠首饰都仅为1.7%，有色宝石首饰为1.5%，黄金首饰为1%。调查结果表明，我国珠宝首饰市场高档高价位首饰需求的比例还不很大，仍是以中、低价位首饰的需求为主。特别是白银首饰、珍珠首饰百元级产品是主导性需求，黄金、有色宝石、翡翠首饰的百元级产品也占了相当大的比例。

表2.1.2.8　消费者对各种珠宝首饰接受比例最高的预期价位

评价项目	预期价位／元	接受比例 ／%
黄金首饰	1000以下	39.9
	1000～2000	39.1
白银首饰	200以下	58.3
铂金首饰	1000～2000	44.9
钻石首饰	2000～3000	29.4
	3000～5000	23.7
珍珠首饰	1000以下	50.2
有色宝石首饰	1000以下	37.4
	1000～2000	37.2
翡翠首饰	1000以下	28
	1000～2000	36.6

第三节　钻石首饰市场调查

一、从GDP增长看钻石首饰市场变化

据国家统计局统计：2003年我国国内生产总值比上一年增长9.1%，人均GDP首次超过1000美元，社会消费结构将向发展型、享受型升级，这标志着我国经济增长将进入一个新的重要发展阶段。这对中国珠宝首饰业的发展将有怎样的影响？首先要从人均GDP的增长与珠宝首饰业发展的关系说起。

据戴比尔斯的销售组织DTC调查研究得知，世界奢侈品的社会消费需求的增长与相关的人均GDP增长呈明显的正增长关系，而且奢侈品社会消费需求年增长率均高于同期相关的人均GDP年增长率。这已为20世纪90年代诸如手表、皮包、化妆品等奢侈品的销售统计数据所证实。作为社会奢侈品消费的重要产品，珠宝首饰的社会需求与人均GDP的关系也同样遵循上述规律。

但是，具有几千年历史传统的珠宝首饰行业的消费理念和运营模式，落后于现代社会市场经济的快速发展及社会消费时尚的千变万化，过分强调产品保值，强调产品传统的财富、身份及地位的价值观念，强调珠宝首饰产品的稀有、忽视了产品文化内涵及情感价值的开发与宣传，忽视了产品附加值的开发与研究，忽视了现代社会珠宝首饰消费的大众化、装饰化、时尚化的流行趋势，忽视了新的，特别是年轻人的珠宝首饰消费需求的发展与扩大。在营销模式方面，“三年不开张，开张吃三年”的传统思想还在起作用，创新品牌、开发新产品、主动宣传引导消费还没有真正落到实处，没有使广大消费者得到理性和感性两方面的实惠；珠宝首饰知识及产品推展宣传力度也不够。据近十年来的统计，化妆品、手表、皮包等奢侈品的广告费用占年销售额的10%，而珠宝首饰中钻石和钻石首饰是广告投入最多的产品，其年广告投入仅占年产品销售总额的1%。广告宣传和产品推广投入少还说明，经营者在这方面的开拓推广工作也做得十分不够。

正是由于上述理念和运作方面存在着问题，因而，无论是世界还是中国，珠宝首饰年销售额的增长一直低于同期GDP的年增长率。

中国从1995~2003年GDP与钻石首饰销售的年增长率的关系详见下表。

表2.1.3.1　中国GDP增长与钻石首饰销售增长关系

	1995	1996	1997	1998	1999	2000	2001	2002	2003（上半年）
GDP年增长/%	29	19	12	7	6	8	8	7	8
钻石首饰年增长/%	21	10	10	3	1	3	5	6	-4

从上表可知，中国钻石首饰年销售额增长率明显低于我国GDP年增长率。这一方面说明中国珠宝首饰年销售增长率低，有很多工作需要改善；另一方面，对比世界社会奢侈品年销售增长率与GDP的正增长关系，说明中国珠宝首饰消费市场还有更大的空间、更好的前景有待开发。

从中国近几年来钻石首饰的销售增长与消费信誉度的增长也可得到进一步证实。

表2.1.3.2 中国钻石消费需求与消费信誉指数关系

	1996	1997	1998	1999	2000	2001	2002	2003（上半年）
钻石首饰需求增长/%	10	10	3	−1	3	8	5	−4
消费信誉指数增长/%	70	60	55	76	79	85	84	68

从上表可知，近十年来，除特殊原因（如2003年上半年由于“非典”影响）外，中国钻石首饰市场的消费信誉指数不仅久居较高水平，而且稳定上升。这同样说明中国钻石首饰市场及整个珠宝首饰市场很好的发展前景。

从香港近十年来钻石首饰的年销售增长与该区GDP年增长率也可证实中国钻石首饰市场2004年以及以后的一段时期内的潜在发展前景是很好的。

表2.1.3.3 香港近十年来GDP增长与钻石首饰销售关系

	1995	1996	1997	1998	1999	2000	2001	2002	2003（上半年）
香港地区GDP年增长/%	13	11	11	−4	0	7	−2	−1	−1
钻石首饰年销售增长/%	11	35	36	−3	13	15	5	0	−19

对比香港与内地GDP增长与钻石销售增长变化可知，香港的钻石首饰年销售增长率大大提高于同期的GDP年增长率。这也从一个侧面说明中国钻石首饰市场销售需求的巨大潜在前景。

从香港的钻石首饰销售增长与社会消费信誉指数看，香港的钻石首饰消费信誉指数明显低，而祖国内地钻石首饰的消费信誉指数则大大高于钻石首饰销售增长的比率。这同样证实我国钻石首饰市场在2004年以及以后一段时期内具有很好很大的开发前景。

二、钻石首饰宣传战略的变革

近两年来，钻石和钻饰首饰在营销运营机制、体系以及市场营销战略和措施方面都发生了新的变革，这种变革已经影响到世界钻石首饰市场的宣传战略的改变。

在世界高档耐消费品的销售中，香水产品的销售量80%属于品牌产品；手表产品的品牌产品销售占50%，而钻石首饰的销售中，品牌产品仅占13%。

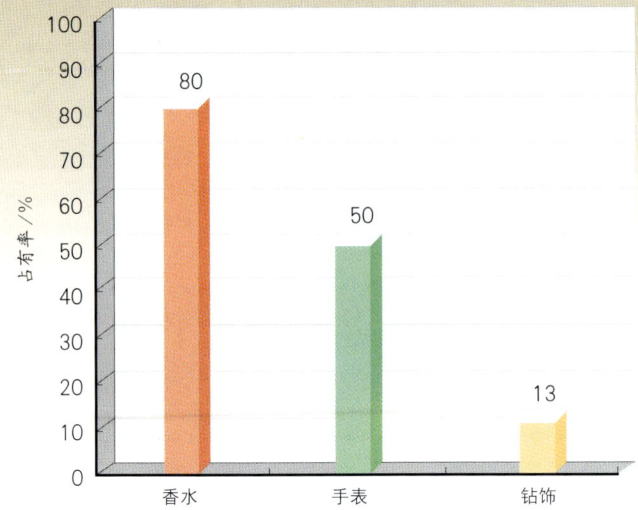

图 2.1.3.1　　高档耐用消费品品牌产品销售占有率

研究分析认为：钻石和钻石首饰多年来在世界珠宝首饰市场占据独特的地位，备受世界消费者青睐且经久不衰，关键是其得益于“钻石恒久远”这句著名的广告语。但是现在的市场销售形势发生了巨大的变化，钻石和钻石首饰品牌化的强劲走势，以及其品牌销售战略的推广实施，都使得“钻石恒久远”这句著名的、具有巨大推广销售作用的广告语大大失去了昔日的辉煌和威力。

钻石和钻石首饰作为高档耐用消费品，其广告费用的投入过低，宣传推广力度不够。每年钻石和钻石首饰的广告投入仅占市场总销售额的1%～2%，而其他高档耐消费品每年的广告投入则占其销售额的10%。

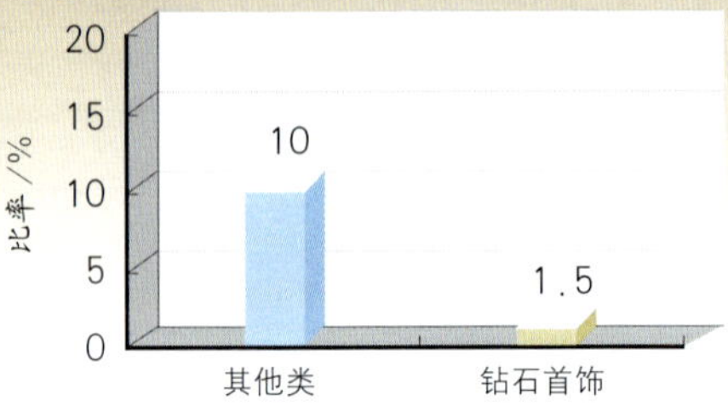

图 2.1.3.2　　高档耐用消费品每年广告投入市场与总销售量的比率

研究表明，近年来世界各国钻石市场的钻石和钻石首饰销售的形势及发展与其国民生产总值的增长比率有着密切的关系。一般来说，高档耐用消费品的需求增长率都高于相应的国民生产总值增长的比率。

但是DTC研究调查发现，最近10年来，世界钻石首饰的需求销售增长比率则明显低于相应市场国民生产总值的增长率，而其他高档耐用消费品的需求销售增长比率则明显高于相应市场国民生产总值的增长比率。这种情况的产生是因为高档耐用消费品的广大消费者在钻石及钻石首饰以外的其他高档耐用消费品的需求消费得更多，明显高于钻石及钻石首饰的消费需求。因此钻石业亟待加强宣传推广的力度，扩大广告费用的投入，在消费者心目中创建钻石及钻石首饰更加稳固的地位。为此，DTC在2003年投入了1.8亿美元钻石首饰品牌推广宣传的广告费用。

三、推动中国钻石业发展的市场营销策略

中国钻石业的发展与正确的市场营销策略是分不开的，它经历了由形象营销—分类营销—产品营销—品牌营销4个阶段，始终因势利导，引导着钻石市场逐步走向成熟。

DTC认为，在高档奢侈品领域，品牌具有超凡的力量，可引领产业发展，品牌能给行业带来全新的、也许是“质”的飞跃。钻石首饰零售业是钻石行业的终端环节，它在中国起步较晚，但发展较快，人们对钻石首饰的需求不断提升，这对中国钻石零售业提出了更高的要求。经过DTC在中国的市场推广工作，中国钻石首饰零售业已初具规模，为进一步发展打下了基础。

中国的传统珠宝产业主要以黄金和翡翠为主，改革开放以后，珠宝市场上黄金和翡翠仍占绝对优势，而钻石几乎不为人们认识。钻石首饰主要在银行金店、友谊商店、侨汇商店内零售，从事零售的珠宝商仅备存少量的钻饰，因此，钻石行业本身还谈不上有任何市场营销的概念。

戴比尔斯于20世纪90年代中期在中国开始进行大规模市场推广。在这一阶段，戴比尔斯的市场营销策略是代表整个钻石行业进行整体市场营销，目的是树立钻石的形象，提高消费者对钻石的整体需求。以结婚钻戒广告为切入点，先后在中央电视台和一些重要的省、市电视台播放结婚钻戒广告，并在行业杂志和大众杂志上刊登平面广告。结婚钻戒广告对整个钻石行业起到了很好的推广作用，成为钻石业的基础。

在向消费者传达“钻石的情感意义”的同时，配合国家珠宝玉石质量监督检验中心1997年5月1日颁布的国家钻石分级标准，戴比尔斯还进行了有效的教育工作。一方面在行业内开展行业培训，在中国主要城市对珠宝商进行钻石基本知识和销售技巧的培训，提升了钻石从业人员的专业素质；另一方面，通过店内4C资料的发放和公众媒体的文章，向消费者介绍钻石的基本知识及钻石首饰购买技巧等，改变了钻石是“遥不可及的舶来品”的观念。这样，钻石不再是

简单的珠宝首饰，而是可以传情达意的爱的礼物。国家标准的建立树立了钻石的可信度，令消费者对钻石及钻石业有了充分的信心。所有这一切都树立了钻石“独一无二” 的形象，为钻石业的进一步发展打下了坚实的基础。

消费者对钻石的需求不断增长，分化形成了不同的消费群体。戴比尔斯根据中国市场的特点，将中国钻石市场细分为“结婚钻戒”、“女性钻饰” 和 “男士钻饰” 三大类别分别进行营销。

随着戴比尔斯对“结婚钻戒”营销的不断深入，“钻石是表示爱的特别礼物”的概念深入人心，各主要城市的结婚钻戒拥有率逐年攀升。

“女性钻饰” 的营销策略以“钻石表达女性自信”为诉求，将这些善于接受新事物的现代女性的生活方式和品位与钻石时尚的光彩相联系。至今“女性钻饰” 首饰销售已成为中国钻石首饰市场的主导。

在戴比尔斯进行大规模市场营销的同时，中国钻石首饰零售业形成了基本格局。但钻石所占比重仍然很小，几乎没有针对钻石的市场营销活动。

消费者对钻石的需求则远远超越了市场的发展，市场上千篇一律的产品款式和促销活动已不能满足其个性化要求。因此，季节性、时尚性的个性产品的营销策略呼之欲出。1999年，戴比尔斯首次联合上海、北京两地15家珠宝商共同推出了以钻石吊坠为主打产品的“夏日引力”系列产品推广活动，获得了不小的成功。后来的“本色”系列女性钻饰、“都是钻石惹的祸——煽动”系列钻石吊坠推广活动、情人节“月光”系列，都是以消费者需求为导向、以时尚产品为主要诉求的产品营销的成功案例，取得了很好的市场效益，推动了钻石业的进一步成熟。

中国钻石业经过十多年的发展，已形成了一支规模庞大的珠宝首饰零售队伍。珠宝商也在市场竞争中得到了发展，以规模经营、连锁经营、降低成本的策略立足于市场、领导市场。目前，中国内地的钻石首饰零售市场上虽已形成了一些全国性或区域性品牌，有较为广泛的市场覆盖率及市场占有率，但这些品牌尚未有深入人心的品牌形象和产品定位。究其原因，主要有以下几点：①缺乏有相当销售规模的钻石首饰品牌，目前大的品牌仅占全国钻石首饰市场份额的1%左右，无法组织有规模的市场营销策划；②缺乏有效的市场手段，市场竞争主要集中在钻石的品质和零售价格方面，例如，强调钻石的净度级别、颜色级别，导致“千军万马过独木桥”的局面，大家都强调VS—VVS净度、 H—I颜色，而价格的真正打折空间也非常有限；③缺乏市场营销专业人员，即使有好的策略，也往往没有好的专业策划和执行；④缺乏长期全面的品牌策略，珠宝商往往忽视根本性的产品定位和品牌建设，没有一个长远的、全方位的策略作保障。

中国这个拥有13亿消费者的巨大市场令世界各地的珠宝商向往。除了一些国际著名品牌外，香港、台湾地区的珠宝商更是充分发挥其同宗、同文化的历史优势和近水楼台的地理优势，在内地这片市场上充分展现。到目前为止，香港的知名珠宝商基本上都把战略中心向内地转移。海外知名品牌的介入，一方面使国内市场的竞争更趋激烈，另一方面也迫使国内珠宝商认真考虑市场营销对企业发展的重要性，通过不断的学习和探索，寻找适合自身发展的市场营销策略。近几年来，不少国内品牌开始尝试各个层面的市场营销手段，从电视形象广告到主题产品推广，从统一的CI形象到精心策划的公关活动，收到了不错效果。

2001年，DTC正式承担了戴比尔斯集团全球市场的钻石营销工作。作为戴比尔斯的下属公司，它的职责就是扶植钻石供应线有能力的下游商家，建立强有力的品牌形象。在中国以品牌为主题的推广将分两个层面进行：

第一阶段，在目前已取得的行业整体市场营销成绩的基础上，转向更细化的个性产品的促销策略。在增加市场投入的同时，扩大市场推广的覆盖范围，进一步扩展至二线甚至三线城市。同时，拓展现有推广品牌的外延，例如，在现有结婚钻戒推广的基础上，将“钻石是爱的特别礼物”的要领延伸到每年的情人节礼物系列及结婚周年纪念礼物等。

第二阶段，品牌营销策略。DTC将通过与各地重要珠宝商的合作，加强品牌的建立和市场营销的改善：①提供专业性培训，为珠宝商提供专业广告、宣传、公关的素材；②鼓励珠宝商参与市场营销活动，帮助珠宝商提高广告宣传效果和市场营销的质量；③协助珠宝商发挥各自的优势，根据自身的特点，树立良好的品牌形象，提升品牌的核心竞争力；④协助珠宝商与上游客户建立联系，开发具有品牌自身特点的产品，进行专门的市场营销支持。

未来几年内，中国钻石零售业将步入快速成长期，并保持每年10%左右的速度增长，一批具有竞争能力的国内品牌将通过自觉的、有效的市场营销活动，扩大其在国内的市场份额，并带动中国钻石首饰零售市场的可持续发展。

四、钻石消费意识悄然转向切工

中国钻石首饰市场消费意识正在悄然变化。目前市场上消费的钻石基本上都是世界上主要钻石加工出口中心通过香港进行销售的。以前市场销售的主要是来自印度的小规格、低品级、印度切工的钻石。广大消费者在购买钻石首饰时主要强调要买VVS级的钻石。现在人们逐渐意识到，钻石固然有着诱人的内在美，但必须经过人工开发，即精确的款式设计、精细的切割抛光（即切工好）才能将钻石内在之美充分体现出来。世界评价钻石好坏的“4C”标准就是钻石内在美和人工精确开发相结合的体现。

现在市场上除了常见的圆钻型切工的钻石以外，其他钻石切割款式也逐渐多起来，像公主形、梯形等。近年来，世界最好的“丘比特”切工，即“八心八箭”钻石也成为人们喜欢的对象。“中国工”亦属好“切工”的后起之秀。这些都充分说明中国钻石市场发展走向成熟，中国钻石消费者意识明显提高，这对净化、规范中国钻石市场，推动钻石市场健康发展有着重要影响。

另外，从比利时向香港出口钻石的数量及价格变化也充分说明这点。比利时向香港出口的钻石出口额逐年增加：1998年为4.23亿美元，1999年为4.66亿美元，2000年为4.92亿美元，2001年为5.54亿美元，2002年为7.67亿美元，2003年1～5月为3.17亿美元。每克拉的平均售价逐年上涨：1998年为425美元，1999年为4427美元，2000年为447美元，2001年为600美元，2002年为605美元。

五、2003年中国市场最畅销的钻石品种

1．中国内地

碎钻：白色、SI—P净度，每克拉批发价150～300美元。

分钻：10分左右，I、J或K色级，VS～SI净度，每克拉批发价为430～500美元；

16～17分，H、I或J色级，VVS_2～SI净度，每克拉批发价550～610美元；

20分左右，H、I或J色级，VS_2净度，每克拉批发价720～810美元；

25分左右，H、I或J色级，VS_2净度，每克拉批发价920～1100美元。

10～50分公主方型钻石销售增长、低色分钻需求增长。

2003年钻石销售明显变化是公主方型钻石需求增长。顾客一般多选购10～50分，I～L色级公主方型钻石，主要需求市场是上海、北京、深圳等经济发达的开放城市。销售情况表明，这是钻石市场销售的流行走势，预测公主方型钻石产品将在全国推广流行。

中国钻石市场低色钻石仍有较大需求，低色分钻的需求正在稳步增长。所谓低色分钻主要指K、L色级，甚至M色级的分钻，但是其净度都比较好，重量都在50分左右，大多为30～10分。以色列的一些钻石公司看好中国钻石市场低色钻石的销售走势，正加大市场开拓。

2. 香港地区

重1克拉，E～K色级，VS净度的大钻，货源充足，保证供应。1克拉、1～1.5克拉以及2克拉的大钻，G～J色级，SI～VS净度，每克拉的批发价约计1300～1600美元。市场销售走势不错，这主要是因为这种规格的大钻，前几年一直在美国市场走俏，现在美国市场下滑，一些钻石商把销售重点转向亚洲，特别是香港地区，因为香港是中国内地及东南亚地区钻石的主要批发出口中心。但是尽管这种大钻在香港市场货源增多，而销售价却不会下降，因为这种品级的大钻的货源供应及市场销售走势和价格变化仍受着DTC的有效调控，不可能产生大的起伏变化，克拉钻的价格将保持稳定。

印度钻石商看好亚洲，特别是香港地区大钻销售的好形势，正加大克拉钻的加工生产，为增强竞争力，引进比利时的加工技术和人员，以提高其克拉钻的加工质量，扩大销售。

3. 台湾地区

台湾地区2003年异形钻石销售稳定，成为市场的主打产品，特别是公主型款式最受欢迎。顾客多选G色级、VS净度、重20分，每克拉批发价为230～400美元的公主型钻石。G色级、VS净度、3～15分，每克拉批发价为320～450美元的马眼型钻石也受欢迎。就圆钻而论，主要是小的碎钻走俏。最好销的碎钻是G色级、VS净度、每克拉批发价为180～250美元的产品。H～J色级、VVS～SI净度，10～50分的圆钻也有销路。

【第二章】

地域市场概况

General situation in local markets

第一节　中国黄金珠宝首饰产业的集聚地——深圳

一、得天独厚的珠宝首饰产业环境

深圳拥有深厚的珠宝首饰产业基础、市场基础和发展珠宝首饰的政策环境与地理优势。深圳作为中国的第一个经济特区，较早地建立了市场经济体系，拥有中国最发达的生产要素市场，企业享有较为宽松的发展环境，是中国经济改革最彻底的城市。深圳现已成为金融、商业、交通中心，是中国经济最发达的城市之一。其发达的第三产业和发育较完善的金融市场为深圳培育中国乃至世界一流的珠宝首饰业提供了物质基础。

经过20年的发展，深圳已具有经济技术基础雄厚、城市功能齐全、基础设施完善、水陆空交通便利、通讯快捷、水电充足等优势，商贸体系发达，拥有中国最大的消费品市场体系和要素市场体系，已具备了满足珠宝市场各项业务活动的服务功能。

深圳的平均生产总值已经名列中国大中城市的前三位。年度进出口总额达600亿美元。轿车人均拥有率占全国第二位，平均生活水平指数远高于亚洲其他先进国家。深圳还是中国最著名的人文旅游城市，每年游客超过600万人。

香港是世界信息中心、金融中心、第三大黄金珠宝交易中心。深圳具有毗邻香港的独特地理优势，这为深圳带来了获取资金、信息等的便利。20世纪80年代香港珠宝首饰制造业开始向国内转移，深圳成为最大的收益者。港资企业为深圳珠宝首饰业带来了先进的设备、工艺技术、高级管理人才和现代企业管理经验以及香港最新的、丰富的行业资讯；同时为深圳市珠宝首饰行业培养了一大批管理与生产技术人才，有利地推动了本行业快速、持续地发展。

深圳是外资金银饰品加工厂最集中的地区之一，平均年产值达40亿港币，对深圳本地的厂商形成了竞争，促进了本地厂商技术的提高和饰品款式不断翻新，促进了行业结构的优化调整。深圳厂家还能通过与内地企业合作的方式，将深圳珠宝首饰业的优势辐射到全国。

珠宝首饰业的发展要求企业具有高度的市场意识和灵活的管理体制。深圳企业比国内其他企业较早地开放，接受了更多的竞争磨炼，形成的企业运作机制明显由于国内其他企业，一批分工细致、高度市场化的企业正在形成，为深圳珠宝首饰业提供了发展后劲。

二、珠宝首饰市场的“龙头”

经过20多年的发展，深圳已经成为国内门类齐全、规模较大的珠宝首饰加工基地和贸易集散地；形成了黄金珠宝饰品生产加工、批发及宝玉石切割、雕刻加工两大系列，品种繁多；已经拥有覆盖欧美、日本及东南亚的强大生产能力，初步形成了门类较为齐全，规模较大的新型产业。截止2003年8月，全行业工业总产值超过215亿人民币，首次突破200亿元，同比增长约7.5%，全行业进出口黄金42吨，出口值约为65亿港元。

深圳市黄金珠宝首饰行业2002年生产珠宝首饰数量约为4000万件，同比增长2.6%。在现有的834家企业中，具有人行颁发“金银经营许可证”，拥有黄金生产、制造加工、批发权的企业24家；“三来一补”企业74家；珠宝首饰制造加工企业198家；珠宝首饰批发、销售企业237家；宝玉石原料及半成品批发贸易企业237家；珠宝首饰包装、加工设备、器材、辅料、工具及其他企业26家；黄金珠宝金行约180家；打金店约有10家。上述834家企业中，大中型企业约为50家。

2003年，深圳市黄金珠宝首饰行业产值稳中有升，估计全年工业总产值会达到250亿元人民币，出口值会达到70亿港元。共有9个国家和地区的外商来深圳投资本行业，他们是美国、巴西、以色列、泰国、德国、新加坡、印度以及香港和台湾地区。

深圳珠宝首饰主要产品品种有足金、银首饰、摆件，足铂金首饰，K铂金、K金镶嵌首饰，各种宝石成品，仿真首饰，玉雕挂件、摆件、山子、大型玉雕金工工艺品。目前，该行业生产技术水平在国内处于领先地位，某些生产技术水平已领先于东南亚及港澳地区，填补了国内空

白，如K金镶嵌的中空电铸技术。不少技术填补我国空白，少数达到亚洲领先水平。与此同时，深圳还是中国最大的珠宝首饰原材料采购、产品销售和信息中心。现在中国珠宝首饰的产量、销售额和出口额的一半以上来自深圳。深圳市珠宝首饰行业在全市各行业中排名第三已经成为深圳市的朝阳产业之一。

深圳既是一个巨大的市场，又是一个黄金首饰加工基地。近年来，深圳每年加工的黄金珠宝首饰多达2600多万件。在国内市场上，60%的黄金饰品出自深圳，铂金、K金镶嵌珠宝首饰则有70%是深圳制造。深圳珠宝首饰年均出口额超过10亿美元，占中国珠宝首饰出口总额的20%以上。

一串串闪亮的数字奠定了深圳珠宝业在中国的绝对“龙头老大”的地位。现在，深圳已成为中国珠宝首饰最重要的加工制造、批发中心，信息和物料采购中心。目前，深圳黄金加工量占全国的70%以上，占全市工业总产值约10%。其中沙头角保税区的黄金首饰产量占全市的一半，黄金首饰加工业已成为沙头角保税区的三大支柱产业之一。2001年沙头角保税区与盐田政府合资兴建了一座集生产、批发、展示于一体的黄金珠宝大厦，以此为基础，深圳将建设成为中国珠宝首饰最大的集散中心和物流配送中心。

三、塑造品牌是企业成熟的标志

虽然深圳身为全国珠宝首饰行业的“龙头老大”，黄金珠宝产业已成为深圳市5大支柱产业之一，却没有创造出具有全国优势的知名品牌，在国内的销售网络也没有很好地建立起来。800

多家企业中，还未出现一支规模大、技术突出、市场占有率高的核心力量，缺少大型集团化骨干企业。品牌优势不明显，品牌个性不突出，已成为珠宝行业的通病。据统计，到20世纪末，尽管深圳拥有中国珠宝产量的半壁江山，但具有品牌的产品仅不到30个。

2002年，当内地许多珠宝企业还在销售市场里热衷于打折游戏时，深圳的珠宝首饰企业正悄悄地推出自己的珠宝品牌。800多个珠宝首饰企业，都将目光投向了品牌，已有200多家创立了自己的品牌，有近10个全国珠宝首饰驰名品牌。

中国加入世贸组织后，国产珠宝品牌与国际名牌的竞争将更为激烈。由于珠宝首饰国产品牌本来就很少，加之与国际名牌的差距较大，这场看不见硝烟的“搏杀”就更令人担忧。对于羽翼尚未丰满的民族珠宝业，只有不断提升品牌价值才能顺应时代发展潮流，创品牌是中国珠宝业走向成熟的标志。

会展是行业的“眼睛”，是塑造品牌的重要环节。举办定位于业内交流、新产品新技术展示的展览会，通过会展平台提升产业素质，也便于一些珠宝企业更便捷地走上品牌经营之路。这样的展会无论是对于深圳珠宝业，还是对于国内外珠宝业，都是一个沟通彼此的良机。2003年首届中国国际黄金珠宝玉石展和第二届中国国际黄金展览会就充分体现了这种会展平台的聚焦集散效应。2000年成功举办了第一届深圳国际珠宝展，开展两年来，每年以增加400个展位的速度递增。2002年的深圳国际珠宝展国际色彩进一步加强，来自意大利、印度、新加坡、日本、泰国、以色列等国家和我国的香港、台湾地区的参展企业近200家，约占参展企业的20%。深圳国际珠宝展是目前中国内地最大规模的国际珠宝专业展览会。

如今黄金、钻石等相关政策逐步到位，中国珠宝首饰行业正面临一个前所未有的发展契机，深圳是中国珠宝首饰业最大的生产加工基地，生产的黄金饰品占全国的60%，铂金饰品占全国的70%，年生产总值达200个亿，到目前为止，深圳珠宝行业已有品牌200多个，由中国宝玉石协会推荐的40个全国驰名珠宝名牌，深圳占了近10个。虽然珠宝企业创了一些名牌，但与国际知名珠宝品牌相比还有距离。只有品质和品牌附加值的竞争，才是长久之计。

国际洋巨头对我国黄金珠宝业的冲击，实际上自从一些海外著名品牌在国内设立连锁店后，就已悄然形成。随着越来越多的国外珠宝名牌登陆中国，无论是其硬件产品，还是与企业同时进入的经营方式、管理技术、服务观念，都将给土生土长的中国珠宝业带来冲击。从这个角度来看，外商进来后实际上可以刺激我国黄金珠宝业的发展。

专家认为，在同场竞技的过程中，中国的珠宝企业在后天不足的情况下，也可以通过强调定位意识，对消费者市场进行细分，把特定顾客群体转变为本企业的营销对象，使市场细分的结果对本企业有效，从中选准适合自己的个性化产品发展方向，把未满足的需求转变为本企业的盈利机会。避开与洋巨头的正面交火，这样也容易在激烈竞争中取得一席之地。

四、完成从加工者到经营者的“蝶变”

面对加入世贸、黄金市场价格放开、黄金珠宝由政府统购统配的局面被打破等一系列市场冲击，在国内黄金珠宝市场上唱主角的深圳珠宝业要如何才能保持领先地位？深圳珠宝业必须思考如何治愈产业低效、名牌匮乏、营销落后等病状，尽快实现从加工者到经营者的“蝶变”。

深圳珠宝业在长足发展的同时，也留下了不少硬伤，深圳珠宝业存在的问题也是中国珠宝业目前面临的通病。深圳珠宝业的繁盛很大程度上得益于香港珠宝业的产业转移。在发展过程中，作为加工者的深圳珠宝业并未在生产积累的过程中创新出自己的特色，而是暴露出产品模仿、经营手法单一等问题。长期以来，大部分深圳珠宝企业都停留在接单加工生产的OEM形式，使用自己的生产线，生产自己的产品，最后却贴上他人的品牌，企业最终赚取的只是中间生产过程中的加工费，这种生产模式导致了看起来财大气粗的深圳珠宝企业的低效益。

此外，尽管从企业数量和产量上的绝对数字看，深圳是国内珠宝首饰行业名副其实的“老大”，但从中却很难找到企业规模大、核心竞争力强、市场占有率高的领军企业。随着中国首饰市场愈发兴旺，深圳作为中国的首饰加工中心，正面临激烈的行内竞争。

近年深圳珠宝业内的竞争开始白热化。加工商数目不断增加，不少加工商不惜减价以招来更多客户。此外，工厂的生产成本包括工资亦随着深圳经济起飞而飙升，对加工商造成不少压力。虽然国内零售商对首饰的需求越来越强劲，加工商的利润却大为下降。加工商之间的竞争剧烈，已形成深圳珠宝业汰弱留强的局面。剧烈的行业竞争对中小型加工商的影响尤为严重，在2003年初发生的非典不但影响了深圳加工商的销售，有些制造商或加工商更因承受不了非典带来的冲击而倒闭。

2003年的非典不但打击了全国的珠宝零售事业，对深圳的珠宝加工业亦造成严重的冲击。受非典影响，2003年4月至6月的零售额明显较2002年同期下跌，当中以北京的零售业所受影响最大。零售商的销售额下跌直接影响了加工厂的生产量。零售商之间竞争激烈，又受到严重疾病影响，促使加工商自我增值，以新颖的设计及优质的产品巩固市场份额。为零售商提供设计新颖的首饰，有助提升加工商及零售商的竞争力。中国珠宝市场发展虽然快，但零售商的竞争却十分激烈。虽然不少零售商以减价策略刺激消费者的购买欲，但减价只是一时的解决方法，并不能持久维持市场占有率。现在他们明白到首饰的设计及质量才是竞争的策略，因此越来越多零售商依赖加工商提供新颖的设计，以增加他们的竞争力。除了提供新颖的首饰外，深圳加工业开始迈向高科技及专业化生产。

中国加入世界贸易组织后，市场将全面开放，外资品牌即将涌至中国，市场竞争将更为激烈，为国内首饰市场带来商机，促使零售商自我提升，推动整个行业的发展。外资投入国内市场，意味着中国将有更大的发展空间。

CEPA的出台，使得一河之隔的深圳香港两地珠宝业关系更加亲密，两地行业协会频频组织业者举行研讨会、座谈会，共商深港合作开拓市场发展产业的大计。两地珠宝业各有优势，一个是世界三大珠宝中心之一，一个是中国最大珠宝首饰产销基地，深港合作有利于香港业界借助深圳同业更好地进入内地市场；有助于深圳业界通过香港同业走向国际市场。两地政府十分重视利用CEPA把深圳黄金珠宝加工业做大做强，对于深圳市政府来说，最主要的是“提供服务”四个字。据了解，深港合作议论最多的，是在深圳建立珠宝金饰产业集聚地，在香港办一个亚洲最大的黄金珠宝首饰购物中心。

第二节　世界最大的珠宝加工基地——番禺

广州市番禺区是中国一个重要的珠宝首饰加工中心。珠宝首饰加工业现已成为番禺发展最迅速、最成功、出口值最大的行业之一，并且被当地政府作为重点行业加以扶持和促进。在此良好的环境下，番禺珠宝首饰加工业得以蓬勃发展，成为中国最集中、工艺最先进、投资环境最成熟的大型珠宝首饰加工中心。据番禺区外经贸局统计，该区至2002年年底已有108家珠宝首饰企业，从业人员4万多人，年产值达47.84亿人民币，年出口5.98亿美元，比2001年增长22.15%，占全区的出口总值15.15%，排全区出口商品产值第三位。

目前，番禺珠宝业涵盖了珠宝设备制造、足金、K金首饰、黄金镶嵌制造、珠宝钟表制造等领域，产品种类众多，各个档次齐全，加上技术全面，款式新颖，工艺精湛，深受国内外广大消费者的喜爱。“番禺品牌”珠宝饰品，已经远销欧美、东南亚等地，占香港珠宝首饰进口量的65%。其珠宝加工业领先地位亦超出了广东区域经济的范围，成为中国乃至东南亚首屈一指，亦是世界最大的珠宝加工基地。番禺市场的特点如下。

一、良好的地理优势与政策环境

番禺的水陆交通四通八达，已成为沟通珠江三角洲东西两岸和连接广州、深圳、香港、珠海、澳门等大中城市的重要交通枢纽。莲花山港和南沙港每日来往香港的客轮九进九出。由于完善发达的交通网络和往返香港的便利，加上政府在政策上的大力支持，各职能部门熟悉管理、加工费、土地、房租低廉，因此吸引了大批珠宝商前来番禺投资建厂。

不用过多介绍，只要到番禺走一圈，你就会发现外商投资企业遍布番禺城乡，集中在制造业和房地产业的外商投资企业占了番禺全区经济的半壁江山，去年全区外商投资企业工业产值296亿元，占全区工业总产值近50%。来自世界上30 多个国家和地区的外商中，超过六成是香港、台湾投资者。经过多年发展，不少已扎根在番禺的香港、台湾珠宝产业更是凭借当地宽松的招商引资政策和发展环境，期望做大做强。金银珠宝首饰加工业已成为番禺的支柱产业之一。

二、规模化和专业化的首饰加工

经过十几年的发展，番禺珠宝首饰加工业已经实现规模化和专业化，成为中国重要的珠宝首饰加工中心和东南亚最大的珠宝加工基地。

1．规模化

番禺的珠宝首饰加工业尤以珠宝首饰镶嵌加工闻名于世，其新颖的设计、精细的工艺备受

第三节　传统翡翠原料集散地——云南

珠宝经济是现代经济的重要组成部分，是世界经济增长速度最快的产业之一。珠宝经济是云南最具特色的经济产业，中国的改革开放促进了云南珠宝业的迅速发展，特别是在20世纪80年代发展极为迅速。云南发展珠宝业具有六大优势：

一、丰富的宝石资源

云南丰富的宝石资源包含两个概念：一个是云南自身丰富的宝石资源；另一个是云南周边东盟和南亚各国丰富的宝石资源。东盟陆上五国（缅甸、泰国、老挝、柬埔寨、越南）是世界性重要的南北向和北西向两大成矿构造分布区域，云南正处在两大宝石成矿构造的北延交汇部位，产有红宝石、蓝宝石、祖母绿、海蓝宝石、碧玺、水晶、黄玉等近20种宝石和20多种软玉、彩石，具有潜在资源远景。缅甸产30多种宝玉石，翡翠、红宝石、蓝宝石驰名世界；泰国、柬埔寨、老挝是世界蓝宝石、红宝石著名产区；越南产红宝石、蓝宝石、碧玺、祖母绿、水晶、黄玉等20多种宝石。南亚的克什来尔红宝石、斯里兰卡的蓝宝石、金绿猫眼宝石等都是云南重要的宝石原料来源。宝石资源十分稀缺，资源不分国界，邻国丰富的宝石宝资源是云南珠宝业发展的重要物质基础。

二、缅甸及东南亚各国宝石原料的传统贸易市场

云南背靠中国内地，面向东南亚、南亚各国，是中国一省面向两大洋（西太平洋、印度洋）、通江（澜沧江－湄公河）达海（南中国海、马甲海峡、印度洋）的枢纽地带。云南腾冲、盈江几百年来就是缅甸翡翠、红宝石、蓝宝石输入中国的商业古道和集散地。云南是距缅甸玉石场、抹谷红宝石产区最近最便捷的物流通道。

历史上中国一直是东南亚各国宝石原料的销售市场。明、清以来，缅甸翡翠、宝石原料北上京城，东去苏州、上海，南下广东、香港，都由云南转口发运。著名的南方古丝绸之路，千百年来运出生丝、锦缎，运进的是棉纱和宝玉石。云南是东南亚各国宝石原料的传统贸易市场。“玉出腾越”，西方人都把翡翠叫做“云南玉”。

三、悠久的宝玉石加工历史

云南西部边陲，有一座充满历史积淀的文化名城——腾冲。元、明、清以来随着戍边及军屯移民的到来，汉文化不断向云南边地和域外传播。

中华玉文化与缅北玉石场的挖玉浪潮在宝玉石古道上的边城交汇，产生了具有500多年历史的厚实深邃的腾冲宝玉石文化。据《腾越州志》记载，当年腾冲是一派兴盛繁荣的宝玉石交易加工景象，腾冲百宝街珠宝商家挨家接户。腾冲城加工玉石的家庭作坊就有数百家之多，包括从解玉、细花到拱眼、玉光等各个加工环节。“琥珀牌坊玉石桥”形容当年腾冲以琥珀装饰牌坊用玉石铺路，集聚了数不尽的宝玉石财富。今天遍布荷花、琦罗的玉石加工网点，是腾冲几百年玉石加工悠久历史的延续。

翡翠原石

四、多民族的文化与多层次的珠宝市场

云南地处中国大陆与东南亚、南亚的结合部，汉代以前中华文化与印度就有交往，唐以后大乘佛教、小乘佛教、藏传佛教传入云南，明、清伊斯兰教、近代基督教多种文化在云南交汇。云南有26个民族，各民族丰富多彩的文化背景，是发展具有云南特色的珠宝首饰的艺术源泉。

有几百年发展历史的云南珠宝业，解放53年来，走过了曲折的道路。先期（1951～1971年）珠宝处于地下交易状态，几近衰微停滞；中期（1972～1983年）对珠宝管制有所松动，珠宝交易开始复苏，改革开放（1984～1996年）后，云南珠宝加速发展，供销两旺；近几年（1997～2002年）发展与疲软共存，一方面是市场的发展，一方面是销售的减弱。但总体上改革开放以来，云南珠宝业取得了空前的发展。如今云南珠宝业在市场的推动下，已成为一个从昆明连结着各旅游区到瑞丽、盈江、腾冲、河口边境口岸的三层结构市场，从昆明到边境口岸有大小珠宝企业6000多家，从业人员达30多万，年销售额在人民币50亿元以上。

【第三章】

要素市场资讯

The information from essential factor markets

第一节　需求呈多样化走势的钻石市场

一、2003年中国钻石加工业概况

中国的钻石加工业从20世纪80年代初较成规模地发展起来之后，中间曾经历了几起几落，现在的工厂大部分是在90年代初重新兴旺起来的。特别是到了90年代末期，中国的钻石加工业进入了快速、良性的发展时期。并在快速发展中吸引了不少国外钻石加工抛光企业的投资及建厂。进而使中国钻石抛光技术、设备以及人员素质都有很大的提高。

20世纪90年初，由于世界钻石加工业成本及技术水平格局的变化，欧洲、以色列等钻石商纷纷到中国来开办工厂，形成了广东、山东、上海三个加工中心。在中国的广东地区逐渐形成了新的独资或变相独资的中、大型加工厂，这些工厂大多有DTC配货商的背景或合作，因此货源有保证，技术上又能较快地与世界最先进的水平同步，管理上也大多是香港、比利时、以色列引进的高水平管理体系；另外，在山东、上海也逐步建立起加工中心，但企业性质多为合资和国内经营，与广东有所不同的是，大量引纳国际钻石商到中国来加工钻石。

到2003年中期，全国已有加工人员近2.5万人，其中广东约1.2万人，山东约8000人，上海约1500人，其他地区约2000～3000人。较具规模的工厂全国约70家，主要集中在广东省、山东省、上海市及周边地区。由于中国多年来在“三来一补”业务上政策优惠到位，同时社会治安、投资环境稳定良好，劳动力及管理成本低，诸多的优势吸引了越来越多的国外钻石商到中国来加工来办厂，中国已经成为继印度之后的世界第二大钻石加工中心。近年来，欧洲、以色列等国家和地区或因成本或因政治局势因素的制约，钻石业向亚洲地区和中国转移已成趋势。在未来的几年里，中国和亚洲地区的钻石加工业还会有较大的发展。现在，中国不仅能加工抛光小的分钻，而且能加工抛光重量比较大的精加工抛光钻石，比利时推出的“中国工”钻石，就是出自比利时在中国投资建设的加工厂。中国精加工抛光的钻石成品出口比利时的年增长率成倍增长。

目前中国已成为仅次于印度的世界第二大钻石抛光市场。中国目前有18,000多家钻石抛光工厂，到2003年底有望达21000家。上海、广东和山东成为中国主要的抛光钻石中心，均使有先进的抛光技术。由于中国良好的钻石环境，一些印度抛光钻石商行纷纷将工厂迁到中国南部或在那里开办新厂。

从2003年1月1日起，中国钻石行业实施金伯利进程国际证书制度，使全国钻石进出口按国际规范化管理后，全国钻石进出口数据更为快捷明晰。

按有关统计资料显示，广东省从化市继续保持着全国最大钻石加工区的地位。在闻名中外的从化市棋杆钻石城中，有东麟等钻石加工厂连年来均进入全国进出口500强企业行列。从化市的钻石、摩托车出口稳占该市头两把交椅。

目前中国主要加工抛光7～75分抛光钻石成品，所用的钻石毛坯为0.75～2克拉。加工抛光钻石产品主要销售给香港中小钻石厂商及中国钻石厂商。中国的客户主要在南方，特别是广州及深圳等地，还有上海及湖南省的一些城市。

从加工的门类上来讲，中国的钻石加工仍以可锯钻为主，规格从+2到8G都能加工；按成品规格来说，可以加工500粒／克拉到1克拉以上；形状上仍以圆钻为主，异型钻加工数量较少，也有少数工厂加工颗粒钻和劈钻；从做工上看，大多数工厂由于聘请了香港、比利时、以色列优秀的技术人才来管理、指导，加工质量普遍良好，从1995年起在中小钻规格上国际钻石市场已经认可中国做工，称之为“中国工”。现在中国已经能较成规模地加工“八心八箭”、“Ideal Cut”、“Excellent Make”、“AGSL”标准等世界顶尖级质量要求的钻石。中国加工的钻石已销往美国、欧洲、日本等高级市场，“中国工”已被世界钻石界认为是“好工”、“优工”，更有一些钻石商在推销钻石成品时打“中国工”的品牌。

中国加工的钻石通过钻石商销往欧洲、日本、美国等主要钻石消费市场。在高水准的中小钻加工方面，中国已成为世界最主要加工中心，每年加工量已超过300万克拉，在印度之后居世界第二位。

但近20年了，在DTC的配货商队伍中，中国只有一家；而同期，邻国印度的配货商数目已达61家，占到全部配货商的六成多。我们的印度同行不仅在配货商数目上大幅增加，而且大多数配货商自身都有良好的成长性，配货额成倍甚至更高地增长。相当一部分配货商早在几年十几年前就已介入首饰制造与市场开发，生存发展的空间较为广阔，特别是在美国市场上已经占据了相当的份额。即使在加工环节，中国加工业与印度加工业的生存空间也存在着巨大差距。对于印度，颗粒钻和劈钻加工是他们的传统强项，现在随着他们新得到可锯钻份额的加入，他们的生产宽度更大，将来会有几十万甚至更多的人来与中国争夺本来就为数不多的可锯钻加工市场。

世界钻石业对钻石磨工有一个基本评价：打磨大钻（1克拉以上）做工最好的是比利时；商业工做得最好的是以色列，他们在重量上、结合本身价值上、客户可以接受的程度上，都做得比较好。中国工的特点是中小钻（1克拉以下）做工最好，50～60分以下的钻石，中国工已经代替俄罗斯工。在20世纪70～80年代有一段泰国工最好。印度工在全世界很有名，他们有七十至八十万加工人员，在利用钻石本身价值追求成品率上以及难加工钻石方面，印度人做得不错，但整体做工水平较差。

中国加工30～50分以下的钻石，与比利时善于切磨大钻相比，有自己的特色。中国的一些加工厂的做工是世界一流的，在加工颗粒钻、特殊品质的钻石上有独到之处。

由于在加工中小钻石上，人工费用占的比重比较大。特别是加工10分以下钻石，人工成本占20%～30%。但是加工大钻，人工费用比例不会超过10%。所以，同样品质的比利时钻石，人工费用（以30分钻石为例）比中国钻石高几十美元甚至更多。

二、钻石厂商呼吁降低钻石进口增值税

中国钻石和钻石首饰市场和整个行业发展形势喜人，正逐步与世界市场接轨走上良性循环发展的道路。但是，在良好的发展形势下，影响钻石和钻石首饰业更快发展的一个关键问题，就是中国现行的钻石进口增值税17%的比率过高。很多公司认为，如果中国钻石进口增值税定在5%～8%的比率范围，将对中国钻石和钻石首饰业及市场的发展有着很大的推动作用，有些国外的公司甚至建议中国取消增值税。上海钻石交易所的很多成员也同意上述看法，认为进一步降低钻石进口增值税将会促进上海钻石交易所扩大交易量。降低增值税的比率还能更大程度地抵制钻石走私活动，使中国钻石进出口交易更加规范。不少反映说明，低于10%的钻石进口增值税既能保护国内市场，

又能促进钻石业的正常发展，多数厂商也是可以认同接受的。

三、以色列制定钻石推展中国市场计划

以色列人口只有650万人，但钻石是个很大的行业，是该国两大支柱行业之一。以色列钻石工业得以发展，和政府的支持和关注分不开，政府扮演着重要角色。以色列钻石行业没有征税，不管毛坯还是成品，即使有税收如1.75%的关税，关税收取以后作为特有基金用于钻石开发。以色列也没有增值税，这使以色列钻交所在激烈竞争中始终保持优势。以色列钻石商不会做官方不允许的交易，以色列政府满足这种制度上的安排。这里的钻石环境吸引了众多海外人，他们与以色列政府在公平公正的环境下协作。2002年以色列钻石交易总量在140亿美元，其中一部分是成品，一部分是原料。

钻石界认为，中国无疑是世界钻石加工中心，中国走的路也是其他国家在同一阶段走过的路。中国政府对钻石采取的政策，使这个行业得以快速发展。所以钻石业的发展和政府的支持分不开。

放眼2003年全球钻石发展趋势，以色列对中国钻石市场发生了浓厚兴趣，看到了中国市场日益增长的钻石需求，在中国，约54%的年轻夫妇大约会拿出4%的消费来买结婚钻戒。

以色列钻石协会（IDI）看好中国钻石销售市场。近几年来，以色列向中国市场出口销售的钻石连续增长，为此，以色列决定扩大在中国市场的占有份额，增强以色列钻石在中国的形象，扩大服务范围，增加销售。

IDI正在拟定2004年向中国钻石市场的推展计划：派遣钻石行业代表团访问中国、参加中国举办的主要大型珠宝展、加大中国市场的广告宣传、进行专项钻石市场调查、扩大加强与钻石首饰制造厂商及零售商的密切合作，建立连锁店。

IDI指出中国钻石市场发展中几个需要解决的问题，以及其对中国钻石市场的影响度。

目前中国钻石市场需求的钻石产品种类有限，以50分以下的产品，特别是20～30分的产品居多；尤其是小钻石好销，对钻石市场发展影响占50%；适合中国钻石市场销售的钻石产品原料供应有限，这必然影响适销中国市场钻石产品的正常供应，甚至影响钻石销售价格的稳定，其影响度约占42%；随着中国钻石市场的发展，钻石产品市场竞争力明显增强，其影响度约占17%；中国市场上钻石产品销售的价格偏低，其对市场发展影响占25%；税收过高，其影响度最高，达84%。

以色列Yerushalmi Bros Diamonds Ltd公司分析指出，中国钻石市场需求呈多样化走

势，在中国销售钻石，必须对市场进行细分，区别不同层次的不同消费群体，采取不同销售方式推销不同档次的产品。

该公司还分析指出：5年前中国钻石市场需求的是质量低、加工差的钻石产品。现在则不同了，现在中国钻石市场已经多样化。在中国东部沿海主要城市，特别是广州、南京、上海、北京、大连等经济发展迅速的城市，目前主要需求的钻石产品是H、I、J色级，VS或更好的净度，重10～50分，甚至1克拉的圆钻，即国外所说的“typical Chinese goods”，是中国最适销的钻石产品。但当前加工这种品级钻石产品的钻石原料供货短缺，价格上扬。而在中国西部地区，所需钻石产品则仍以颜色级别低、加工差、规格小、重量轻的圆形、低品级钻为主，因为这种级别的钻石产品售价比较低，更适合消费能力较低的广大群体，潜在市场需要开发。在上海、北京及广州等少数大城市中，G以上色级、净度级别高、加工好的克拉钻尽管目前销量减少，但需求则呈明显走势。在东部地区其他城市中，色级低、质量较差的克拉钻也有销路。K、L色级SI净度，重1克拉以上的克拉钻批发价为每克拉1700～2000美元。而部分消费者则喜欢以相同价位购买重70分，色级和净度都比较好的圆钻。

Yerushalmi Bros Diamonds Ltd.是以色列重要的钻石加工出口商之一，也是DTC选定的最佳供货商之一。该公司从2002年开始集中力量实行其扩大钻石销量的营销策略。其主要销售颜色级别比较低、净度级别比较好、重量10～25分的钻石产品。

中国工是比利时有关钻石加工厂商根据中国钻石市场的需求和发展而设计推展的一种钻石切工。中国工钻石不仅具有非常好的潜在市场需求和更强的竞争力，而且具有品质好、精度高、钻石美感好的特点。中国工钻石是当今市场产品的一个新的增长点，它将促进钻石市场更快更好地发展，特别是对中国钻石市场及钻石业的发展具有重要的影响。

比利时安特卫普的Indigems NV公司已在上海注册了龙艺钻石公司（Dragon Art），并参加了上海钻石交易所，按计划参加中国相关的珠宝展销会，宣传、推广、促销中国工钻石产品，还准备在中国相关城市实施中国工钻石连锁店的推广销售计划。

现在最畅销的中国工钻石是HI色或I色级、VVS净度、重量0.1～1克拉的钻石产品。有些K色级及L色级、VS2净度，低于10分的品级钻石的市场也开始扩大。销售实践证实，中国工钻石不但在中国市场销售前景好，欧洲乃至北美也有很好的需求前景

第二节　牛市行情的黄金市场

一、2003国际黄金市场行情

国际黄金市场在经历了长达20多年的漫漫熊市之后，终于苦尽甘来，迎来了黎明的曙光。国际黄金市场从2001年2月底启动以来，上升的步伐越迈越大，2003年的“牛步”更是迈得铿锵有力，爆出了多年未见的大牛市行情。金市自从跳起了令人心旷神怡的“牛步”后，曾经一度被一些西方国家视为“烫手的山芋”而争相抛售的黄金，其避险保值功能被人们所重新发现而成了香饽饽，人们也重新认识了这样一个真理，那就是黄金不是铜也不可能贬值成铁，黄金仍然是“金”。

回眸2003年国际黄金市场的运行态势，可以发现国际黄金市场是走出了一波大牛市行情，当然在这波牛市行情中金价也不是一路飙升，只涨不跌。实际上黄金市场受周边市场的牵制，黄金非常清晰的运行规律和波段轨迹，揭示出黄金市场的牛市行情运行规律是进三退二，并有着较为清晰的运行周期。

在2003年全年总体走牛的市场背景之下，国际黄金市场也走出了三波中级行情。

第一波行情启动于2002年的12月初。经过长达近半年时间的盘整运行之后，在委内瑞拉国内紧张局势加剧、伊拉克武器核查争端不断造成的国际原油市场供应紧张、国际汇市美元汇率下跌等一系列基本因素的影响下，开始了一波极为壮观的上升行情。国际金价由2002年12月3日的317.5美元开始启动，经过两个月时间的运行到2003年2月5日，出现了近年来的高点388.9美元，上涨71.4美元，涨幅达到了18.36%，但好景不长，在市场一片看好声中行情却又戛然而止。

第二波行情于2003年4月7日从318.75美元启动，经过近两个月时间的运行，在5月27日见到了370.40美元的高位时出现了见顶回调之势。这波行情金价上涨55.65美元，涨幅达到13.94%。

以后虽然在欧元、日元汇率走强，美元持续走弱的影响下，国际黄金市场也曾走出过一波反抽行情，但当市场传出美联储有可能在6月25日公布降息的消息以后，市场上出现了观望等待的技术走势。而当6月25日美联储宣布降息25个基准点时，国际市场的一些机构投资者刻意打压金价，曾使金价在一周内跌去了12美元，并随后展开了一轮长达一个月的盘整走势。期间金价曾多次下探340美元的底线位而不破，使得市场人气逐渐聚焦，底部特征开始显现。这波回调行情金价下跌32.40美元，跌幅为9.53%。

第三波行情从2003年7月21日的342美元启动，在运行了约两个月的时间后于9月24日重新攀上了387美元的高位，以后虽曾在部分获利盘的打压下，稍有下调，但由于美国国内经济所显现的一系列矛盾不可能根本解决，特别是财政赤字和贸易逆差两大矛盾不可能在短期内根本解决，因此，虽然美国三季度公布的一系列经济指标已有所好转，但是美元汇率却一路狂泻，国际金价借机一路上扬。

12月份虽有伊拉克前总统萨达姆被捕等消息的刺激，但金价却难以有效下调，至12月31日报收在417美元附近。国际黄金价格在短短的5个多月时间里上涨了75美元，其涨幅已达18.93%左右。

关闭了近半个多世纪的中国黄金市场，自开放以来犹如一个学步的婴儿，紧随着多变的国际市场迈出了稳健的第一步。

上海黄金交易所2002年10月30日开市运行以后，恰逢国际金市新一轮行情启动的前期，因此，国内市场在83.53元／克价位上开市后稍稍盘整了1个月，就在国际市场逐步推高和国内饰金市场一年一度的销售旺季即将到来等诸多利好消息的刺激下开始了一轮上升行情，并在年末达到了93.00元／克价位。2003年元月2日，Au99.95金以92.62元／克开盘，随后在一些饰金企业的推动以及国际市场的地域政治因素的影响下金价不断上涨，2月10日收盘价达到了99.08元／克的天价。这轮行情的时间周期约为1个月，金价上涨6.46元／克，涨幅达到了6.52%。

2003年春节过后随着国际金价逐渐回调，国内市场的交易机构交投热情的低落，国内市场金价随之也逐步回调，并在86.00元／克的底线位，最低跌到了85.80元／克，但最终仍被拉起，并报收在85.96元／克的价位上，而成交量只有区区的290千克，表明市场的下跌空间已经微乎其微。4月8日，市场再次击穿86.00元／克的底线位，瞬间跌到了85.70元／克的低位，随之被急速拉起，并最终报收在86.00元／克上，但成交量达到了716千克，表明机构投资者开始建仓，底部区域开始形成。在随后的几天时间里，量能开始放出，价格温和上扬，一轮新的行情开始出现。这波调整行情的时间周期为58天，金价下跌13.30元／克，跌幅为15.47%。

4月8日，随着国际金价的止跌启稳，一些交易主体开始逐渐进场显得较为成熟，并由此使得国内金价以低于国际市场1.00元／克的价位稳步上扬，一直到达本轮行情的最高价，5月27日的98.00元／克的出现。由于5月28日市场出

现走软回调迹象，表明了一轮行情的结束。这轮行情的时间周期为50天，金价上涨12元/克，涨幅达到了13.95%。从技术走势来看这一波行情走的较为理智，也较为成功。

5月27日开始，国内金价从98.00元/克价位开始回调，一直到7月16日的92.00元/克调整结束，这波调整行情的时间周期为51天，金价下跌6.00元/克，跌幅为6.12%，而自7月21日起国内市场紧随国际市场又开始了一轮新的上升行情。期间，在7月30日至8月7日，曾出现过一波从96.82元/克回调到93.60元/克，跌幅为3.33%，时间为9天的短暂回调走势，以及9月25日至10月20日，又出现了一波从102.88元/克下跌至99.00元/克，跌幅为3.69%的小幅回调整理行情之外，迄今就根本没有出现过比较像样的回调走势，其强劲的走势给初次入市的人们留下了深刻的印象。

12月31日，Au99.95金以111.18元/克报收，结束了一年的运行历程，年上涨18.56元/克，年涨幅为20.04%。

二、世界黄金市场介绍

目前世界上著名的有影响的黄金市场，主要集中在伦敦、苏黎世、纽约、东京和香港，其中伦敦市场是全球最大的黄金市场。

1. 伦敦市场

伦敦黄金市场的历史可追溯到400多年以前，早在17世纪初，古老原始的黄金市场即以形成。但真正意义上的黄金市场是在1897年引入了“伦敦定银价”和1919年确定了“伦敦定金价”后开始的。1980年和1987年是伦敦黄金市场发展的关键年份，当时因世界局势动荡，投资黄金有利可图，大量海外金商涌入了伦敦黄金市场，为其成为国际黄金市场的中心打下了基础。为提高市场运作效率，扩大其在世界上的影响，促进市场参与者之间的经营活动，1987年12月14日成立了伦敦金银市场协会。

伦敦金锭市场一直以传统的场外交易方式交易，它以这种独特的交易方式而闻名于世。它没有真正意义的交易所，直至目前也未创立期货交易市场。场外交易的运作方式与银行外汇市场的运作方式相似，是一对一类型的市场，是经纪人与经纪人或委托人通过电话或“路透2000”交易系统上操作的市场。老式的电话经纪公司已退出历史舞台，取而代之的是EBS电子商务和其他电子经纪平台。场外交易市场有较强的灵活性，能因个别客户之需进行变通，数量、期限、交货地点和支付条款都可适应每个客户具体情况。场外交易合同的灵活性还体现在客户供货的品种上，这是制约型交易所做不到的，它只能按一成不变的老规则运作。场外交易不光现货和远期合同具有灵活性，还包括可选择多样性远期汇率协议和利率互换等。

伦敦黄金议定价格早在1919年即正式引入伦敦黄金交易市场，一直都是世界上各大黄金市场交易黄金时参考的权威定价。场外交易市场在伦敦运作时，黄金的定价中5大定价行起到关键作用，他们分别是：洛希尔国际投资银行、加拿大丰业银行、瑞士信贷第一波士顿银行、德意志银行和美国汇丰银行。黄金市场虽为5大定价银行主持，但另有50家商号参与市场的经营活动，市场需要一个代表所有市场成员的机构，伦敦金银市场协会（LBMA）就是这样的机构，一直在发挥这一作用。

LBMA是一个主动的贸易协会，其主要责任是提高市场经营效率及为伦敦招商。它不止为其成员利益着想，还考虑更为广泛的影响，以促进所有参与这一国际市场的经营者的活动，促进黄金生产者、精练者、消费者的活动，以及伦敦金市以外的国际黄金交易商的经营活动。LBMA的最大特点，在于它不是一个独立于市场外的行政机构，而是集市场参与者、控制者、监督于一身的综合体，发挥的作用和自身的影响力都不同凡响。

2. 东京工业品交易所

东京工业品交易所的黄金交易量位居世界第二。它成立于1984年11月1日。前身是创建于1951年东京纺织品交易所、1952年的东京橡胶交易所和1982年的东京黄金交易所，三所合并后改为现名。它是日本惟一的一家综合商品交易所，主要进行期货交易，并负责管理日本所有商品的期货及期权交易。交易的期货合约范围很广，是世界上为数不多的交易多种贵金属的期货交易所。

目前东京工业品交易所以贵金属交易为中心，采取电脑系统进行交易，交易量逐年升高，由1985年的400万张合约猛增至2001年的5600万张，16年增加了14倍，已成长为一个国际化的市场，成为全球最有影响力的期货交易所之一，是目前世界最大的铂金和橡胶交易所，其黄金和汽油交易量位居世界第二，仅次于美国的纽约商品交易所。

东京工业品交易所能在短时间内获得巨大成功，主要因为市场参与者在提供的交易品种上做出了不懈努力。它的成功还在于恰如其分的迎合了市场的需求，以及具有敢于开拓不断创新的精神。及时引进世界上最先进的电子交易系统用于贵金属的交易，在交易所的技术领域中，它走在世界前列。

东京工业品交易所采用两种不同的交易系统，一是ltayose交易系统，又被称为集体拍板定价制交易系统，是一种公开竞价拍卖制度。在交易大厅内，由工作人员以口语和喊价的方式，对每种不同合约月的商品宣布一个临时参考价格。然后，在交易大厅内的交易者用手语表示在这个临时价格水平上愿买或愿卖的数量。拍卖过程中，若买进的总数量超过卖出的总数量，工作人员便上扬价格，以促进卖出；反之便价格下跌，以促进买进，直至买进数与卖出数在某一价格水平上达成一致为止。此时工作人员当即拍响拍板，宣布这一价格为正式的合约成交价，当时所有的买进和卖出都要按工作人员宣布的临时价成交，可在拍卖过程中工作人员上下调整价格时，用反向交易方式转卖或买回，以冲销先前约定的买卖。二是ltayose的系统交易系统。日本的期货交易一般进行上下午两盘交易，每盘交易又分若干时段，以便进行不同商品的交易。采用这一定价制度确定正式的合约成交价后，该交易时段的全部合约均按此价成交并结算，因而这一制度又称交易盘叫价制度。与公开喊价制度一样，集体拍板定价对于维护市场公开、平等的自由竞争原则，完善期货市场的价格发现机制，都是十分重要和有效的。

3. 伊斯坦布尔金交所

土耳其的伊斯坦布尔金交所在全球贵金属交易中享有重要的战略地位。土耳其是1980年1月开始向自由市场过渡，渗透到各个经济领域，黄金体制结构调整也应运而生。1983年出台改革允许自由进口黄金，中央银行遂于1984年建立了与土耳其里拉指数挂钩的黄金市场。在这个市场中，中央银行进口的黄金出售给该国买主，以土耳其币支付。1989年，中央银行进一步建立了与外国货币指数挂钩的黄金市场，进口的黄金可卖给国人并收取外汇。1993年土耳其修改了法令，黄金的定价以及黄金的出口进口完全放开，实现黄金自由化。黄金体制的变化，导致国内价格相对国际价格走低，从而减少了成本支出。随着国外黄金业竞争加剧，加工黄金以供应土耳其国内需求并返销国外成为日益增长的趋势。在更新黄金体制过程中，新的模式的基本思路是，通过将黄金储蓄转化为金融体系的流通货币的方式，将黄金引入投资渠道。其目标还包括，为黄金发展有组织的体系，建立黄金交易所，恢复黄金银行业务，扶持首饰行业，最终建立黄金精炼厂。

伊斯坦布尔黄金交易所是1995年7月正式开业的，运行一段时间后，于1996年引入了期货和期权市场管理。白银和铂金则是1997年7月开始在伊斯坦布尔金交所交易的。根据土耳其的有关规定，贵金属经纪商是获得许可，可在交易所程序范围内进行经营活动的本国或外国个人或机构，外国银行、贵金属经纪公司和其他金融机构均可向土耳其财政部申请成为交易所会员。

贵金属的市场交易是由交易所的专家在自由市场条件下完成的。专家将会员的经纪人下的定单输入计算机系统，以自动撮合逻辑反复平衡，选择出对会员最好的买卖订单，根据价格优先和时间优先原则，交易按金重价格方式来实现。在黄金市场交易的黄金的规格，由财政部确认的目标精练厂提供的纯度为995/1000～999.9/1000的黄金，在市场上可交易的还有各种重量规格的、成形的黄金，以及标准金块。达到585/1000以上纯度和1～15千克重量的非标准黄金块，也可在交易所交易。

伊斯坦布尔黄金交易所贵金属市场的现行会员经资本市场管理局批准，可参加伊斯坦布尔黄金交易所期货和期权交易市场的交易，伊斯坦布尔证券交易所的会员获得资本市场管理局颁发的“黄金和外汇期货经纪人执照”也可入市交易。土耳其的黄金借贷市场是1998年8月开通的。借贷市场促进了交易所组织结构中进行贵金属的借贷，也允许对每次交易发放的贷金进行买卖活动，代金者或贷金证拥有人可在截止期限前的任何时候卖出贷金证，这会帮助增加市场交易量。

4. 纽约商品交易所

价值数十亿美元的黄金能源等各类产品每天都能在美国纽约商品交易所买卖，交易大厅关闭后，夜间电子交易紧接着展开，因为这些战略性商品价格每一分钟都在发生变化，所以这里能24小时连续交易。

每天在交易所达成数千笔交易的参与者，从未看到过一块金块或一加仑燃油，只能看到很多人站成一圈互相叫喊。交易所不设定交易商品的价格，价格是交易员通过公开拍卖得出的，只有最好的出价才能最终达成交易。若买家比卖家多，需求大于供给，价格将上升，相反则下降。每个交易员都能看到成交的对手是哪位交易员，但客户是匿名的，任何玩家无法知道竞争对手的全盘计划。

美国自19世纪起组织市场买卖商品，在50年间各地建立了1600多个各类交易所。纽约商品交易所名称自1882年沿用至今。1933年经济大萧条期间，商品交易所有限公司在纽约成立，因当时经济危机已遍及全美，因此黄金作为货币被禁止交易，黄金的私人拥有者也被禁止买卖黄金。直到1974年12月31日禁令被取消，市场上才开始黄金交易。1994年8月3日，纽约最大的两家交易所纽约商品交易所（NYMEX）和商品交易有限公司（COMEX）合并，合并后名称仍为纽约商品交易所（NYMEX），而COMEX成为分公司。这个新的交易所乃全球最大的实物商品期货交易所。交易所像是一个大商场，但商品的实物是看不到的，并没有通过交易所频繁交割，商人们更多的是通过期货合约进行买卖。期货合约广泛地运用在套期保值上，它让人们可在买入或卖出实物时抵消价格波动的风险。

由于美国的交易与世界各地联系十分密切，交易所开市的6个小时不能满足人们套期保值和投机的需要，交易所便启动了电子交易系统。在系统中，也可全天进行掉期交易。公开喊价与电子交易两种方式的交易时间相加，这个市场便是片刻不停地24小时连续交易。全美各地、英国伦敦、澳大利亚悉尼、南非约翰内斯堡、日本东京及中国香港地区都有交易员参与纽约交易所的全天候交易。

世界上再无其他市场对黄金有如此吸引力，国家试图拥有黄金作为一种财富和国际交流的媒介，个人则想通过占有黄金来抵御纸币每天带来的各种不稳定性，将其作为一种保障。

1848年，人们在加利福尼亚州发现金矿后，北美就成为世界主要的黄金供应者。1850年到1875年间，在那发现的黄金比之前的350年发现的黄金还多。1890年以前，阿拉斯加和育空地区的金矿是主要的黄金供应来源。不久之后，非洲Transyaal的产量超过了这些金矿。现在，世界黄金的未开采储备预计在10亿金衡制盎司，南非、俄罗斯、加拿大、美国、巴西和澳大利亚是主要的黄金产出国。

三、世界黄金协会发布2003年全年黄金需求报告

报告内数据由世界黄金协会委托英国黄金矿业服务公司统计并公布。

报告显示：2003年全球黄金需求量4133吨，比2002年上升3.7%。由于世界政治经济形势不稳定引发金价高的原因，导致黄金饰品整体消费受到影响。2003年黄金饰品消费为2547吨，与2002年相比下降5.3%，但投资需求大涨330%。2003年国际金价平均达363美元，比2002年涨17.3%。2003年全球矿业黄金供应达2601吨，比2002年上升0.4%。中国内地与2002年相比，2003年黄金需求为207.6吨，微升1.8%，其中黄金饰品需求上升0.7%，黄金投资需求上升了52.4%。中国仍为世界第三大黄金需求国。

2003年中国黄金市场消费量居远东区第一位、亚洲第二位，是比较活跃的市场。远东区黄金消费排名其次是日本和印尼。

四、2003年中国黄金产量突破200吨

资料显示：我国黄金产量1949年仅为4.5吨，1995年达到100吨用了46年时间，2003年实现产量200.598吨，再上第二个百吨台阶仅用了8年时间。这标志着我国黄金工业的市场化进程加快，与国际黄金业竞争力增强。

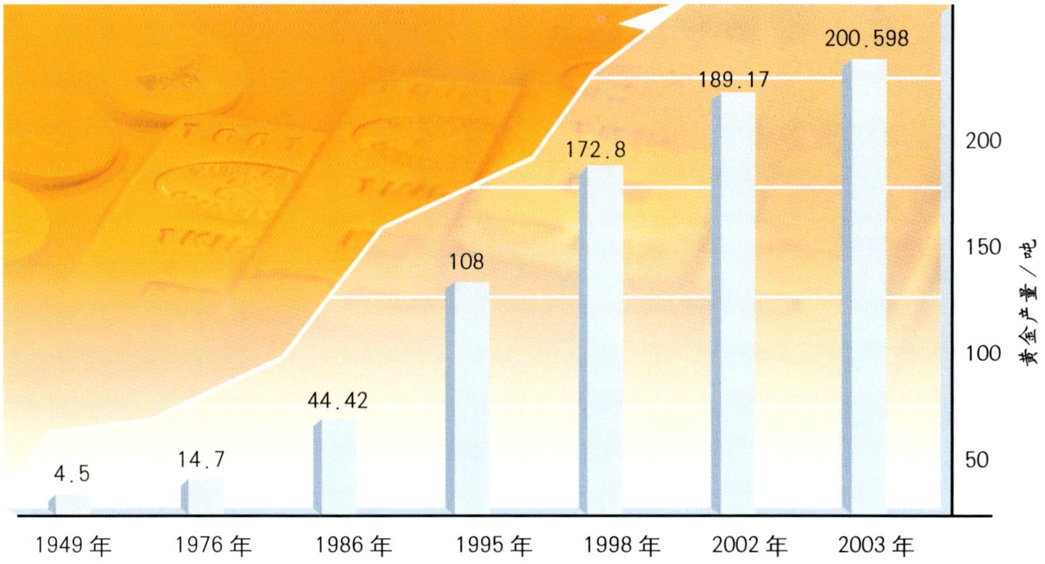

图2.3.2.1　1949～2003年中国黄金产量

资料来源：中国黄金报

我国黄金工业在20世纪特别是改革开放以来取得了巨大进步，已跻身世界主要产金国之列。整个行业由新中国成立初期的几座矿山发展成为功能齐全、完整独立的工业体系。自20世纪90年代中期以来，我国黄金工业体制发生了巨大变革，经过产业结构调整和资产重组，一批产业集中度较强的大、中型黄金企业迅速崛起。通过兼并扩张，实力不断增强，已初步具备了一定的国际竞争力。我国黄金工业正逐步实现集团化、规模化经营。在取消"统购统配"政策以后，2002年10月30日上海黄金交易所正式运营。2003年全国黄金行业克服"非典"影响，狠抓市场机遇，参与产业结构调整，加大科技创新力度，强化企业管理。2003年，继中金黄金股份有限公司、山东黄金矿业股份有限公司在国内A股市场相继上市后，福建紫金矿业股份有限公司H股也在香港上市。这三大黄金企业的上市把黄金行业带入了资本市场。

五、我国黄金管理今年主要抓五项工作

2003年，我国黄金管理主要抓五项工作：①修订"黄金管理暂行条例"，规范黄金生产、流通与消费，推进黄金管理体制改革；②加强和规范对上海黄金交易所的监管，预防和打击违规行为，防范和化解交易风险；③制定"商业银行开办黄金业务管理办法"，适时批准商业银行开办个人黄金投资产品，满足投资者日益增长的投资需求；④研究中国开展黄金期货交易的必要性、可行性与运作方式，制定开展黄金期货交易的一揽子方案；⑤积极参与国际黄金市场运营，科学管理国家黄金储备。

第三节　零售业良性发展的铂金市场

一、2003年铂金市场探析

2003年上半年，国际铂金市场在供应短缺与需求强劲的支持下价格一再上涨，市场的供应缺口鼓励投机，呼风唤雨，疲软美元激发的走高金价带动铂金价格攀高，借投机风扬帆驶入600～700美元/盎司的历史高位区，二、三月份价格均曾突破700美元/盎司的关键阻力线，基本面和技术面均呈利好。

2003年下半年国际铂金市场的价格保持在590～710美元/盎司的高位区。影响铂金市场的关键因素之一是需求。中国首饰业的需求将能动地调节市场的价格，如果价格向600美元/盎司回落时，来自中国的现货购买将拉大供需缺口，支持价格走高；如果价格攀升到650美元/盎司时，中国需求的减缓将抑制上涨的高度，价格随投机波动。上海黄金交易所铂金交易的挂牌给国内市场带来了积极的效果，使国内铂金价格逐渐与国际接轨，修正了从前高于国际价格的历史。2003年下半年，国内铂金价格在170～200元/克之间交易。历史高位区的铂金价格减缓了中国铂金需求的增幅，但中国在2003年的铂金消费仍保持8%的增速，即达到155万盎司以上。影响因素之二在黄金价格的走势。2003年，鉴于美元长期走强势头的中止和欧元的走强以及这两者对投资需求的影响，金价有走强的潜力，联动影响铂价的走势。在基本面大局稳定的情况下，下半年金价的走势将成为带动铂价波动的主要原因。

供应方面，全球各主要铂金生产商积极扩产以满足市场不断增长的需求。预计，2003年的铂金市场将继续第五年的供应短缺。国内铂金市场由于新税收政策的公布促使业内人士看好该业务的发展前景。

二、中国首饰业对铂金市场兴衰举足轻重

据国际著名的铂族贵金属供应商庄信万丰公司最新发布的信息，2003年将是铂金需求量上升幅度近十年来最低的年份，预计全年全球总需求量为659万盎司，只上升了3万盎司。其中首饰业的需求量则将会下降13%，跌至245万盎司，这主要是受中国和日本首饰制造商购买力减弱的影响，中日首饰业对国际铂金市场的兴衰举足轻重。

庄信万丰发布的消息说，2003年全球铂金需求量的上升，主要由于汽车尾气净化催化剂行业的铂金购买量大幅增加。与汽车业相反，首饰行业的需求量则下降了37万盎司。由于上半年SARS爆发和5月份以后铂金价格上涨的影响，中国首饰行业铂金的购买量下降了19%，这是20世纪90年代中期中国铂金首饰发展后对铂金购买力的首次减退。不过庄信万丰的这份报告指出，虽然中国首饰业对铂金需求量将会下降至120万盎司，比2002年降低28万盎司，但这仍

然是历史第二高的年度需求量。中国消费者对铂金首饰的购买热情很高，尽管零售价有所上升，国庆期间铂金饰品销售还是非常旺盛。

报告分析：2003年铂金价格持续上涨，从1月份的600美元涨至10月底的760美元，现货市场上铂金供不应求，持续出现赤字，致使价格上涨的多数资金来自基金和投机商，这是2003年流入金属商品的投资资金显著增加的一种现象。价格的上升，使得中国首饰制造商对铂金的购买量下降了。报告同时指出：中国铂金首饰零售价未跟上世界铂金现货价格的快速上涨，也是造成不少首饰制造商购买力下降的一个因素。

报告预计2003年铂金供应会增长14万盎司，达到611万盎司。南非的输出量将会上升4.5%，津巴布韦的开采量也在增产，但北美的产量在减少，俄罗斯的出口量也减少了，这影响了增长的总幅度。总的来说，供应量的增长幅度会大于需求量的增长幅度，但市场上仍然是供求不平衡，出现了48万盎司的赤字。

报告预测：南非的供应量将会大量增长。北美的产量也会显著上升，俄罗斯的抛售量会同开采量相同。关于中国首饰业对铂金需求量是否会回升，这将取决于中国铂金首饰的零售价之间的关系。如果零售价稳定不变，而现货价上升，生产厂商的利润减少，就会暂缓购买铂金，直到铂金现货价下降，或零售价上升。

三、中国已成为世界铂金首饰消费第一大国

国际铂金协会在2004年新年发布的最新消息称，中国铂金首饰消费已从1998年只占全球消费1%，突飞猛进至目前的52%，成为全世界铂金首饰消费第一大国。

2003年国际铂金协会中国代表处对中国内地京、沪、穗等17个城市的目标消费者做了一次调查，发现各地消费者都非常喜爱铂金，对铂金首饰的选购意向领先于其他材质的首饰。尽管目前铂金的价格一直在上涨，但仍有55.7%的消费者表示准备在未来一年内购买铂金首饰，居各类首饰品种的首位。国际铂金协会对中国铂金市场前景充满信心，认为铂金代表了中国新一代消费群对时尚的选择和诠释。

据对上海首饰零售业的调查，13家主要首饰零售商铺2003年国庆黄金周内铂金饰品总体销售增长了35%，表明铂金价格的上涨并未动摇消费者对铂金饰品的钟爱。

市场增长因素的原因如下：

(1) 首饰消费商把刚毕业的大学毕业生也囊括进铂金首饰消费区；

(2) 2003年上半年公布实施了铂金新的税收政策，上海黄金交易所挂牌铂金交易为消费者提供了更规范、更合理的交易平台，还减免了生产商的税收；

(3) 随着国际铂金价格的上扬，国内销售商纷纷提高国内铂金首饰的价格，但市场销售并没有受到上调价格的影响。SARS过后，各大商场铂金首饰的销售额大幅激增，反映了消费者对铂金首饰的认可；

(4) 国内铂金首饰的消费有一个特点：追涨不追跌。铂金首饰一向被认为是高档消费品，价格越高越能显示身份和地位；

(5)“亲情消费”大受追捧，从前不会考虑的奢侈品如铂金首饰也排在尝试之列；

(6) 2003中国的铂金首饰消费在经济持续发展、人民生活水平稳步提高、近10年高速增长势头的保障下，因国际价格的大幅攀涨和SARS受到影响。但其影响力度还不至于一下子就打断其运动轨迹，只是削弱了增长的力度，但在惯性作用下还会继续向前。

基于以上因素，中国的铂金首饰消费在平稳的基础上仍具备增长的潜能。

四、2003年菜百铂金销售突破一亿元

国际铂金协会主席Courage先生、南非安格罗铂金首席执行官Havenstein先生、商业部总监Wood先生等一行亲临北京最大的黄金珠宝特色经营店——菜百公司，对其在2003年中铂金首饰销售额突破1亿元的辉煌业绩表示祝贺。

中国已经跃升为全球最大的铂金首饰消费国，而北京菜百公司作为中国首饰行业的龙头企业，单店销售铂金饰品突破1亿元，这在全世界也非常罕见。菜百是世界的奇迹，它为推动中国铂金零售市场健康、有序地发展做出了突出的贡献。

近年来，国际铂金协会越来越关注中国市场，并不断加大对中国市场的推广资金的投入。菜百公司作为中国市场内最大的专营店，长期与国际铂金协会保持着良好的合作关系，先后推出了多款铂金系列，成功地把“稀有铂金，永恒纯净”的铂金首饰文化传播给中国消费者，有效推动了铂金零售业在中国市场良性的发展。

第四节　首饰市场发展潜力巨大的白银市场

一、2003年全球银饰销售增长

当前全球，特别是日本、美国经济发展缓慢，不但没有影响银饰品市场的发展，反而起到了催化剂的作用，使银饰品的需求增加，销售更趋活跃。银饰品是一种受人青睐的传统饰品，由于其成本低，价格便宜，在首饰市场上历来都有很强的竞争性，特别是在经济发展缓慢时期，银饰品的竞争优势就更加明显。近两年银饰品的市场兴旺、快速发展正是其优势的体现。随着现代科技和市场需求的发展，现在银饰品明显趋于多样化，尽管足银素镶产品仍居主要地位。但是镶宝石的银首饰需求也明显增长，形成银首饰的重要发展趋势。

二、中国白银市场的特点及趋势

中国白银市场自2000年开放以来已经3年了，3年来中国白银市场在国家支持和白银行业内各企业的共同努力下，白银产量和流通量均快速增长，开放后的白银市场逐步成熟，并成为国际白银市场的重要组成部分。基本上实现了由计划管理向市场调节的平稳过渡，发挥了沟通产需、提供信息、形成合理价格的作用。上海华通铂银交易市场是目前国内惟一的白银现货交易市场，白银交易的履约率达100%。在该市场成交的价格已成为国内白银市场的主要参考价。

白银市场开放后，对矿产品征收13%的增值税，对银锭征收17%的增值税，这无疑加重生产企业的经营压力。不过，在铜、铅产量大幅增长的带动下，全国的白银产量仍保持着调整增长。2000年我国生产白银1588吨，同比增长17.24%，其中有色物料产银1541吨，同比提高19.28%。随着市场的逐步成熟和白银价格的回升，白银产量快速增长，年平均增幅超过20%。预计2003年我国白银产量将达到2900～3000吨。

我国白银企业产量目前呈现两个特点：一是白银生产区域日益集中化，现在湖南、河南、云南、浙江、广东已经成为国内最主要的白银生产省份；二是矿产银企业产量保持稳定，再生回收银企业产量递增幅度整体比矿产银企业产量快。

取消“统配统售”后，江、浙、沪一带的银器、银摆件、银饰品等加工企业如雨后春笋般

涌现，浙江仙居、湖南郴州的白银需求量大增。由于我国经济的稳步增长，电气和电子工业、化学试剂及化工材料方面对银的需求量增幅较大；感光材料、银器用银量适度增长；而首饰方面对银的需求总体呈上升趋势。因此，从消费方面分析，我国白银的需求在稳步增长，但相对于产量，增幅较缓。国内感光材料的市场潜力较大，因为美国、日本等发达国家每年人均消费胶卷3.6卷，而我国只有0.1卷。2003年我国经济继续保持8.7%的高增长势头，必然使工业方面、首饰及银器方面的需求保持良好的增长趋势。

白银出口是我国白银行业发展的晴雨表。银市开放后，由于出口配额较低，2000年我国未锻造银及半制银的出口受到影响，当年的出口量均下降。进入2001年，国家将拥有出口配额的企业由2000年的2家增加到30家。在国家13%的退税政策的鼓励下，2001年白银出口1225吨，同比增加540%。2002年我国白银出口数量为2214吨，与2001年相比，增幅80.7%。2003年首批白银出口配额就达1720吨。1～5月份我国未锻造白银出口高达1011吨，同比提高22.9%。2003年1～5月白银出口数量为1044吨，同比增幅18.4%。从白银市场方面看，由于香港地区在金融、贵金属仓库等方面的优势，仍是内地白银的最大市场，其次是印度、泰国、美国等。从全球市场情况分析，亚洲市场是我国白银出口的主要市场，占出口总量的90%以上。中国大量出口白银已成为国际市场白银供应不可忽视的一大新生力量。

三、白银首饰消费市场

2000年1月1日，中国白银首饰市场开始从过去封闭、限制的状态下逐渐复苏。但比较我国珠宝市场而言，目前白银首饰的人均拥有量还很低，其市场销售额不足整个珠宝首饰市场销售额的十分之一，由此可见，中国白银首饰市场发展潜力巨大。

1. 银饰品的居民消费潜力巨大

近几年，我国国民生产总值持续以7%以上的速度增长，人均国民生产总值逐年上升，居民收入水平不断提高，有力带动了我国居民消费水平的上升。根据白银消费量占社会商品消费总额的比例，我国白银消费量也将会逐年递增。

2. 西部大开发进一步扩大西部少数民族的白银消费量

我国白银首饰主要消费市场在少数民族，是为了满足他们生活习惯和服装饰品的要求。1998年，我国政府提出西部大开发并给出相应的优惠措施，使得我国西部地区招商引资十分成功，经济有了相当快速的发展，人民生活水平也逐年提高。因此，我国少数民族白银饰品市场会更加繁荣，消费量将会进一步扩大。

3. 银饰品欲掀起第3次首饰消费时尚高潮

市场放开后，白银不再作为国家储备，价格随市场波动，人们对银饰品的消费观念已经不再是身份地位和保价增值了，更加注重的是一种前卫和时尚。随着现代自然简约主义的推崇，质朴而温润细致的白银首饰慢慢又被推上了前台，并越来越受到广大青年朋友的欢迎。我们有理由相信，继黄金、铂金潮流之后，我国白银首饰将会引领珠宝首饰的时尚趋势，掀起首饰消费时尚的第三次高潮。

4. 吸引更多国际珠宝商推陈出新，创造饰品消费新高

2001年，国际两大珠宝巨头CARTIER和TIFFANY在中国相继开业，香港、台湾地区珠宝商也在向内地转移，他们有着丰富的经验和先进的技术，特别是结合我国消费者的喜好而设计的饰品款式，新颖、时尚而不张扬，深得广大顾客的欢迎。但是，仅仅现在的几家是不够的，我国消费者的需求还远远没有满足，他们需要有更多的选择、更漂亮的款式，以及更好的抗氧化效果。随着我国白银市场的发展，我们相信，更多的珠宝商会汇聚我国，推陈出新，和我国银饰品厂商一起，共同创造我国银饰品消费的新高。

四、筹建上海白银产业开发区

2003年7月上旬，我国白银产业的龙头企业之一的上海坤泰企业发展有限公司和上海市松江区余山镇签订合作协议，就在上海市松江经济开发区建设“上海白银产业开发区”达成用地等一致意见。这标志着亚洲乃至全球最大的白银产业开发区正式进入筹建阶段。

上海白银产业开发区占地面积3000亩，是一个集生产、科研、加工、贸易、商务、物流、

展示、教育培训、文化、旅游于一体的综合性项目。届时将面向全球白银相关企业、包括和白银相关的电子高科技产业进行全面招商。

我国白银产业随着行业政策的放开，市场需求得到激发，产业发展明显加速，整个产业呈现了前所未有的发展前景。在此背景下，上海白银产业开发区的战略目标是构筑一个现代产业集约经营平台，利用上海这个全球瞩目的未来经济金融中心，做成全国乃至全球范围内最具规模和影响力的白银产业链的产品生产加工中心、贸易信息中心、科技研究中心以及白银文化中心，成为中国白银产业走向世界、世界白银产业进入中国的桥梁和纽带。

上海白银产业开发区是一个以白银产业为核心的产业集聚平台。其对于产业而言，将通过这样一个高度集约、快速推动、有效管理、公平竞争、良性循环的平台，进一步提高整个产业的运作效率，降低产业链总成本，加速培育市场、培育品牌企业，打造行业竞争力，从而提高中国白银产业的国际竞争力和国际地位。

商标注册成功后，还应注意商标注册是否全面、商标监测是否到位、商标制度是否完善、商标的期限多少等问题。其中尤为重要的是商标的续展和保护。我国《商标法》规定“注册商标的有效期为10年”，据此商标权利人在商标专有权期满后需要办理续展，到期后不及时办理续展的，该商标将被依法注销。

商标续展注册对企业而言是一个简单的法律程序，也是企业商标管理中的基本常识，只要企业在规定的时限内履行申请手续，一般都可以使专有权延续下去。

商标注册成功后，如果管理不善仍有丢失的可能。总起来看，有这样几种情形可以导致商标权丧失：超过商标的有效使用期而没有续展；商标权所有人连续3年未使用商标；商标权所有人不能保证商品和服务的质量，构成对消费者欺骗；自行改变注册商标的文字、图形或组合；自行改变注册商标的注册人名字、地址或其他注意事项；自行转让注册商标（未申请并获批准）；商标注册人死亡或终止，自死亡或者终止之日起1年期满，该注册商标没有办理转移手续的。

二、珠宝首饰外观创新设计申请专利保护状况

中国珠宝首饰外观设计申请知识产权保护的截止到2003年5月30日，据不完全统计总申请量有1294件，而真正拿到授权书的才约700件。从中国申请的情况来看，中国申请的外观设计专利占到90%，国外的占10%。但从外观设计质量来看，外国总体水平相对高于国内。

国外对产品外观设计的知识产权保护十分重视，其中日本的外观保护做得很好。2002年，日本企业通过政府提交了一份清单，希望得到知识产权保护，其中有80%是外观设计，其次是商标专利。

中国很多企业却意识不到，他们在外观设计上下了不少功夫，但他们习以为常，不知有法律保护，产品被别人抄袭，损失了利润，企业却还不知情。没有申请知识产权专利，新款就没有产权，别人抄袭就不算违法。如果有了知识产权，其他企业抄袭就属于违法。因此，只有及时申请专利，从时间和空间上占领先机，才能在维护自身权利时保持主动。

申请专利并不复杂，有申请书、图片（不同角度的视图）、简要说明、产品的类别。申请程

序为：申请—受理—审查公告—发证。目前，一套程序走完将近1年。如果企业拿到申请号及一个合法的标注，就可以拿到受理通知书。

三、珠宝首饰加工企业获准成为独立法人

我国是金银珠宝首饰加工大国，广东省是首饰加工大省。但是真正拥有独立法人资格的金银首饰加工企业不多，实力强、技术精、设备优的企业更是少之又少。很多民营企业特别是港资、台资企业都深切期盼着我国黄金管理体制改革，使各种经营性质的黄金首饰加工企业享受同等国民待遇。

随着黄金市场的开放，2003年3月国务院取消第二批行政审批项目。其中根据《国务院关于发布（中华人民共和国金银管理条例）的通知》、《国务院办公厅关于取缔自发黄金市场加强黄金产品管理的通知》，取消黄金制品的生产、加工、批发业务的审批；根据《国务院关于发布（中华人民共和国金银管理条例）的通知》、《中国人民银行、国家经贸委、国家工商行政管理总局、国家税务总局关于规范黄金制品零售市场有关问题的通知》，取消黄金制品零售业务核准。

但直至目前，各省工商管理部门并未接到放开首饰加工企业注册登记的通知。广东省东莞市工商管理局率先突破这一点，清除了长期困扰在加工企业面前的束缚与障碍，实现了各种经营性质的黄金首饰加工企业在同一起跑线上展开公平竞争。

四、现行黄金珠宝首饰税收政策概述

1. 黄金珠宝玉石首饰行业征税主要有以下几种：

（1）以销售产品为对象的间接税，也就是通常我们所说的流转税；

（2）以所缴纳的流转税为税率征收的所谓的附加税；

（3）以企业的经营利润为征收对象征收的直接税既所得税。

具体涉及到的税种有适用流转税范畴的增值税、消费税、营业税；适用附加税范围的有城建税、教育附加费等；适用直接税征收范围的企业所得税、房产税、印花税、车船使用税等。

1994年税收改革以后，除了把珠宝玉石首饰行业作为普通的货物征收增值税以外，实际上还把它作为一种特殊的货物在征收消费税。根据消费税的定义：贵重首饰、珠宝玉石列入消费税征收范围，具体的征收范围包括各种宝玉石、人工首饰、经过开采、打磨的各种珠宝玉石及贵金属首饰。1994年出

台的政策规定消费税税率是10%。经过三次调整，实际征收范围变成两部分，除了黄金、铂金、钻石及其饰品放到零售环节征收、税率从10%下调到5%以外，其他的一些宝石、玉石之类的加工首饰仍然还在生产环节征收，这类税率仍然执行10%。另外，把珠宝首饰、贵金属首饰作为普通的货物和其他的产品一样征收增值税，这就是现行的珠宝消费税政策。

2．与钻石交易有关的政策

中国政府制定的对外贸易政策把贸易分为三类：一般贸易、加工贸易、边境贸易（加工贸易又分来料加工和进料加工）。

中国海关的有关文件规定，全国钻石一般贸易必须经过上海钻石交易所报关，其他口岸和海关不接受钻石一般贸易。通过上海钻石交易所报关的钻石实行零关税，同时免征进口环节增值税和消费税，消费税放在零售环节征收，税率为5%；钻石在上海交易所内交易，不征收增值税，国内钻石进入交易所，可享受出口退税待遇，钻石加工环节的出口退税率从原来的13%改为足额退税；钻石通过上海钻石交易所进入国内，免征进口关税，只征17%的进口环节增值税；这是目前钻石税收和管理上的政策。

3．与黄金珠宝首饰进口相关的税收政策

根据入世协议，中国加入WTO后珠宝首饰行业总的趋势是：将逐步降低贵重珠宝及其原料的进口关税。钻石交易已率先实现免征进口关税，但其他宝石以及珠宝首饰成品的进口关税仍然很高，同时还要缴纳进口环节增值税。

2003年珠宝首饰（包括：金、银、未列名贵金属首饰及其零件；以贱金属为底的包贵金属制首饰及其零件；银制器皿及其零件；其他贵金属器皿及其零件；以贱金属为底的包贵金属制器皿及其零件；天然或养殖珍珠制品；宝石或半宝石）进口关税税率一律为35%。

第二节　新产品介绍

一、透碳浮镶钻石

采用透碳浮镶工艺的蓝钻首饰晶莹剔透、光彩四射，让人耳目一新。该工艺是数十年研发和完善的成果，曾获得戴比尔斯的认证及美国的专利。这种透碳浮镶工艺必须采用一种特殊的物质——透碳化合物，它通体透明，且极其坚韧耐磨，硬度可达9.5，能将钻石牢固的镶嵌在上面，并将任何方向入射的光线完全反射。它的另一特点是与传统爪镶不同，爪镶往往将钻石表面20%～30%部分掩盖，而透碳浮镶则将钻石所有美丽的刻面完全展露，让钻石更加闪亮夺目。

透碳浮镶与设计师的大胆设计结合，把蓝钻首饰演绎得更加美妙绝伦。透碳化合物目前不是一般公司能做的，蓝钻首饰的透碳浮镶工艺难度很大，所以市场上少有仿造者。蓝钻首饰的独特被广大消费者看好。

二、梅花钻石切工

真诚美钻石国际（香港）集团有限公司在深圳市高交会馆发布了其发明的钻石梅花切割技术。钻石梅花切割方法的出现向传统切割方法提出了挑战，向世界证明了中国本土先进的钻石切割技术。梅花钻石是一种新的圆明亮式琢型钻石，传统的标准明亮式琢型具有57个刻面，梅花琢型具有81个刻面，在冠部、腰棱和亭部均有创新。主要特征是亭部的第四刻面、第五刻面均为四边形，第六刻面近似三角形，且每个刻面的数量都为16个。刻面的相交点恰好形成一个梅花形。

真诚美公司认为传统切工已经不能完全适应人们不断追求更新款式的心态。当钻石较大时，传统切工闪烁不足，刻面的安排和角度也不够理想。梅花琢型对钻石刻面进行了更合理的安排，使钻石反射的亮光和火彩效果更佳，具有更好的明亮度。

业内人士认为，钻石的切割方法应该像首饰的款式一样，出新品，有新突破才能更好地带动市场的运行。同时新切割方法的试制是个漫长的过程，既要利用全内反射的光学原理使钻石看上去明亮，也要在角度的安排上对称合理。国外有多年使用钻饰的历史，所以在切割工艺上已有较为成熟的发展，比利时、印度、以色列等国家在风格上各有特色。是否具备开发“钻石新琢型”能力已成为证明该国总体工艺水平的重要标准之一。中国现代使用钻饰的历史不长，但新方法的出现，证明中国的工艺水平上了新台阶，跻身为世界少数具有琢型开发能力的国家之列。

人们通常根据净度（Clarity）、颜色（Color）、切工（Cut）、重量（Carat）这“4C”标准来评判钻石品质。“4C”中惟有“切工”最能展现钻石美丽的华彩。由于梅

花切工增加了钻石的刻面，这种复杂的工艺使钻石原石的损耗极大。因此采用梅花切工工艺切割的钻石更加珍贵。

梅花切工为钻石文化赋予了更加丰富的内容，它更加细腻地诠释了钻石高贵、寓意成功等内涵。北京最大的黄金珠宝特色经营店——菜百公司独家首推梅花切工钻石首饰，即让广大消费者看到国内钻石切割的最高工艺技术，又进一步宣传了首饰文化。

三、66刻面新款钻石

以色列钻石商schachter & Nandar polishing Works Ltd.为改进产品质量，增强市场竞争力，最近推出一种称之为Leo Cut（狮子座切割款式）的钻石切割新款式在我国加工销售。

这种Leo Cut钻石款式呈圆形，但有66个刻面，它在圆钻形切割款式的亭部增加了9个刻面。其优点是通过所设计抛光的Leo Cut款式的钻石都带有证书。其市场销售价比一般圆钻形钻石的售价高10%～15%。这种新款钻石可以镶单粒钻石首饰，也可以在周围加镶配石，所镶首饰即可以作为年轻人的结婚首饰，也可以作为具有独特款式的钻石首饰赠品。

该公司目前可以提供的Leo Cut款式钻石产品包括有各种颜色、净度及规格。但是大部分为颜色（I色以上）比较好、净度（SI以上）比较高的产品。

该公司除了在本土有加工厂以外，在中国也有Leo Cut款式钻石的加工厂。该公司认为中国钻石市场具备很好的销售前景。

四、高纯度铂金镶嵌

克里斯公司推出铂金含量达到99.9%高纯度铂金镶嵌饰品系列，以求在公司成立之初，即在业内强占一席之地。

该高纯度铂金镶嵌系列的生产技术为瑞士克里斯公司与日本公司合作开发的最新金属纳米冶炼专利高科技，它运用独特的冶炼方法和铸造工艺，处理后的铂金较Pt900的色泽更加光亮，耐磨和耐腐蚀性更强，硬度更高，完全适合于首饰的镶嵌，展现出高纯铂金饰品更加绚丽光彩的本色，开创了国内高纯度铂金镶嵌之先例，打破了纯金不可镶嵌的定论，满足了消费者对高纯度铂金的需求。

五、钻石加工设备

欧极钻石设备公司首次于2003年参展上海国际钻石珠宝展，其展品在本次展会上大展风采，引起业者的关注，洽谈、订货颇为踊跃。欧极钻石设备公司本次主要参展的设备有检测仪和刻字机8个系列。

检测仪可检测钻石毛坯的体积、重量及质量，包括有无裂痕、砂眼和杂质等。检测仪可根据钻石的特点，推荐几种可行的切割设计方案。还能测定切割、加工的精确度和4C。激光刻字机可在0.1克拉的钻石上刻字、打标记和图样，而且字体、标记图样清晰、美观。

欧极这些高科技的仪器设备功能全、精密度高、体积小、携带方便。在印度、比利时、美国等国家以及我国香港地区颇有声望，市场广阔。

第三节 行业信息

一、首饰零售行业中第一个VIP企业

随着国际上流行的VIP经济日渐引入我国内地，上海珠宝首饰业也已开始推行VIP，上海钻石会前不久应运而生，成为沪上首饰零售行业中第一个VIP企业。

发达国家的现代商业，都在推行VIP经济，锁定的目标顾客都是高层次的消费者，其VIP销售已占这类店铺商品销售总额的相当比例。近年来，VIP经济模式开始渐渐被我国商家采纳，上海是国际大都会，中国最大的消费城市，一些商家已捷足先登，引进了VIP经济。这一经济特点是高档消费，珠宝首饰乃高档消费品，尤其是钻石饰品。于是，上海钻石会应运而生，它坐落在上海最大的珠宝首饰集散地豫园商旅区。

上海钻石会经营的商品全部是珠宝首饰中的高档次精品，分裸钻与镶嵌饰品两大类。裸钻以克拉钻为主，大到3克拉，而且设立回购业务。镶嵌类的既有镶钻石的，也有镶高档翡翠、祖母绿、红蓝宝石的，都是豪华型的，而且一品一款，举世无双，非常名贵华丽。售价大多万元以上，昂贵的精品、绝品，则标价数十万元。

上海钻石会在沪上首饰业中首推会员行销理念。会员填写了登记表，持有VIP卡。钻石会向每一位会员提供优质、周到、全方位的服务，不仅热情帮助会员挑选最合适的饰品，还为会员的饰品建立专门的首饰档案，并为会员指定私人首饰顾问，提供咨询服务。钻石会的保养和设计师，也会主动为会员提供个性化的服务。根据会员的档案，在每位会员生日这天，钻石会就会送去鲜花和贺卡。会所有关最新产品及流行资讯等资料，每位会员也首先获得。钻石会同时开通了服务热线，能有求必应，无微不至地为广大会员和顾客服务。

二、我国海水养殖珍珠项链销售稳定

我国海水养殖的akoya珍珠，目前达到首饰用品级的总产量约有15～20吨。规格6.5～7.5毫米品级的产量约占总产值的10%；8～8.5毫米大小的中国海水养殖珍珠数量很少，还没有达到规模化商业生产水平。当前，当前从市场销售情况看，相对还是比较稳定的，一条顶级的7毫米中国海水养殖珍珠项链销售价格可达400美元以上，这主要是因为中国海水养殖珍珠中优质品级，特别是顶级产品产量下降，供不应求。现在，中国海水养殖珍珠原料（散珠）市场售价为每公斤800～2000美元。

三、警惕染色的金色南洋珠上市销售

近两年来，南洋珠市场需求平稳，特别是金色珍珠备受青睐，需求增长，价格上扬。但是，

近来市场上常有染色的金色南洋珠出现，已引起了珍珠商和消费者的注意。特别值得注意的是染色后金色南洋珠在市场上有增多趋势。染色的金色南洋珠的特点是金色过深，而且有金属光泽金色、金色不均匀。

四、珠母贝首饰原料需求增长

由于世界首饰市场珠母贝首饰流行趋势增长，珠母贝首饰原料的需求也随之增长。目前加工珠母贝饰品所需的MOP原料主要来自澳大利亚、中国、印度尼西亚、菲律宾、法属波利尼西亚大溪地岛及中国台湾等国家和地区。A级为优质品，一般多为颜色好、光泽好、珠层厚，多加工高档首饰之用，直径为50毫米的MOP，每件批发价为5～10美元。MOP价格高低主要由光泽、颜色及大小决定。B级产品，多有较多的瑕疵，只能切割加工可用部分，并要在其上进行抛光或雕刻纹样，其每件批发价多低于1美元。

五、中高档翡翠首饰走俏欧美市场

美国及欧洲的消费者对中高档翡翠首饰的消费兴趣和信心正在增长。中高档翡翠首饰的国际拍卖会对此起了重要的推动作用。美国、欧洲市场目前最走俏的翡翠首饰为现代设计款式，常是翡翠与钻石或优质高档有色宝石和镶的翡翠首饰。

六、优质碧玺供不应求

著名的碧玺产地巴西的优质碧玺一直都是市场销售的抢手货，供不应求。近年来，产自尼日利亚和纳米比亚的浅蓝绿色碧玺，无论品质还是颜色堪称佳品，市场非常走俏，特别是重3克拉以上的优质浅蓝绿色更是需求强烈。目前世界碧玺市场以红色、粉色碧玺销售最好，相比之下，绿色碧玺销售走势平平。市场上红碧玺产品好销，但原料短缺，碧玺的原料主要是来自巴西和尼日利亚。

七、非洲的海蓝宝石走俏

近些年来，产自尼日利亚、莫桑比克以及马达加斯加的中、高等色级的海蓝宝石在世界市场很走俏。单粒重3～10克拉的海蓝宝石，批发价每克拉卖到120美元，产品还供不应求。小标准规格的海蓝宝石，特别是2毫米大小的圆形和公主形海蓝宝石卖得也很好。市场上俏销的海蓝宝石主要是适合镶嵌戒指、胸坠以及胸针（胸花）的海蓝宝石。

八、粉色绿柱石成为粉色宝石的佼佼者

粉色绿柱石是一种稀有的有色宝石，浓艳的粉色绿柱石主要产自马达加斯加，与粉色蓝宝石、粉色碧玺相似，它是一种非常好看的粉色宝石，其突出的特点是具有最佳粉色且颜色均一；另一特点是易于加工切割，因为它没有解理。市场上单粒重3～8克拉，属中大规格者最好卖，特大的最佳粉色绿柱石最抢手。小规格的粉色绿柱石由于颜色太浅销售一般。粉色绿柱石最适销的价格是每克拉30～70美元。市场上卖的粉色绿柱石除了马达加斯加产的以外，还有巴西生产的。

九、扩散法可处理出13种不同颜色的黄玉

印度Manuj Goyal 公司用扩散法生产加工成多种色彩鲜艳的改色黄玉，在市场上以“Spice Topaz”品牌名称销售。目前已生产改善处理出13种不同颜色的“Spice Topaz”品牌黄玉。在贾善尔的加工处理工厂，月产品牌黄玉共计100000克拉。这种品牌黄玉的规格在1～30毫米之间，其标准规格的产品批发价为每克拉1.5～4.5美元。这种品牌黄玉已在泰国、中国香港地区、美国及欧洲展销。

【第五章】

投资商机

The opportunities on investment

第一节　珠宝首饰——保值升值

珠宝以其便于携带、易于保存而备受藏家青睐，成为不少人投资理财的首选。不过，并不是所有的珠宝收藏都包赚不赔，正如股票不可能只涨不跌一样。而一个精明的投资者会谨守这样一条法则：与其多而廉，不如少而精。

10年前，钻石取代了黄金的地位，成为国际公认的硬通货。每年钻石的价格都平稳上涨7%左右，而1997年更是连涨两次，达15%。是不是所有的钻石都在年年升值？并不是这样。0.5克拉以上的成品钻石每年在上涨，0.2～0.5克拉的钻石不涨不跌，0.2克拉以下的钻石往下跌。钻石价格上涨幅度稳定，是一种较稳妥的收藏，应选择0.5克拉以上、级别较高的钻石。钻石越大，级别越高，升值潜力越强。

有色宝石由于产量少、需求大，近年来在国际珠宝市场，高档红蓝宝石、祖母绿的价格上涨惊人，少数珍品的价格已超过同样大小的钻石，其中1克拉以上的高净度红宝石、祖母绿涨幅最高。高档有色宝石的升值潜力巨大，但对货品要求较高，作为收藏要求重量要在1克拉以上，净度要高。而低档有色宝石不仅不能升值，反而会贬值。

翡翠被人们称之为玉中之王。中国人对翡翠情有独钟，越来越多的西方人也开始收藏翡翠。翡翠的储量非常有限，全世界高档翡翠原产地仅限于缅甸北部的一小片区域，远比钻石和其他珠宝稀少。目前，即使一二百元的翡翠亦有升值潜力，而高档货品不受行情下跌的影响。

第二节　黄金基金——风险低、交易便利

2003年3月28日，世界首创的黄金基金在澳大利亚的股票交易所上市。基金向个人与机构投资者开放。每份基金代表1/10盎司黄金，是交易的最小单位。必要时可以把基金换成金条。

该项目由世界黄金协会和金条公司共同启动。黄金的直接买卖由汇丰银行负责管理。发行黄金基金的目的是为养老基金等提供一个投资机会。

澳大利亚发行的黄金基金属于世界首创。过去投资者要购买黄金，要到银行办理，其价格是由银行决定，而不是当时的黄金市场价格。更多的投资者投资黄金的主要方式是购买金币，需要变现时到出售点由其回购。而黄金基金则是由投资者购买基金，然后由管理者将资金买成黄金存放，投资者不用亲自和黄金的金属打交道，自然有很多好处。

与投资黄金相比，黄金基金有如下几个特点：

1. 基金的起点低

每份基金只有1/10盎司，交易时的差价只有5澳分，大约相当于每盎司黄金相差半澳元（黄金现货市场上的差价是每盎司1澳元），这样就为零散投资者进入黄金市场提供了方便。

2. 交易方便

因为基金是在证券所内上市，买卖方式和股票相同，因此可以通过上网方便的实现买入和变现。

3. 价格直接和国际黄金市场接轨

因为国际黄金市场的金价可以通过互联网或者其他手段方便地查到，这样就可以保证投资者直接根据国际黄金市场的金价进行操作，减少了风险。

4. 持有成本低

和持有实物黄金相比，其运输、保管等的费用和风险都较小。由于管理基金的汇丰银行是直接参与伦敦定盘会的大黄金做市商，因此黄金交易有可靠的保证。

第三节　个人黄金——具有抵御通货膨胀的能力

我国银行目前针对个人黄金买卖业务开展的交易方式主要是以金条、金币为主的实物交易。有四大商业银行提供服务，农业银行“传家之宝”、建设银行“龙鼎金”、中国银行“黄金宝”、工商银行“牡丹金”。各家叫法虽不相同，但实际上都是凭借银行良好的信誉和资金保障，为投资者提供黄金买卖业务。未来还将开办黄金存折业务，个人可以在银行开立黄金账户，并通过账户内的资金划拨来进行黄金的买卖，以避免实物交易带来的风险。

黄金价值变化微小，流动性高，是对付通货膨胀的有效手段。买卖实金盈利低，但风险也低，炒作纸黄金（标准合约）相对盈利高，但风险较大；实金的维护成本高，纸金的维护成本低。如果对期货市场以及黄金价格变化具有一定的基础知识和专业分析能力，还可参与黄金期货投资获利。

一般来说，无论黄金价格如何变化，由于其内在的价值比较高而具有一定的保值和较强的变现能力。从长期看，具有抵御通货膨胀的能力。

投资者对黄金这类产品和影响其价格走势的各方面因素都要十分了解，其中包括国际政治

经济、黄金供求状况、国际黄金冶炼厂商及其需求、企业的经营状况、金价在技术层面是什么样的态势、当前几大国际黄金市场的情况，等等。个人炒金一方面要立足于上海黄金交易所，另一方面又要与国际市场价格保持同步。在香港、伦敦、纽约等地都有著名的黄金交易所。因此，炒金者不仅要关注上海金价，还要关注伦敦等地相关市场的价格变动。

炒金者要根据金市的一般规律与特点，正确地制定自己的投资策略：

1. 要捷足先登，先下手为强

在个人炒金业务开展初期，国内金价估计会出现较大幅度的起伏波动，黄金价格上涨会持续一段时间，这个时候“吃进”黄金，赚的概率要大些。

2. 做一名稳健的投资者

黄金价格波动相对不大，风险较小但获利空间也相应要小，实现暴利的可能性不大。正确的炒金心态是根据金市股市平稳的特点，锱铢必较、日积月累、细水长流。

黄金投资与外汇投资有很大的可比性，可以互为参照，炒金者可以拿外汇市场的投资技巧与方式再加上黄金的特点来进行投资。但收益性会因人而异，要看炒金者的投资天赋、本金及收益率，炒金的投入相对来说比较大，10万元左右是收益好的底线，将收入的1/5投入金市是比较安全的资金分配方式。

第四节　黄金矿业股票——适于中长期投资

完善的黄金矿业股票分析应该包括一般证券分析的3个基本方面：基本分析、技术分析和相关市场分析。然而所有这些分析只是为投资者提供一个决策参考，要做出最终的投资还必须结合其他因素以及投资经验等，对市场和所有关心的股票作出相应的分析和判断。另外，这些分析的前提是基于中长期投资，所以对短线操作并无多大指导意义。

1. 基本分析

实际上基本分析就是基础性分析。对于一个黄金矿业公司来说，基本分析主要应该关注公司的黄金地质储量、黄金产量与市值的关系、公司的经营管理水平、生产成本、矿山寿命（服务年限）、机构投资者的参与、兼并或收购的动向、市价盈利率、每股盈利等指标参数。

●黄金地质储量

与其他矿业一样，黄金开采业也是一个消耗自然资源的行业。或者说，黄金矿山企业是高度资源依赖的企业。所以，黄金地质储量是一个黄金矿业公司能否可持续发展的决定性因素。一个好的黄金矿业公司，其黄金地质储量总是处于不断增加的状态，或者至少在未来几年之内具有稳定的储量保证。

另外一点是，矿山公司应该有计划地每年投入一定的财力、物力和人力不断进行寻求新资源的勘探工作，以确保公司的长远发展。

为了有一个定量的概念，可以计算一下矿业公司的总市值与公司所拥有的总储量之间的比率，以便于在同类矿业公司之间进行资源状况的比较分析。储量/股票价格比的计算方法如下：

$$\frac{\text{储量}}{\text{股票价格比}} = \frac{\text{总储量}}{\text{股票市值总额}}$$

●市值与黄金产量的关系

分析黄金矿业公司的市值其主要目的是判断其股票是否处于超值状态。对于矿业公司来说，一个很好的办法是分析其股票发行总量与公司占有储量和年产量之间的关系。而后者也可以用来与同类公司进行平行比较。在国外，股票分析师们都比较乐于采用一个叫做“产量市值比”的指数进行分析，产量市值比即某一公司生产1盎司黄金所产生的市场价值：

$$\text{产量市值比} = \frac{\text{股票市值}}{\text{总产量（盎司）}}$$

●黄金生产成本

显然，在正常情况下，金矿公司的单位生产成本（元/克或元/两）越低越好。因为生产成本是企业盈利水平的反映，成本低盈利空间就大，经受价格波动冲击的能力就强。但是在金价上升时，在杠杆效应的作用下，成本高的公司有时会受到市场更多的关注，特别是那些生产成本接近盈亏临界点的情况，金价预期上涨之间尤为如此。近年来南非有些高成本金矿公司的情况就是这样。

有些人认为，金矿的矿石品位很重要。其实矿石品位高的矿山盈利水平不一定高，因为开采还要受诸如埋藏深度、开采方式、矿石可选矿性等多种因素的影响。而这些因素的影响最终都要反映到生产成本上。所以我们没有把金矿石的品位作为分析依据。

●矿山寿命（服务年限）

矿山服务年限是黄金矿业公司可持续发展的标志，一般来说一个处于良性发展的金矿公司，其所有金矿的平均服务年限应该不低于 7～10 年。

●机构投资者的参与

如果股东中有知名的机构投资者，这对于普通股民来说无疑是一粒“定心丸”。因为这些机构更懂得如何评估一个矿业公司的实际状况。否则，在对黄金矿业作出分析时，就要做更加深入的研究。

●兼并或收购的可能

兼并重组是市场整合的过程。某一公司在兼并重组的活动中是否受益，视具体情况而不同。有的兼并重组属于强强联合，有的则属于因经营不善或者其他问题被大公司吃掉。所以必须具体情况具体分析。但无论如何这种活动都会给股票价格带来较大的冲击。

●市价盈利率（本利比）

●每股盈利

上述两项指标都可以用于将您所关注的黄金公司与同行业的其他公司进行比较，这些参数和指标包括当前指标和历史指标。

1. 技术分析

国外的不少股票分析师并不推崇技术分析。他们认为技术分析远不如基本分析科学和准确，另外对普通投资者来说技术分析太复杂，难以理解和掌握。尽管如此，我们还是将国外股票分析师们常用的一些技术方法列出，以供参考：

- 趋势线分析
- 50天和200天移动平均线分析
- 漫步随机指数分析
- 相对强弱指数分析（RSE（14））
- 平滑异同移动平均线分析（MACD，又称移动平均收敛发散指数）
- 资金流向指数分析
- 动能分析

2. 相关市场分析

可以说，所有市场都有不同程度的相互关联，比如说，美元贬值金价一般会受关联。尽管由于某些外部原因，个别相关市场会出现短时间的例外情况，但从长远的观点看，其相关属性是必然的。与黄金股票相关的其他市场因素主要有：黄金市场（金价、贷金利率等）、股票市场、外汇市场（美元及其他货币的汇率）、货币市场（利率）以及石油市场等。

第五节 黄金投资工具——黄金饰品、黄金股票、黄金基金、黄金理财账户、纸黄金等

黄金投资工具又称黄金金融工具或黄金投资媒介，是资金投资者选择其中的一种或数种参与黄金市场的运作，以获得其保值增值之目的的主要手段。

一、黄金投资工具的产生及意义

在18～19世纪的欧洲市场上，刚开始人们使用的是最为单一的实金交易，由此产生了场内

交易使用标金的趋向。随后又出现了专事买卖交易，但又不需要提取黄金的黄金投机者，市场借鉴银行的金融工具——存款账户的簿记格式、记账方法，产生了黄金账户这一黄金投资工具，以满足这部分专事黄金买卖以获取价差收益的投资者需要。黄金投资工具的产生，简化了黄金市场买卖交易、清算交割的手续，减少了投资者的交易费用，并为其提供了规避市场风险的手段，满足了各种投资者的需要，而随之迅速发展起来。

二、黄金投资工具的种类

在国际市场上，黄金投资工具的种类比较多，并且随着金融衍生产品的不断创新，新的投资工具仍在继续不断地在黄金市场上出现。目前主要有以下几种：标金、金币、黄金账户、黄金饰品、黄金股票、黄金基金、黄金理财账户、纸黄金。

第六节 制约金价的元素——通货膨胀、美元汇率等

从金价走势来看，美元走强或欧元走强，都给金价施加压力。如何把握黄金市场的后势，摸清金价涨落的规律，有必要掌握了解制约金价的几个元素。

一、通货膨胀对金价的影响

最近一年来原材料价格持续上涨，全球部分地区的通货膨胀率正在抬头。黄金是对抗通货膨胀的利器，金价与通货膨胀水平高度相关。

当市场意识到通货膨胀抬头，就会有更多的资金买入黄金以求资金得到保值。一般来说战争及经济动荡对金价有明显的影响，但是这种影响只是短期的。真正主导金价走势的，是通货膨胀率的变动趋势。就连经济增长率的变化，对黄金价格的影响也不会是一成不变的。经济繁荣时期，黄金的消费量可能会提高；但是在经济低迷时代，证券市场疲弱，金融体系处于混乱状态下，利用黄金进行保值的需求也可能会突然增加。

二、美元汇率对金价的影响

在美国经济蓬勃向上时，人们的惯常思维是持有美元对自己的资产进行保值增值，但现在由于美国的经济基本面存在着问题，所以当

投资者渐渐远离美元之际，黄金将受到垂青。此外，日本央行一直在打压日元汇率；欧元也毕竟是一种年轻的货币，而且受到赤字过大的影响。所以市场应该会选择黄金。目前世界上主要的强势货币是美元、欧元以及日元，由于黄金是以美元计价的，欧元走强使得欧洲投资者的黄金购买力增强了，所以当美元上涨时，以美元计价的黄金价格会下跌，当美元下跌时，黄金价格会上涨。

三、欧元与黄金之间的相关性

美国经济形势虽然差强人意，但欧元区和日本的经济形势更糟，难以支撑欧元和日元进一步走强；另一方面，美元汇率暴跌势必引起国际金融市场的剧烈动荡，甚至危及美元在国际货币金融体系中的核心主导地位。从中长期看，强势美元的经济基础已不复存在，美元汇率将逐渐下调到与美国经济新的低速增长趋势相适应的合理水平之上。从美国国内来看，白宫为避免美元贬值矫枉过正形成危害，必会守住美元贬值的基本底线；其次，存在强大的阻止美元贬值的国际因素。欧、日不会对美元暴跌坐视不管。欧洲央行整体认可美元贬值，将目前欧元对美元的汇率视为经过前几年急剧下跌后的一种“修正”，但同时也亮出自己底线，表明美元汇率现已经接近“正常水平”。日本最近以来则不断强调，政府将根据需要采取果断措施稳定日元汇率。所以目前美元对欧元的可能已经到了阶段性的低点，这也直接对黄金价格产生了压力。尽管美联储将利率降低25个基点低于市场预期的50个基点，但对美元来说还是利空消息，美元在超低利率背景下很难转强。中线看来美国降息利好于黄金，因此金价趁美元弱势再涨一阵的可能性很大。

四、其他因素对金价的影响

一个逐渐成熟的黄金市场影响它的因素有很多，有时金价脱离基本面运行，走出本身的独立行情，而不只是依赖美元的走势。实际上，从6月中下旬黄金市场情况看，黄金与日元的表现几乎毫无关系，黄金与欧元之间的密切关系已有所松动，黄金走势独立于汇率走势的苗头已有所显现。

第七节　中国居民黄金投资调查——家庭财产保值的有效工具

近年来，银行存款利率不断下降，但人民币的储蓄总额不仅不降，反而快速增长。这并不是说人们安于现状，只是苦于没有更好的投资手段，百姓更急迫地期盼着盈利高、风险小的投资产品出现。而黄金投资正是被普遍认同的投资风险比较小、更安全的投资方式。因此，当上海黄金交易所正式运行前后，社会媒体关注的热点不是上海黄金交易所本身的新闻，而是关注什么时候可以“炒金”，进行黄金投资。

中国黄金报、北京黄金经济发展研究中心和中金黄金股份有限公司合作于2003年在北京、上海、天津、广州、深圳、武汉、昆明、沈阳、西安、洛阳等十个城市进行了一次民众黄金投资的问卷调查，结果经人民大学舆论研究所社会统计软件处理后得出了8万多组数据。

调查结果表明：开放黄金投资市场受到大多数受访者的认同，表示赞同和比较赞同的受访者近7成，不赞成的仅为3.2%，这是一个大经济背景的客观反映。依据调查结果对我国黄金投资者行为特点进行分析，表明黄金在我国各社会人群中都有很高的认知度。本次调查选择喜欢和比较喜欢黄金的受访者为70.3%，选择不喜欢的有3.7%。这个结果与2001年对黄金首饰的消费调查结果惊人地相似。对于黄金认知度在不同性别、年龄、职业、收入的群体中都超过了60%，最高达90%。

我国居民之所以选择黄金投资，与其说是为了获得一个民众投资盈利的新途径，不如说更是民众所需的一种家庭资产保值的有效工具。因此，在我国目前股票证券市场低迷、存款利率下降而使民众资产缩水的情况下，以资产保值为突出功能的黄金投资就格外的抢眼了。

至于我国居民为什么广泛喜爱黄金，调查结果也揭示了这样一个市场密码：扩大我国黄金市场需求，仅靠单一地启动和扩大黄金首饰的需求是不够的，必须推动黄金投资市场。黄金投资、民间藏金有更大的需求潜力。

【第三篇】

行业专栏

Third chapter Special column

【第一章】

中国名牌产品

China top brand

中国名牌产品——黄金首饰

当今，在没有硝烟的世界商战中，决定胜负的武器是文化、知识、品牌与形象。名牌之争就是民族工业的命运之争，衡量一个国家的综合实力可以从它拥有多少世界名牌看出。塑造更多的世界级中国名牌是中华儿女共同奋斗的目标。

中国宝玉石协会经过三年多的努力，终于将珠宝首饰业中黄金首饰列入到中国名牌产品的评价目录。培育更多的珠宝首饰行业中国名牌并发展成为世界名牌是中国宝玉石协会和全行业的共同愿望。中国名牌战略推进委员会决定在珠宝首饰行业中评价中国名牌产品是对我们行业的肯定、支持、鼓舞和鞭策。加快珠宝首饰行业的品牌培育是行业中一项具有战略性的重要任务。

珠宝玉石首饰行业有着悠久的历史和灿烂的文化，既是一个古老传统的行业，在我国又是一个新兴的行业，改革开放后政府不断调整了一系列税收政策、进出口政策和管理措施，使行业得到了迅速发展。目前，我国珠宝玉石首饰的市场份额已由前几年仅占全球1%跃升到占全球20%的地位，仅次于美国和日本。2003年总销售额超过了1000亿人民币，出口达到了30多亿美元，生产加工企业有3000多家，销售企业有2万多家，从业人员300多万人，为国民经济的发展做出了重要贡献。同时，随着社会的发展进步、人民生活水平的不断提高，珠宝玉石首饰从昔日王公贵族们的奢侈品，成为当今社会大众美化生活、沟通情感、陶冶情操的时尚消费品。

我国黄金首饰质量稳定，市场信誉度高，黄金首饰企业注重品牌的培育和推广，且均已建立了完善的质量保证体系，通过了ISO9000质量管理体系认证。在严格执行国家标准和行业标准的同时，企业大多又制定了高于国家标准或行业标准的企业内控标准，并有先进的检测仪器和检验中心。

黄金首饰产品的行业集中度高，市场占有率、企业经济效益在行业内均排名前列，很多企业都是当地的支柱企业和纳税大户。

黄金首饰产品市场规模大、覆盖面广，份额占整个珠宝玉石首饰的30%左右，有严格规范的技术指标，容易考核。

黄金首饰的市场发展空间巨大，美国等发达国家人均黄金拥有量为15克，而我国只有0.2～0.5克，市场潜力巨大。

藏金于民符合国家的有关政策，对国家发展与稳定起着重要的作用。我国已成为黄金首饰的重要加工国和消费国，黄金首饰的消费量居世界第三位，仅次于印度和美国。

黄金首饰生产加工业既是一个资金密集型、技术工艺密集型的产业，更是一个劳动密集型的产业，手工制作是主要的生产加工方式，对我国这样一个13亿人口的大国解决就业问题有着极其重要的作用。

所以，将黄金首饰列入中国名牌产品的评价目录有着重要的意义。

中国名牌产品——黄金首饰九家品牌是：ADK爱得康、同心、安盛华、老凤祥、宝亨达、明牌、金皇、翠绿、福辉。

深圳市甘露珠宝首饰有限公司

佛山市工艺总厂有限公司

深圳市安盛华实业发展有限公司

上海老凤祥有限公司

深圳市宝福珠宝首饰有限公司

浙江日月首饰集团有限公司

武汉市金凰珠宝有限公司

深圳市翠绿珠宝首饰有限公司

福州福辉珠宝有限公司

恭贺

深圳市甘露珠宝首饰有限公司

佛山市工艺总厂有限公司

深圳市安盛华实业发展有限公司

上海老凤祥有限公司

深圳市宝福珠宝首饰有限公司

浙江日月首饰集团有限公司

武汉市金凰珠宝有限公司

深圳市翠绿珠宝首饰有限公司

福州福辉珠宝有限公司

九家企业生产的黄金首饰被评为

中国名牌产品

中国名牌产品
CHINA TOP BRAND
爱得康首饰
ADEKA
爱得康首饰
深圳市甘露珠宝首饰有限公司　深圳市翠竹北水贝一路4号20栋万基大厦4楼
TEL:0755-25624888　FAX:0755-25604188　PC:518020
SHENZHEN GANLU JEWELRY CO.,LTD. Address:4/F.20 Bldg.wanji Mansion 4#.Shuibei No.1 Rd. Cuizhubei,shenzhen htttp://www.adkchina.com ADK@ADK
中国质量服务信誉AAA级企业　中国珠宝首饰业驰名品牌　通过ISO9001:2000认证

深圳市甘露珠宝首饰有限公司

总经理：郑焕坚

"ADK爱得康"黄金珠宝首饰是深圳市甘露珠宝首饰有限公司经营生产的全国驰名珠宝首饰品牌，其品牌产品荣获国家质检总局颁发的"中国名牌产品"荣誉称号。

经过数年沥心耕耘，深圳市甘露珠宝首饰有限公司成长为一家专业从事黄（K）金、铂金、钯金、银饰、钻石、珠宝镶嵌首饰等产品的研发、生产、加工及销售服务，集技、工、贸为一体的大型黄金珠宝首饰企业。公司总部坐落在深圳黄金珠宝首饰行业集散基地——水贝万山工业区内，占地面积20,000多平方米。经过近十年的发展，企业的总资产达数亿元，现有员工2500多人，拥有数家全资、控股及参股子公司。企业成功地建立起一套完整的采购体系、生产体系、服务体系、营销及分销体系、技术开发体系和企业战略规划体系，体系的有效运作和健康发展，促使企业的竞争力大大地提高。"ADK爱得康"品牌的社会价值和社会地位在消费者心中的影响和地位不断地提升和发展。"ADK爱得康"品牌产品的国内市场占有率、顾客满意度、出口创汇水平等各项经济指标均实现快速增长，市场评价指标也呈现蓬勃向上的良好态势。

公司创建至今，不断地引进、吸收、消化国际上最先进的首饰制作加工理念、技术与机械设备，在珠宝首饰生产加工行业中率先引进意大利首饰加工的"大工业加工理念"，即以部件标准化、组装标准化为基础逐步取代手工制作的加工比例，使得首饰生产可以大量化、标准化，保障批量生产的产品质量。公司建立、健全了国际先进的质量管理体系（英国UKAS认证的ISO9001-2000标准），采用先进的企业信息化系统（ERP企业资源计划），促使"ADK爱得康"首饰的产品质量管理得以高起点、高姿态、高水准的腾飞，取得了在中国黄金珠宝首饰行业的领先位置。

公司创建至今，每年设计开发黄（K）金、铂金、钯金、银饰、珠宝镶嵌等各类品种逾30,000多个花色。尤其是近两年开发生产投放市场的"爱相随"、"水中花"、"含露系列"、"盈润系列"、"思念系列"、"曼妙金彩"等系列珠宝首饰产品，畅销大江南北城市、乡村，深受广大消费者青睐。"ADK爱得康"品牌产品始终致力于开拓国内、国际市场，今天的"ADK爱得

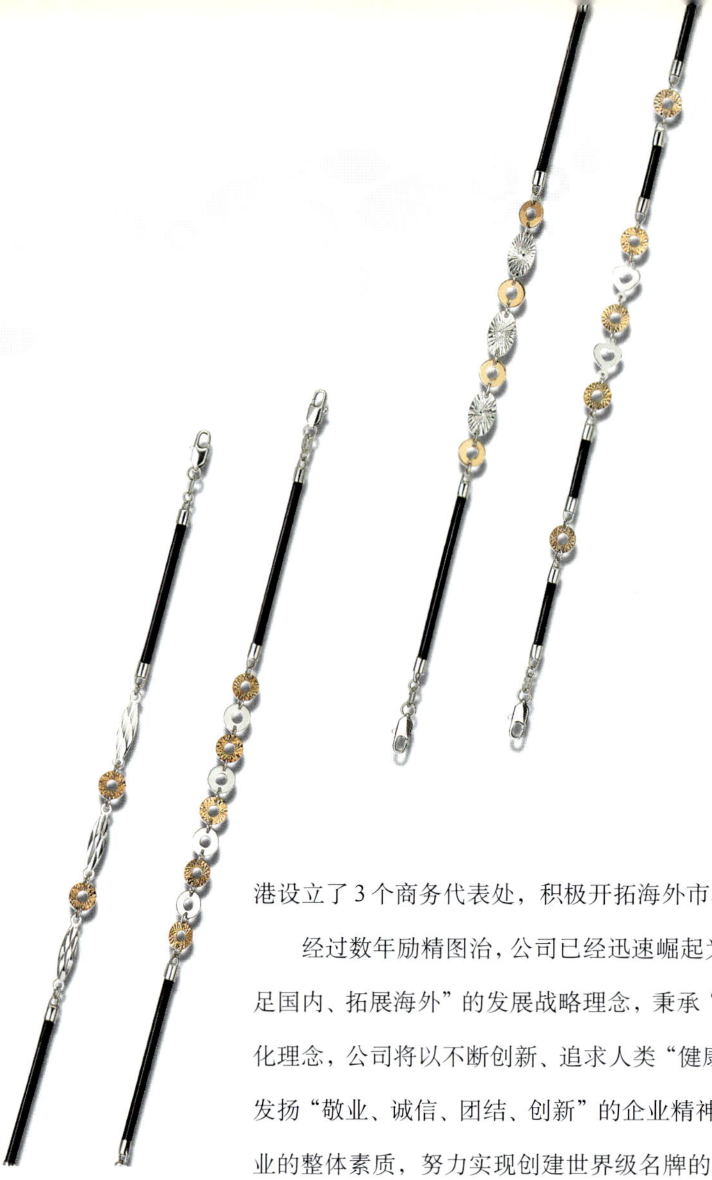

康”品牌产品已建立了庞大的销售渠道及售后服务网络。目前共拥有数百家经销商和零售商及多个物流配送中转中心，形成以华南、华东、西南地区为主要市场，向全国拓展的销售格局。“ADK爱得康”品牌与意大利拥有百年首饰生产加工与销售历史的UNOAERRE ITALIA SPA.公司签署了长期合作协议，在意大利注册登记了“ADK爱得康”品牌并成功地向意大利市场出口了数百万欧元的黄（K）金首饰，拓展了“ADK爱得康”品牌进军海外市场的销售渠道。现甘露珠宝首饰有限公司已在意大利、印度尼西亚、中国香港设立了3个商务代表处，积极开拓海外市场，为公司的国际化打下了坚实的基础。

经过数年励精图治，公司已经迅速崛起为国内知名的黄金珠宝首饰企业，秉承“立足国内、拓展海外”的发展战略理念，秉承“让人间多点爱，让世界充满爱”的企业文化理念，公司将以不断创新、追求人类“健康、美好、真爱”的精神生活为己任，继续发扬“敬业、诚信、团结、创新”的企业精神，不断进行经营变革和管理创新，增强企业的整体素质，努力实现创建世界级名牌的宏伟目标。

ADEKA
爱得康首饰
中国珠宝首饰
驰名品牌

深圳市安盛华实业发展有限公司

深圳市安盛华实业发展有限公司是集金银、铂金、钻石、珠宝首饰、金银手表、工艺摆件、奖章制品等设计、生产、加工、批发、零售、连锁加盟及承接境外来料加工为一体的大型企业。顺利通过了ISO9001-2000国际质量管理体系认证，全面推广CI形象识别体系并实施拓展品牌战略。“安盛华”品牌先后获得了：中国名牌产品、中国珠宝首饰业驰名品牌、诚信经营单位、保护消费者权益服务信誉满意示范单位、十佳放心品牌、质量信得过产品等荣誉称号。

安盛华公司始终以“时尚、精致、缔造卓越品质，诚信、高效、确保一流服务”的质量方针为指南，以专注的精神造就专业的水平，以先进的设备、科学的管理、合理的价格、优质的产品服务于广大消费者。

新品、精品推介

金银手表

安盛华系列产品高得牌金银手表，品质卓越、时尚高贵，依靠现代化科技手段加工，开拓进取，不断创新，从众多的产品中脱颖而出。

金银表业的发展非常注重于手表设计的时尚造型和加工品质。高得牌钻石金表采用铂金与18K金制造，电脑机械切割、车花加工与精致手工相结合，镶有钻石和宝石，装配瑞士名表的全自动金芯、手动机芯和超薄细石英机芯。金表的生产极富高科技含量，应用软件一体化，从运用CAD软件的设计，到CNC设备的生产加工都由专业的设计人员和经验丰富的生产人员来完成，可见质量的保证和技艺的精湛。

ANSHENGHUA
安盛華

安享太平　盛世中华

车花饰品

随着时代的进步与科技的日新月异，安盛华公司一直坚持不懈地追求完美的产品品质，不断地研发创新技术，引领珠宝首饰行业跨入高端技术领域。安盛华公司引进开发了智能化电脑车花机（PC车花机），该设备能准确无误地把设计白描图案即时刻印在首饰物件上，使之达到巧夺天工的艺术效果，给传统首饰工艺带来划时代的突破。公司已为此技术与发明申报两项专利并获得国际专利局受理。

经典艺术甲骨文黄金系列产品

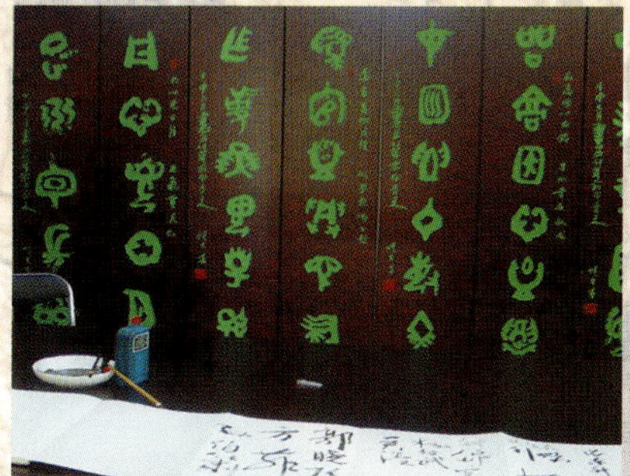

安盛华公司与我国著名书法家大海先生共同合作开发了怪夫子甲骨文黄金系列产品，将有着中国传统文化的甲骨文融入到珠宝首饰文化中。产品系列包括：甲骨文金条、金箔画、金书等等，是珠宝首饰产品中一个新的亮点。

大海先生，雅号“怪夫子”，祖籍齐鲁即墨，20世纪60年代毕业于大学政史专业。现任亚洲华人社会名流总会主席兼中华文化艺术总监、中国东方名人研究院院士、东方龙书画院院长、中国甲骨文文字学学者、著名书法艺术家。

中国名牌产品
CHINA TOP BRAND
老凤祥首饰

荣膺中国名牌
地址：上海市漕溪路 260 号　邮编:200233　电话：021-64833388　传真：021-64084932　网站：www.laofengxiang.com

上海老凤祥有限公司

上海是我国早期银楼的发祥地。始创明朝末年，建于公元1848年（清道光28年）的凤祥裕记银楼就是老凤祥银楼的前身，是中国珠宝首饰业唯一延续至今的最古老的银楼，距今已有155年的历史。在随后的各个时期中，老凤祥始终站在行业的前茅，曾创造了日销售黄金1000两的记录。

老凤祥连续6年被评为上海品牌产品，上海著名商标，入围上海名牌50强，上海市“服务诚信”先进单位。2001年成为我国首饰业最早的中国驰名商标，入围中国轻工百强行列，是首饰业中首家获得生产、销售全过程ISO国际质量认证的企业。2004年是老凤祥诞生156年，这年的秋天，老凤祥荣获中国名牌，是历史上的一件大事，也是老凤祥品牌建设和品牌战略的新的里程碑。

老凤祥作为我国珠宝首饰业的民族品牌，是经过一代又一代人的悉心浇灌、勤奋耕耘铸就的。从而形成了丰厚的文化底蕴和特色，被誉为“海派”首饰的鼻祖。

老凤祥拥有100多位老、中、青三代设计师、300多位制作巧匠，成为品牌文化的技术支撑。他们创造了我国第一台自动项链连接机，第一台光亮性电镀设备，第一台失蜡浇铸机；在历年来的国内外首饰设计比赛中，荣获130多个大奖。其中，行业内首家荣获国家科技进步奖、国家质量金奖等荣誉。在1997年的国际“奥斯卡”首饰设计比赛中荣获金奖，1999年亚洲千禧永恒金设计制作比赛中荣获金奖、优秀奖和荣誉奖 14项奖项，占总获奖数的90%，几乎囊括中国大陆获奖总数，其中的“三套”足金获奖作品，被国际最著名的黄金博物馆以4万美元收购，永久珍藏，为行业争得了荣耀。近年来，根据铂金、钻石、珠宝首饰市场的发展，大量开发个性化、时尚化的白色首饰，为百年老品牌注入了新的活力。

老凤祥多年来，坚持“立足上海，辐射全国，走向世界”的战略目标。以“老凤祥”品牌为强势资源，走品牌经营之路。多年来，老凤祥银楼从原来的10家，发展到目前的40多家，销售网点从原来的100个，发展到现在的1000余个。其中，连锁分店分布于上海的多个区域，并在重庆、安徽、江苏等地建立分店，营销网络除江、浙、皖、鲁、豫之外，已在上述地区建立形式多样的专卖店、形象专柜等新的网络。并且已开始起动，把老凤祥品牌打向海外。

一个半世纪的足印，记录着老凤祥的一个又一个硕果和辉煌，但这毕竟已成为过去，与时俱进、执着追求的老凤祥人，将把目光投向未来，投向21世纪的崭新宏图。作为我国首饰业的民族品牌的代表，老凤祥将成为真正代表中国首饰的一面旗帜。她不仅立足上海，辐射全国，而且还要走向世界，由区域性的品牌逐步成为名副其实的国际品牌。同时，她始终敞开合作的大门，与国内外有识之士共铸辉煌。无论在经营，还是在设计生产；无论在市场开拓，还是在科技研究，都将成为新一轮合作与发展的领域。

未来的老凤祥，不仅要保持其优良的传统，成为大众青睐的名牌、名企、名店，还将不断注入新的品牌理念，走科技领先、个性与时尚相结合的新路，成为“营销创新，科技创新，管理创新，机制创新，服务创新，设计、工艺创新”的典范。

“凤鸣中华，金凤呈祥”，老凤祥昂首阔步向着更高、更新的目标进击！

老鳳祥®

中 国 驰 名 商 标

深圳市宝福珠宝首饰有限公司

总经理：薛楚亮

经过6年的不懈努力，宝福人终于迎来了国内的最高荣誉——中国名牌，然而这距离宝福的目标——成就中国的世界名牌还有很长的一段距离，宝福人将会继续朝着这个宏伟目标不懈努力……

深圳市宝福珠宝首饰有限公司成立于1998年，注册资本1000万元人民币，是深圳市最早从事黄金、铂金、翡翠及K金、镶嵌珠宝首饰制造、加工、批发、销售和自营进出口业务的大型企业之一，是上海黄金交易所大型综合类会员之一，同时也是国际铂金协会协力推广商。

公司生产、设计、开发、科研实力强大，拥有标准厂房6000多平方米，各类专业工程师、技师、技工1500余人，还拥有多名资深翡翠加工专家。公司从意大利、日本、瑞士等国家引进国际先进珠宝首饰制造加工设备，拥有强大的制造加工能力，年加工各类珠宝首饰花色品种及款式8万种。

随着公司规模的不断扩大，同时也为了满足广大消费者对"宝亨达"首饰不断增长的需求，公司计划投资5000多万元兴建一所占地50000多平方米的"宝福珠宝工业园"，在深圳市政府及龙岗区政府的大力支持下，该工业园已正式立项。宝福公司将成为深圳第一家拥有自己工业园的珠宝企业。公司在扩大生产规模的同时，也意识到作为中国的制造业企业肩负着的"绿色"责任。为了减少生产活动对环境产生的污染，公司特意把工业园园址选在较为偏远的特区关外；另外，公司将花费近2000万元从意大利引进我国第一套先进的污水排放物处理设备。不仅污水要经过处理，工业园规划中连废气也不会排放在空气中，而是通

展厅一角

过地下回收利用管道处理，使工业园达到欧洲的环保要求。

公司注册商标“宝亨达”品牌首饰是国内珠宝首饰行业较早的品牌之一。“宝亨达” 品牌首饰伴随着公司发展壮大，现已成为行业内外颇具知名度的首饰品牌之一，并于2004年荣获“中国名牌”产品称号。“宝亨达”首饰以其“质量上乘、款式新颖、工艺精湛、服务周到”等特点深受广大消费者喜爱与青睐，公司面向全国700多家珠宝商供货，并在全国各地设立了300多家“宝亨达”品牌的珠宝首饰专柜，形成广泛而成熟的营销网络体系和加盟连锁体系。

“宝亨达”品牌首饰的发展是迅速的，也是“一步一个脚印”走过来的，具有坚实的基础。作为首批被评为“中国名牌”的珠宝首饰品牌之一，“宝亨达”首饰将立足国内面向国际，在国际市场上展示民族珠宝名牌的形象与实力。

宝福人始终深信，要打造中国的世界名牌，“质量是基础，诚信是核心”。因此，自公司成立之日起，全体宝福人致力于首饰品质建设。在采购、制造、生产、管理和营销等各个环节实行严格的品质管理体系。公司先后于2000年、2004年通过ISO9002和ISO9001－2000国际质量体系认证。每一件“宝亨达”首饰从进料到出货都经过了层层把关，保证不让任何一件有问题的产品出厂。

公司生产线

荣获“中国名牌”产品称号，对全体宝福人来说意味着对过去的肯定，更意味着对未来的责任。弘扬中华珠宝文化“任重而道远”，宝福公司将精益求精，以更优质的产品、更高效的管理和更务实的服务体系，在品牌之路上走得更远、更好！

BHD宝亨达牌黄金首饰获得中国名牌产品

明牌首饰
MING JEWELRY
中国名牌
幸福结的果
明牌铂金钻石闪耀上市
明牌

浙江日月首饰集团有限公司

总经理：虞兔良

浙江日月首饰集团有限公司是中国乃至亚洲最大的集首饰设计、生产加工、销售、服务于一体的企业。始创于1987年10月，1995年12月组建集团，是全球最大的铂金首饰生产商之一，是世界黄金协会、国际铂金协会、DTC国际钻石推广中心在中国区的重要战略合作伙伴。集团涉及珠宝首饰、电子科技、房地产开发、连锁专卖等行业，资产超过15亿元，有员工2000多人，以及浙江明牌首饰股份有限公司等20多个子公司。

明牌首饰有千足金、铂金、K金、珠宝镶嵌、工艺礼品五大系列超过50000种产品。首家在同行中通过ISO9002国际质量管理体系认证，拥有999黄金和PT950铂金质量保证体系。在历次国家级权威机构的抽检、专检中次次合格，是全国首饰标准起草单位之一、首饰标准化委员会成员。

明牌首饰产品以“成色足、工艺精、款式新、色泽美”四大特点入主市场，近几年来年均产销量超过10亿元。在全国拥有1200多家经销商、150多家明牌首饰连锁店、店中店。产品还出口到日本、法国、意大利、香港等国家和地区，跻身于国际市场，累计出口近5000万美元。明牌首饰以优良的品质和良好的服务，赢得了国内外消费者的青睐。

公司发展目标：保持中国第一，跻身世界前列；做大做强主业，发展多元产业。

使命：以前瞻性的品牌经营，推进国际首饰业的发展。

口号：创造美的价值。

追求：一流企业，创中国首饰第一品牌。

经营方针：市场为先，品质为本，形象至上。

作风：实实在在，认认真真。

明牌首饰
MING JEWELRY
中 国 名 牌

“日月”（SUNMOON）作为企业名称，不仅仅是一个简单有音节的符号，而且包含了丰富的内涵。除其最基本的含意外，还意味着“协同”、“辉煌”和“永恒”。日月为“明”、灿烂如璨。

公司荣誉：

- 2004 年：中国名牌
- 2003 年：浙江省知名商号，通过 ISO9001（2000 版）国际质量体系认证
- 2002 年：浙江省首批诚信示范企业
- 2001 年：浙江省著名商标，中国珠宝首饰业驰名品牌
- 2000 年：中国宝玉石协会副会长单位
- 1999 年：浙江名牌 50 强
- 1998 年：中国工艺美术协会、国家首饰质量监督检验中心首推品牌
- 1997 年：行业首家通过 ISO9002 国际质量体系认证
- 1996 年：浙江省最佳经济效益企业
- 1995 年：中国工业企业综合评价最优 500 家（即中国 500 强）
- 1994 年：利税总额排序列其他制造业第一名
- 1993 年：居首饰行业产销量第一名
- 1992 年：居工艺美术制造业利税总额第一名

中国名牌产品
CHINA TOP BRAND

金皇珠宝

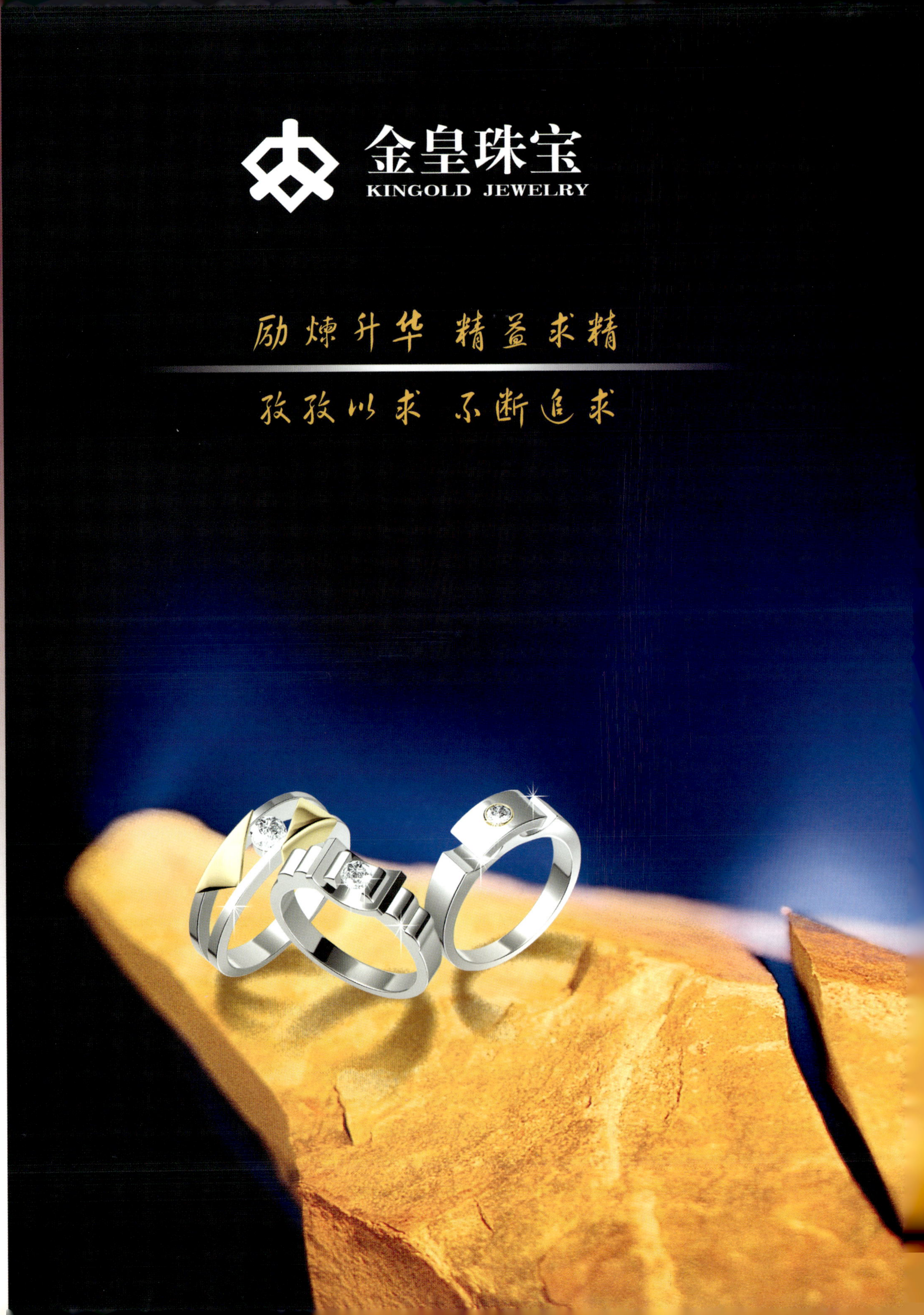

一件成功的艺术品
在于对每个细节的把握
我们孜孜以求
不断追求
打造金皇完美品质
创造金皇崭新未来
武汉市金凰珠宝有限公司
公司地址：湖北武汉市江岸经济开发区特15号　电话：027-65660302
传真：027-65660473　Http：//www.kingold.com.cn

武汉市金凰珠宝有限公司

董事长：贾志宏

武汉市金凰珠宝有限公司位于交通便利、经济发达的湖北武汉，是上海黄金交易所首批会员单位，生产、加工、批发“千足金、足金、铂金、18K白金及镶嵌”五大系列珠宝饰品，产品远销东南亚及欧美市场。现黄金饰品、铂金饰品以及18K金饰品的产量、产值、实物质量水平等都居于全国同行业前列。

经过10多年的建设和发展，公司已形成集黄铂金及镶嵌首饰设计、制作、批发和零售于一体的综合性珠宝首饰生产经营企业。在激烈的市场竞争中，公司坚持“款式新、成色足、色泽美、工艺精”的原则，采用美国、日本、意大利等国先进设备和工艺技术，使公司技术装备和制作工艺始终保持国际先进水平，为公司不断发展壮大奠定了基础。公司注重新产品的开发，重视新款式产品的设计和推广，及时跟踪流行时尚，始终保持产品的时尚性，使金皇首饰能引导消费时尚。公司建立了完善的销售网络和售后服务体系。致力打造“金皇”品牌，以卓越的品质和完善的服务，展示首饰独特魅力，引导首饰时尚潮流，赢得了社会的广泛认同，“金皇”牌系列饰品产品质量上乘，一直供不应求，深受广大消费者喜爱。公司被推举为“中国宝玉石协会副会长单位”，“金皇”牌系列饰品被中国宝玉石协会评为“中国珠宝首饰业驰名品牌”；并荣获“中国名牌”、“湖北名牌”称号。

黄金产品－1

黄金产品－2

为拓展市场、加快发展，公司相继投资或合资成立了黄铂金加工基地及南京分公司，销售网络和售后服务网点遍布全国。两大生产基地技术力量雄厚，同时

翠绿珠宝行

以上，形成了纵横交错的大中华营销网络。

2002年10月，随着上海黄金交易所的开业，公司成为全国第一批综合类交易会员，进行自营、代理黄金交易。2003年公司交易交割量占到全国交易交割量的10%，公司代理交易占全国代理交易总量的16%。在金交所公布的2003年度全国交易量排名中，公司以黄金总成交量排名全国买入总量第二名并同时获得全国黄金代理量排名第三的好业绩。由于原料供给充足，公司生产能力也大幅度提升，其生产、创新能力均位居全行业前列。

作为“世界黄金协会”、“国际铂金协会”指定推广商、协力推广商，翠绿公司致力于将中国的珠宝首饰行业做大做强，以传播中华民族首饰文化为己任。公司自始至终致力于产品的人性化、个性化的文化内涵的体现，特别是黄金首饰的开发理念始终走在全行业的前列，首次提出“将黄金首饰品与中国传统文化相结合”的全新理念，将中国传统的优秀文化融入到黄金首饰的开发、设计、推广中，致力于传播中华民族首饰文化，先后开发出了以“世纪情缘”为主题的“夕阳红”、“男子汉”、“玫瑰之约”、“我的星座”、“东方情怀”等系列金饰产品；以及“金色旋律”、“中华百福”男戒系列；2002年更以中国传统的婚庆为主题，推出“喜结良缘”婚庆金饰，获得了市场的巨大反响，深受广大消费者青睐。同时，铂金、K金、镶嵌等饰品也成功地推出了“完美”、“丽影”、“心恋”等一系列的流行时尚饰品，为公司带来了巨大的经济效益与市场认知，形成了供不应求的良好销售趋势。

机织链焊链车间

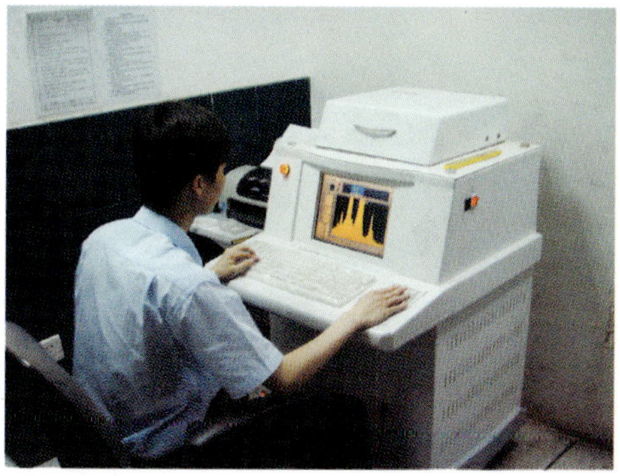

品管部成色检验

翠绿首饰荣获“中国名牌产品”称号，肯定了翠绿首饰数年来的努力，更坚定了公司走民族品牌之路的信心。“让中国名牌响遍全世界！”，这就是翠绿首饰的明天。

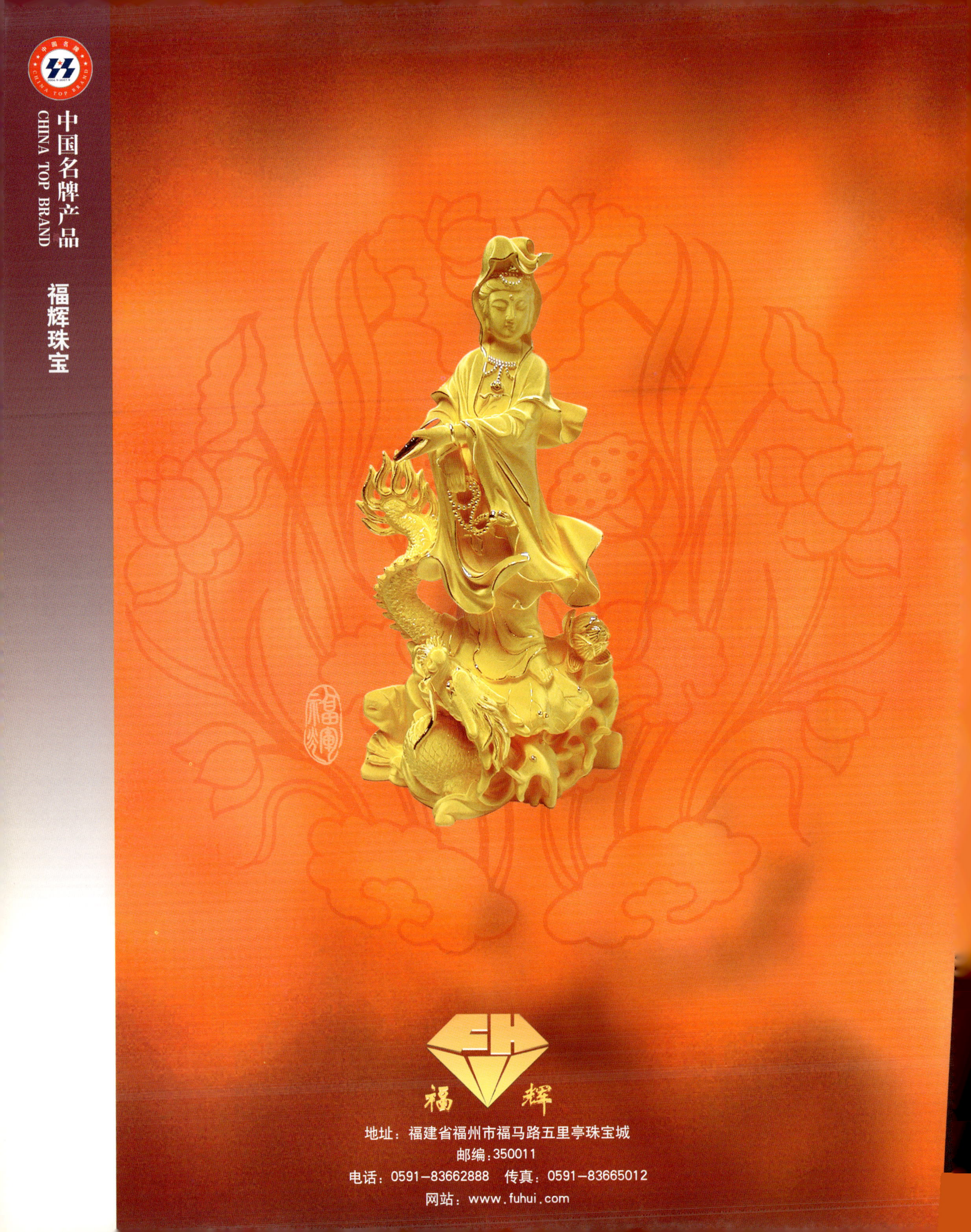
中国名牌产品
CHINA TOP BRAND
福辉珠宝
福 辉
地址：福建省福州市福马路五里亭珠宝城
邮编：350011
电话：0591-83662888　传真：0591-83665012
网站：www.fuhui.com

福辉珠宝
让我融入
永恒的繁华世界

福州福辉珠宝有限公司

“福辉”品牌创建于1984年，是中国珠宝行业享誉盛名的品牌。20年来，福辉人凭借其对精湛工艺、专业服务孜孜不倦的追求，秉承实干创新的精神，在激烈的市场竞争中保持着良好的发展势头。

公司创办以来，相继成立了6家福辉系列首饰生产加工基地和一个经国家技监部门授权的福建省诚信珠宝首饰检测中心，从业人员上千名，形成集团化、专业化的珠宝首饰生产加工、出口、内销的经营网络。公司拥有一座面积达2.6万平方米集加工、贸易、展览多功能于一体的花园式珠宝首饰大厦，福辉公司为国内第一家在港上市的珠宝企业。

公司在北京、天津、上海、沈阳、大连、武汉、云南等38个大中城市设有30多家专卖金行、200多个专柜。年生产、加工、销售黄金首饰11吨以上，年出口额超亿美元，内销上亿元人民币，产品远销欧美、东南亚、中东等10多个国家和地区。

福辉珠宝面世20年以来，坚持以质取胜的品牌发展战略，励精图治，精益求精，逐步成长为国内外知名的首饰品牌，累计生产、加工、销售黄金首饰220吨，出口累计创汇18亿美元，居行业同类产品出口前茅；“福辉”牌商标荣获国家“中国驰名商标”、中国宝玉石协会“中国珠宝首饰业驰名品牌”美誉。并于2004年荣获中国名牌产品称号。连续10年名列中国出口额最大500家企业之列，连续5年名列中国工艺美术行业首饰出口前茅；并获中华人民共和国“最大服务行业企业”、“中国明星”企业 、中华人民共和国海关信得过企业、中华人民共和国海关出口监管A类企业、中国宝玉石协会“先进企业”、全国质量服务消费者满意企业称号，连续10年名列福建省第三产业300强。

公司创建之初仅68万元自有资金，至今已发展到四亿多资产规模的集团企业，这是实施品牌战略的结果。多年来，公司严格奉行“团结奋进、开拓创新、优质高效、文明守信”的企业精神，遵循“人无我有，人有我新、人新我优、人优我奇”的经营理念，制订了品牌实施战略措施，实现了品牌的发展。

质量是品牌的生命、灵魂，是赢得市场的关键。为保证产品质量，公司摸索建立了一套严格的质量管理体系。一是建立质量保证体系。从原材料采购到“福辉”产品出厂，每个环节，每道工序都实行检验把关，成品最后经质量检验中心总检出具证书后，才能出厂销售。二是建立质检机构，加强监督。公司投资数百万元，引进数名硕士学位的珠宝鉴定人才和先进的进口设备，成立了全国第二家首饰行业由企业自行创办的具有法律效力的检测机构，其职能重点是内部产品质量认证。检测中心实行送检、抽检相结合，并为各工厂的车间班组培训检测人员，强化质量管理职能。三是自觉接受国家技监局首饰检测中心的跟踪监督。国家质检中心每年定期上门抽检1～2次，公司检测中心与国家质检中心每年进行数据比对交流一次，与省检测中心每月比对交流一次，以及时修正改进质检标准和方法。

法律是保护名牌、维护消费者正当权益的有力武器。为了落实商标管理，公司采取了：①在中国大陆进行“福辉”商标全类注册，并在香港、美国等出口的重点市场注册申请商标专用权；②制定企业商标管理制度；③授权律师全权处理商标侵权事件；④对侵权仿冒商标的厂商通过律师、公安、工商等渠道进行交涉。云南西双版纳、海口、贵阳、福建、香港等地，均发现有仿冒“福辉珠宝金行”店号和“福辉”印记标识的产品，通过律师出面交涉和一些技术监督部门的配合打击，冒牌现象现已减少。

公司是全国首饰专业委员会成员，亦是中国宝玉石协会副会长、省宝协副会长单位之一。做为行业的先驱，公司积极参与了“国家首饰质量标准”、“国家首饰印记标识规范”以及福建省行业管理规章制度的制订，为行业标准规范的建立提供了大量建设性意见。2003年国家首饰标准化会议在公司召开，专家对“福辉”首饰生产经营管理制度给予高度评价。此外，公司在行业内树立自律典范，各项标准化工作带头示范执行，起到了行业推动的作用。

【第二章】

中国珠宝玉石首饰行业“放心示范店”

Models of enterprise believed by consumers

第一节　概述

实施“放心示范店”工程，目的是帮助企业提高综合实力，提升其“放心示范店”在社会上和消费者心目中的知名度、信誉度，不断进行品牌的培育和发展，提高其产品的市场占有率，增强抗风险的能力，为消费者提供更为优良的珠宝消费环境。

2002年3月，“放心示范店”工程正式启动，中国宝玉石协会对全国条件成熟的省（市、自治区）宝玉石协会、质检机构推荐的申请“放心示范店”企业进行评审，评审通过的企业将被授予“放心示范店”称号。中国珠宝玉石首饰行业“放心示范店”工程实施两年多来，至2004年9月30日，已经在北京、上海、天津、重庆、河北、山东、四川、内蒙古、辽宁、吉林、湖南、河南、山西、陕西、浙江、江苏、江西、云南、深圳等地发展了120多家“放心示范店”企业。这些企业都是珠宝行业的优秀企业，作为中国珠宝企业的中坚力量，“放心示范店”对维护消费者利益，促进中国珠宝玉石首饰行业的诚信规范建设，起到了积极作用，得到了广大消费者的认可，“放心示范店”企业在获得荣誉的同时，对产品质量和服务等工作更加重视，从而提高了企业的效益和信誉，使企业自觉地走上了品牌培育和发展的道路。

第二节　“放心示范店”企业

北京市　（共2家）

北京世纪铭人珠宝有限公司

北京恒昌易通商贸有限公司

甘肃省（共1家）

兰州国芳百盛购物广场有限公司

河北省（共8家）

石家庄北国商城珠宝商场

石家庄程氏珠宝首饰有限公司

河北地旷珠宝公司

唐山市黄金珠宝总汇

唐山市中银珠宝金行

唐山市五洲金行有限公司

廊坊市商业明珠大厦

廊坊市万隆珠宝商行

河南省（共3家）

新乡市英特纳黄金珠宝广场有限公司

新乡市瑞吉黄金珠宝有限公司

洛阳上百金鑫珠宝有限公司

湖南省（共1家）

株洲百货大楼珠宝部

吉林省（共1家）

吉林省金银珠宝城有限责任公司

江苏省（共 14 家）

江苏东海县华宇实业有限公司

苏州市龙凤金店有限责任公司

兴化市万宝银楼

泰州市天孚珠宝银楼有限公司

南京宝祥金店

南京宝庆银楼首饰有限责任公司

南京和氏珠宝有限公司

南京地质人珠宝有限公司

无锡市银楼经贸有限公司

无锡市蓝忆珠宝有限公司

无锡华源金制品有限公司

无锡商业大厦股份有限公司

无锡悦灵珠宝店

江阴今瑞隆珠宝有限公司

江西省（共 4 家）

南昌亨得利钟表眼镜公司

吉安市吉州区吉信金店

南昌百货大楼股份有限公司

江西裕泰福珠宝金行有限责任公司

内蒙古自治区（共 1 家）

巴林石集团有限公司

辽宁省（共 4 家）

中兴—沈阳商业大厦股份有限公司

辽宁兴隆百货集团有限公司兴隆金店

丹东市白山金银珠宝有限公司

沈阳商业城股份有限公司

山东省（共 15 家）

青岛维爱思珠宝有限公司

山东威海首饰厂有限公司

东营市商业大厦有限公司金店

潍坊市鑫源金店

滨州福人楼珠宝金行有限公司

山东滨州鲁滨首饰有限公司

淄博市金银珠宝行

淄博市天泰金店有限公司

夏津县金店

莱州市庆丰金首饰有限公司

山东招远金银珠宝首饰总公司

山东济宁华联商厦股份有限公司

枣庄市银河珠宝店

山东省德州市龙宝金行

山东临沂市黄金珠宝金行

山西省（共 12 家）

临汾市金泽珠宝有限公司

太原市卡美珠宝商贸行

山西百利恒珠宝有限公司

山西宏艺首饰股份有限公司

山西银河金银珠宝有限责任公司

太原市皓饰珠宝首饰有限公司

阳泉市银鹰金店有限公司

晋中市宏鑫珠宝首饰有限公司

晋中洁珲珠宝有限公司

山西大同银星金店

孝义市金银珠宝有限责任公司

山西省运城银鹰金店有限公司

陕西省（共 2 家）

西安一得贸易有限公司

西安明牌银楼有限公司

深圳市（共1家）

深圳市金麟首饰进出口贸易有限公司

重庆市（共1家）

重庆恒光珠宝首饰有限公司

上海市（共10家）

上海老凤祥银楼有限公司

上海明牌银楼有限公司

上海亚一金店有限公司

上海中宝银楼有限公司

上海东华钻石饰品有限公司

上海老庙黄金有限公司

上海泰基珠宝银楼有限公司

上海城隍庙第一购物中心有限公司

上海九洲黄金有限公司

上海梅龙镇广场珠宝廊有限公司

天津市（共3家）

天津开发区金辉珠宝有限公司

天津地矿珠宝公司

天津阿尔泰珠宝行

云南省（共6家）

昆明七彩云南实业股份有限公司

云南外企珠宝有限公司

云南九龙珠宝有限公司

昆明名瑞珠宝有限公司

昆明景星花鸟珠宝世界

昆明百货大楼有限公司

四川省（共17家）

绵阳城区生力珠宝经营部

四川天玥珠宝首饰有限公司

豪达黄金珠宝有限公司

四川爱心（集团）有限公司

成都市天鑫洋企业有限责任公司

成都泰和珠宝首饰有限公司

四川世纪情侣珠宝有限公司

欧莱尔雷记商贸有限公司

成都王府井有限公司珠宝部

宜宾金凤珠宝有限公司

宜宾聂磊珠宝有限公司

宜宾市翠屏区亚欧泊珠宝有限公司

乐山大佛月榭珠宝玉器店

四川省合江县融发金饰有限公司

达州市通川区申达珠宝公司珠宝银楼

遂宁市继发百货大楼有限公司珠宝部

自贡市工艺美术工业总公司

浙江省（共14家）

浙江天宝坊黄金珠宝有限公司

绍兴越王珠宝金行有限公司

杭州金六福珠宝有限公司

浙江省浙地珠宝有限公司

杭州万隆黄金珠宝有限公司

杭州瑞祥珠宝公司老凤祥银楼杭州店

杭州万汇珠宝有限公司

台州市金兄弟珠宝名表有限公司

宁波市凤祥银楼有限公司

浙江省余姚凤祥银楼有限公司

温州市银河珠宝金行

温州市尚晨珠宝有限公司

浙北大厦黄金珠宝商场

湖州凤凰时代广场商业有限公司

（资料截止到2004年9月30日）

King tai fook
金大福珠寶
一旦拥有 别无所求
深圳市金大福珠宝有限公司
地址：深圳市罗湖区南湖路国贸商业大厦 28 楼 B、C、D 室
电话：0755-25195222 25194133 25190268
传真：0755-25195386
邮编：518001
网址：www.kingtaifook.com E-mail:kingtaifook@163.com

深圳市金大福珠宝有限公司

深圳市金大福珠宝有限公司是经中国人民银行总行批准，专业从事黄金、K金、铂金、钻石、翡翠及其他珠宝饰品的生产、加工、批发，黄金制品的零售、进出口业务的大型珠宝公司。公司为上海黄金交易所首批108个会员单位之一。

公司积极应对中国加入世界贸易组织（WTO）后所带来的冲击和影响，全面融入经济全球一体化的发展浪潮中，制定了严谨有效的发展战略和应对措施。经过十几年的精心经营，业务遍及海内外，在深圳已建立并投产四间大型珠宝厂，拥有珠宝行业精英人才数百人，从事珠宝制造的专业人员超过千人。公司拥有自营珠宝金行20家、珠宝加盟店100多家，经销网点300多家，遍及除西藏外所有省、自治区的大中城市及直辖市，产品覆盖率98%以上。

品牌不是讲出来的，更不是赋予的，品牌是在激烈的市场竞争中优胜劣汰由消费者选出来的。为此，金大福珠宝始终坚持以“诚信经营，打造珠宝一流产品；真诚服务，力争行业精锐之师”的经营理念，坚持以“实事求是、诚实信用、不断创新、追求完美、锲而不舍”作为公司的承诺。公司决策层着力精心打造企业品牌，不断提高产品竞争力，立志将金大福珠宝经营成为一家深具国际水平的大型一流珠宝集团公司，做到人无我有，人有我精，成为珠宝行业的领头雁。“金大福珠宝人见人爱，金大福珠宝无人不晓”是我们最大的心愿。

企业目标：打造一流珠宝集团公司

企业使命：为社会进步创造价值，为行业发展做出贡献，为优秀人才搭建平台，为顾客生活增添色彩

企业理念：诚信经营，打造珠宝一流品牌；真诚服务，力争行业精锐之师

企业原则：质量、信誉、品格

企业精神：团结、进取、求真、创新

企业格言：珠宝金行行行出状元，金大福人人人成精英

企业风格：青春、时尚、注重内涵、提升品位

回首过去，成绩与激情同在；展望未来，务实与理想齐飞。

创新铸就品牌

——金龙珠宝首饰有限公司

金龙珠宝首饰有限公司是一家集珠宝首饰设计、生产、批发、零售于一体的大型现代化企业，是中国大型黄金首饰生产基地之一。

公司自创办以来，在各界人士的关心和支持下，始终本着“以创新求发展”的企业理念，斥资引进欧、美、日、港的先进设备，生产经营规模迅速扩大。生产基地位于广东省东莞市，拥有10000多平方米的厂房，各类专业设计、技术、管理人员及熟练工人1500余人。公司分别在东莞、深圳、广州和香港等地设有大型配销中心，产品远销东南亚及欧美等地。

2003年9月，金龙珠宝的四大摆件：“大闹天宫”、“贵妃出浴”、“八骏图”、“少司命”亮相深圳国际珠宝展，以高品位、高科技、高文化含量等特征在业内引起轰动，成为誉满神州的“摆件大王”；随着规模及实力的不断扩大，2004年顺利通过了上海黄金交易所的严格审核，正式成为了上海黄金交易所综合类会员；公司产品设计风格独特，技术水平先进，在世界黄金协会2004喜福结婚金饰产品设计中获得一等奖，成为其指定的六大生产商之一；并多次与DTC（钻石中心）、世界铂金协会合作推出多项产品……

公司全体员工始终秉承“树国际品牌，创一流企业”这一经营目标，不断开拓进取，不断提升品牌文化，致力与社会各界及业界人士寻求更深层次的合作，共铸美好未来！

齊天大聖

上海城隍珠宝总汇

上海城隍珠宝总汇坐落于著名的上海豫园商业旅游区，专营黄金、铂金、钻石、镶嵌、玉器等首饰。

上海城隍珠宝总汇视信誉为第一生命，公司配备了从美国NICOLET公司进口的先进珠宝检测设备，有数十名国际国内珠宝专业检测人员严格把握所售商品的质量，并始终信守珠宝“只卖A货，不卖B货”之承诺，出售商品均有太平洋保险公司提供产品质量保证保险。城隍珠宝总汇已经通过ISO9001－2000质量体系认证，连续六年获上海市文明单位称号，并连续三届为上海国际艺术节惟一指定的珠宝首饰品牌，其经营和管理已跃居上海珠宝行业前列。

精打细算（羊脂白玉）

北京博观经典艺术品有限公司

“博观堂”是北京博观经典艺术品有限公司的品牌，“博观”二字寓意“博大精深，纵观古今”，博观经典艺术品有限公司以经营高档翡翠、白玉艺术品为主，兼营其他艺术品。

一、博观堂的经营定位

“博观堂”经营上以弘扬中国玉文化为主脉，以翡翠白玉精品为载体，将中国传统文化融于现代艺术之中，引领人们涤尘去俗，进入人类艺术及儒家思想的最高境界。

二、博观堂的经营方式

“博观堂”只面对少数爱玉者，以会员形式加盟。同时“博观堂”的产品定位是精品。“博观堂”经营的商品以直销的方式进行，减少了很多中间环节，为爱玉者提供翡翠、白玉各类艺术精品，使收藏者能直接进入收藏层面，减少收藏者不必要的历程。

三、博观堂的经营特色

“博观堂”的经营方式与众不同，玉文化的宣传及俱乐部式的经营方式是其独到之处，爱玉之人欢聚一堂，大家通过交流与鉴赏，在物质及精神上都得到各自所需。

四、博观堂的服务内容

经营：翡翠、白玉类艺术精品。

鉴定：国家注册的珠宝玉石质检师对玉石种类和等级进行鉴定、评估，并与评估事务所合作，出具具法律效力的评估证书。

定制：根据顾客的要求设计并制作玉石类产品，选料精细，做工考究。

除此以外，“博观堂”的服务内容还包括不定期举办精品鉴赏会，推动玉文化的发展。

镇平县神圣工艺品有限公司

总经理：李杰

镇平县神圣工艺品有限公司始建于1993年，现有资产700余万元，固定资产200余万元，流动资金400余万元。年生产各类工艺品近千万元。产品主要销往国内诸省、市及东南亚各国。特别是公司被批准享有自营进出口经营权后，产品出口业务迅猛发展，企业法人与企业屡获较高的殊荣。1996年被河南省乡镇企业局评为“全国乡镇企业系统企业管理工作一级企业”；1998年被河南省计委、财政厅、外经厅、乡镇企业局联合命名为“出口创汇先进企业”；2002年和2003年连续两年被县委、县政府授予“一星级企业”；2003年被县委、县政府授予“十大骨干企业”、“知名品牌公司”等。

公司董事长兼总经理李杰是玉雕工艺品生产及鉴定方面的行家里手，县十二届人大代表，县第五届宝玉石协会会长，县第一届总商会副会长，中华玉文化研究中心名誉教授，县政府玉产业发展顾问，省宝玉石协会副会长，省公安厅，电视台警界理事等。由于成绩卓著，2001年，被县政府授予“玉雕产业先进工作者”称号；2003年被县委、县政府授予“十大突出贡献人员”称号；2003年10月被国家农业部评为“优秀企业家”。曾多次被国内诸多新闻媒体采访并作专题报道。

公司目前专营羊脂白玉产品等八大系列六十余个品种，在国家举办的“天工奖”及县玉雕节活动中，公司参展作品多次获奖，为镇平玉雕产业的发展做出了突出贡献。

大宝瓶 白玉

梅花壶 白玉

罗汉 白玉

神圣玉雕工艺品有限公司

作品“瓜棱壶”获第二届中国玉雕/石雕作品“天工奖”银奖

地址：河南省镇平县新华路南段　邮编：474250　电话：0377-5990555　传真：0377-5990535　网址：www.ssydiao.com

镇平县玉神工艺品有限公司

镇平县玉神工艺品有限公司成立于2000年12月，以生产经营玉雕艺术品为主，兼营礼品、奖品、纪念品等其他工艺品。

玉神工艺品公司以“走精品之路，创品牌效益”为发展目标，以“演绎玉的神奇，传播玉的文化”为企业宗旨。拓宽发展思路，创新经营理念，不断提升竞争力，努力做大做强“玉神”品牌。2001年玉神工艺品公司注册了“玉神”商标，2003年“玉神”被评为“镇平县十大知名品牌”。

公司现拥有员工50余人，其中，高级工艺师5名、科研技术人员30余名。玉神玉雕科研所为公司科研机构，聘请中国工艺美术大师李博生为名誉所长，镇平县内20名优秀青年设计师为常务科研员。科研所以弘扬中华玉文化为主脉，以研制玉雕精品为载体，活动有声有色，成果丰硕累累。

独山玉雕精品为玉神公司的主打产品。许多经典作品已成为独山玉雕刻历程中的划时代之作。《妙算》、《浴》、《桃园三结义》、《希望》、《山行》、《枫桥夜泊》、《捕》、《春蚕》……均不断问鼎河南玉雕精品展评会、中国玉雕“天工奖”等各种奖项。

开发承制会议个性纪念品是公司强项。公司曾成功地为“南阳新石器时代独山玉研讨会”承制“中华第一铲”作为会议纪念品；为首届“忧乐杯”全国书画大赛承制颁奖纪念品，均受到社会各界好评。

设在镇平县城珠宝玉雕大世界内的玉雕精品展厅已成为代表镇平玉雕形象的窗口。装修一新的“精品屋”更是集艺术、生活、品味为一体，身临其中让您充分领略玉的神秘、艺的永恒。

Sheen jewellery co., Ltd

designed popularization center

淇奥珠宝首饰有限公司是一家集设计、生产、经营为一体的专业珠宝公司。公司由1996年成立的“风阁珠宝”于2003年重组而成，分设深圳加工基地和北京设计推广中心。

“淇奥”语出《诗经·卫风》。以美玉材质、加工琢磨比拟君子之德。公司由此诠释服务理念：讲求佩饰文化，凸显个性风采；赋以人文背景，关怀情感表达；良材美质与佩者风格浑然一体，相得益彰。

◎ 设计推广中心

聚合业内一流、技艺精专、极具创造力的项目策划专家、首饰设计师、平面设计师。在细分佩戴心理的基础上，烘托灵性和美感，源源不断设计新款。把握市场心理、引领时尚潮流，并以VI体系管理推广项目。

中心还可对外为业者提供产品设计、产品包装、平面广告、展览展示等全方位服务。

Shenzhen processing base

◎ 深圳加工基地

拥有专业仪器设备及熟练的技术人员，以多年积累的品质管理经验，为五湖四海的客商奉献“如切如磋，如琢如磨”的精工佳品。

淇奥设计推广中心将2003年推出的1000款原创新款，采用电脑立体绘图技术，汇于《淇奥珠宝设计图鉴》一册，不但罗列各色新款，可为业者借鉴启发；而且人文化诠释画面，其绚染效果，亦可供珠宝爱好者玩味。

设计推广中心联系电话：010-82327908

緹亞
DRA
ignitarial
omantic
rtistic
From U.S.A, since 1973.

梦玉轩翡翠

——卓尔不群的时尚之美

骏业珠宝有限公司历来重视中国翡翠文化的发掘与创新，早在数年前即聘请专家名师，倾注不菲财力，广泛收集翡翠原料，雕琢成风格各异、推陈出新的翡翠艺术珍品及日用配饰，打造了高档翡翠品牌——梦玉轩，在众多翡翠加工企业中，卓然独树，成为弘扬中国翡翠文化的先行者。

不仅如此，为了使翡翠这一中国玉文化的瑰宝在今天发扬广大，骏业珠宝有限公司的设计师们大胆探索，深刻把握当代首饰的流行趋势，将传统的文化底蕴与当代配饰潮流有机结合，融现代流行元素于翡翠饰品的设计之中，赋予翡翠饰品清新、时尚的时代风格。最新推出的梦玉轩翡翠饰品，不再局限于传统的佛与观音等喜庆祈福题材，而是以抽象简约的几何体见长，使得创作题材更加丰富，更加契合现代人的审美观念；饰品选材也更加多样，在以翡翠为主体的饰品上，加入了皮革、K金、纯银等材料。这些材料经过设计师的巧妙搭配，营造出出人意料的装饰效果，其时尚前卫、不拘一格的意象极大地拓展了翡翠饰品的表现力。翡翠之绿，永不褪色。

欧罗普
Orop
来自意大利的K金艺术
北京戴梦得首饰制造有限责任公司
地址 北京市西城区百万庄北街6号经易大厦欧罗普
邮编 100037
电话 010-88389892
传真 010-88389883
网址 www.orop.com.cn
E-mail mastermind@orop.com.cn

北京戴梦得首饰制造有限责任公司

新世纪，OROP（欧罗普），一个专营意大利进口K金首饰的品牌，带着浓郁的欧洲文化风情和世界首饰领先潮流的气魄，向国人展示意大利K金首饰艺术所特有的魅力。

2003年推出的设计哲学、色彩哲学、艺术哲学三大系列，是设计、色彩、艺术和哲学四者的融合。OROP独到的品牌理念：“佩戴者才是艺术的创造者”，将首饰传播和装饰佩戴者的美化功效转化为“互动式”对艺术的共同创造与拥有，使佩戴者在感受艺术的同时，将自己置身于艺术的再创造之中。OROP的宣言：结束模具时代，走进设计师时代。

北京戴梦得首饰制造有限责任公司承接且高效有序地执行中意两国政府合作的首饰加工项目，拥有经中华人民共和国对外经济贸易合作部、中国人民银行、海关总署、外汇管理局联合批准的对意大利首饰黄金、白银出料加工权，是目前国内惟一合法经营意大利K金首饰的企业。公司依托“首饰王国”意大利国际一流的生产设备、国际领先的制作工艺、杰出超前的设计理念，同时借鉴了国际首饰业营销管理的成功经验，与意大利首饰制造商进行合作，将举世闻名的意大利K金首饰引进，并在国内注册了“OROP” 欧罗普商标。此举终结了中国没有K金品牌的历史，填补了中国精品K金首饰的空白。2001年，“OROP”欧罗普成为中国珠宝首饰业驰名品牌。

“OROP” 欧罗普品牌具有国际化、潮流化、时尚化的特点。其产品完全采用意大利著名设计师经典设计，意大利生产工艺精致成形，是意大利文化的精美创造。品牌以女性饰品为主体，兼有男性饰品，是一种适应不同目标市场需求，又具有个性的品牌。以K金为主流产品，机制为主，手工为辅，纯手工制作为特色，形成多系列一牌多品的产品格局。

欧罗普产品经意大利、海关、国内首饰质检三方检验，其质量得到充分的保证。“OROP”K金首饰配色配料独特，抛光不留死角，焊点均匀圆润，链身柔韧和顺，链节灵活光滑，链扣饱满均一、伸缩有力、开合自如等等，这些都是国内同类首饰无法比拟的。

代表欧洲文化艺术风格的“OROP”品牌在中国市场的面世与推广，具有高起点、国际化、专业化动作的特点，是中国首饰公司进军国际市场、参与国际经济大循环的战略工程；“OROP”项目的运作为热衷于中国K金首饰事业的有识之士构筑了长久、稳定的共同发展平台；同时也为中国民族首饰企业应对中国加入WTO、接轨国际市场进行着创新、有效的探索。

【第三章】

珠宝专业市场介绍

Introduction on special jewelry markets

第一节　青岛贵金属工业园

20世纪末，世界首饰加工业进入了重大调整时期，以韩国、日本为代表的首饰加工基地，由于本国首饰加工成本不断提高，而世界首饰消费水平徘徊不前，因此急需到海外寻找新的加工基地。青岛保税区敏锐地把握住这一商机，果断采取措施，在区内设立了贵金属加工园，倾心打造我国北方最大的贵金属加工基地。

青岛保税区的"筑巢引凤"策略很快吸引了韩国等地首饰厂商的目光，他们纷纷到此考察、洽谈、进驻。目前保税区贵金属加工园进驻企业有十多家（包括部分内资企业），主要是韩资的爱世给尔、东邦贵石、万象、吉姆皮亚、珠湾贸易、珍可贸易、豪珍珠宝等企业。其中吉姆皮亚是韩国贵金属加工业的龙头企业，其在保税区的投资总额已达到2000万美元。

目前贵金属加工园发展迅速，势头良好，已形成一定的产业规模，2003年的出口额约为6500万美元。青岛贵金属加工园不仅对青岛市的外贸出口起到积极的拉动作用，而且还能够解决两万劳动力的就业问题。今后，要在政策和服务上进一步给予倾斜，使其增强国际竞争力，从而成为保税区外贸出口的支柱型产业，真正把保税区打造成我国北方最大的贵金属加工基地，甚至成为世界重要的贵金属加工基地。

第二节　深圳中港国际珠宝交易中心

2002年9月13日，位于深圳市华强北繁华商业区的中港国际珠宝交易中心（下简称中港珠宝）隆重开业，它的出现填补了中国珠宝首饰行业的一项空白，结束了深圳市没有珠宝首饰专业市场的历史。中港珠宝以其"真珠宝，不二价"的经营理念和"真诚服务，真心奉献"的服务宗旨，在开业一年的时间里，被入驻商家和广大消费者接受，入驻商家从刚开业的50余家发展到现在的150余家，它正将其"首个规模最大，品种最全的珠宝首饰专业市场"的魅力展示在众多珠宝首饰商家和广大消费者面前。

中港珠宝针对深圳是全国的珠宝首饰生产加工基地和销售集散地，但缺乏集中的、规范的交易市场这一现状，利用其位于深圳市中心区的地理优势，集中了国内最有实力、规模最大、市场影响力最大的珠宝首饰品牌进驻。

无可比拟的规模效应和地处深圳华强北甲级商圈的区位优势。使中港国际珠宝交易中心成为深圳珠宝首饰采购的集散地。而中港国际珠宝交易中心自开业以来的成功运营，为中国的珠宝首饰行业提供了一个成功的范例，并看到专业配套市场所具有的强大优势。

中港珠宝交易中心一楼是黄金珠宝品牌专卖中心，其3000多平方米的经营面积，位居深圳黄金珠宝饰品卖场之首。在这个黄金珠宝零售大卖场中，来自30多个国内外知名的珠宝首饰品牌各展风采，将各大品牌的特色和服务尽展在消费者面前，最大程度地满足了消费者的消费需求。一年多来，中港珠宝在国内珠宝首饰卖场首推的“真珠宝，不二价”的经营理念大获成功，为规范珠宝首饰零售市场做出了表率，为中国珠宝首饰业的国际竞争力注入了新的活力。

中港珠宝交易中心二三楼是全国珠宝首饰厂商最集中的珠宝首饰批发市场，同时也是内地珠宝首饰产品出口海外的重要基地。经过一年多的发展，中港珠宝首饰专业市场已经显示出了饰品系列齐全、品种繁多、厂价直销、信息快捷等规模、价格和信息优势，充分体现了专业市场一站式采购的特色。来自全国各地的珠宝首饰采购商家不需要再像以前那样跑遍全城，只要在这座名副其实的珠宝首饰城内，就可以轻松地“物取所需”。不同特色、不同品种、不同款式的齐全系列产品，都为采购商家带来了多向选择的采购便利。

中港珠宝交易中心五楼是珠宝商会所，它开行业先例，为广大珠宝商和从业人员提供了一个联谊、交流、合作、学习及娱乐的良好空间，它集会议中心、推广中心、信息中心、鉴赏培训中心、休闲中心为一体。在开业的一年时间里，珠宝商会所开展的系列专题活动，为国内外珠宝商之间增加了相互的沟通和了解，加深了相互情意，达成了更多的商务合作，显示了强劲的功能优势。

第三节　深圳水贝国际珠宝交易中心

2003年9月17日下午，佳宁娜国际珠宝广场和水贝国际珠宝交易中心，分别在佳宁娜广场和深圳威尼斯酒店举行推介招商签约仪式。加上2002年9月13日已经开业运营一年的中港国际珠宝交易中心，深圳的珠宝首饰专业市场形成了“三足鼎立”的战略态势，深圳的珠宝首饰行业迎来了一个快速发展、集团发展的新时期。

凡是在中国从事珠宝首饰行业的人们都知道：沙头角是深圳的黄金饰品加工批发中心，中国最大的几家黄金饰品加工批发中心都集中在沙头角保税区的周围；而珠宝镶嵌和加工则一定要去位于深圳市罗湖区翠竹路周围的水贝、田贝，因为那里集中了逾300家以

Such as the lotus leaf's rolling dew
Brisk pearl
Is an ocean inside the lover's tears
Affectionate pearl
See a light gleam flutter
sea dragon emergence
Mysterious pearl

Clear seasonal changes of month
Mapping the daughter such as the flower
The night moves the breeze dance
Exactly the maternal love is dignified
Kindly peaceful
Keep into the water inside it
Infant that heart also lightly sing a song
with the Wu country
Melt into TAIHU

上的珠宝首饰加工企业，是中国最大的珠宝首饰加工基地。

鉴于深圳是中国珠宝首饰业最大的生产加工及交易基地，深圳罗湖区又是汇集了深圳珠宝业近七成的生产及交易量，是珠宝商来深圳采购、加工、交易的首选之地这一现实，深圳市政府、罗湖区政府自2003年7月全速开动“便利直通车”，吸引了数十家知名金融、商贸、中介服务等领域的大企业的目光。在此形势下，水贝国际珠宝交易中心应运而生，它在深圳市罗湖区政府的大力扶持下，立志将水贝国际珠宝交易中心建设成为集加工、展示、批发等为一体的珠宝首饰交易平台。

水贝国际珠宝交易中心利用其位于深圳和珠江三角洲珠宝圈的核心地位，将中心的市场价值定位于高档次、高规格和高起点，力图汇集国内、香港、国际的众多知名品牌和实力雄厚的珠宝厂商，致力于构建全新的珠宝首饰国际化交易渠道，实现珠宝交易的规模化、国际化、产业化。

借助在深圳市罗湖区翠竹路周围的水贝、田贝等工业区已经形成的珠宝首饰生产的规模效应和雄厚的技术底蕴，水贝国际珠宝交易中心成为最具专业性的交易平台，它由三大功能中心组成，按功能分为十多个经营区域，形成一站式的采购中心，集珠宝首饰设计制作、加工批发、物料采购、商情信息为一身，是商家树立品牌、拓展销售渠道和交流信息的最佳场所。

水贝国际珠宝交易中心具有三大效力：强大的商业辐射力、商业吸引力、商业竞争力。拥有汇聚来自市场、营运、物业管理、技术支持四方面精英人员的专业团队；超过六种专业服务，为商家经营提供完美支持；其八大金钻优势，保证了商家的高盈利。水贝国际珠宝交易中心有十个经营区域，包括：国际区、银饰、翡翠、珍珠、宝石、贵金属、珠宝首饰配件区等；超过200间商铺，将汇聚众多实力商家，形成“一站式”购物。

第四节　佳宁娜国际珠宝交易广场

为促成深圳成为全国黄金珠宝首饰行业的消费中心，在深圳市及相关部门的大力支持下，香港佳宁娜集团决定在佳宁娜友谊广场开设珠宝首饰交易广场，利用自身国际品牌效应，打造深圳的国际知名黄金珠宝品牌交易市场，为国内珠宝首饰厂商打造品牌、实施品牌战略提供一流平台。同时也为国际珠宝品牌进入中国内地市场提供商业跳板，成为深圳乃至全国的珠宝首饰行业之窗。

本着高起点、高规格的商业规划，凭借优越的商业地理位置和雄厚的发展商实力，依托项目广阔的发展前景，佳宁娜国际珠宝广场一亮相就赢得了众多业界人士的青睐。目前，已有包括台湾、香港、北京、深圳等地的多家珠宝首饰品牌诚意进驻。

地处深圳市人民南路黄金商业中心，距离罗湖口岸仅5分钟步行路程的佳宁娜国际珠宝交易广场由香港佳宁娜集团开发运营。发展商实力雄厚，经营业务包括房地产、贸易、工业、酒楼及娱乐行业。佳宁娜国际珠宝交易广场经营面积逾6000平方米，设施完善，以经典商铺式为主，并由开放式店铺和品牌形象区组成，集时尚、典雅、尊贵于一体。周边配套设施齐全。优越的地理位置与密集而高层次的消费人流，处处彰显佳宁娜国际珠宝交易广场国际级的营商环境，是珠宝首饰品牌演绎高贵潮流、品位的极佳场所。

为了保证佳宁娜国际珠宝交易广场的专业形象，发展商方面制定了非区域主流品牌不招、非实力品牌不招、非信誉品牌不招、非特色品牌不招的四不招商原则，旨在保证佳宁娜国际珠宝交易广场的专业化和品牌化。同时，为了保证佳宁娜国际珠宝交易广场所销售的产品质量，发展商方面特别邀请了国家权威质量检测机构驻场，为消费者提供多项鉴定检测服务。

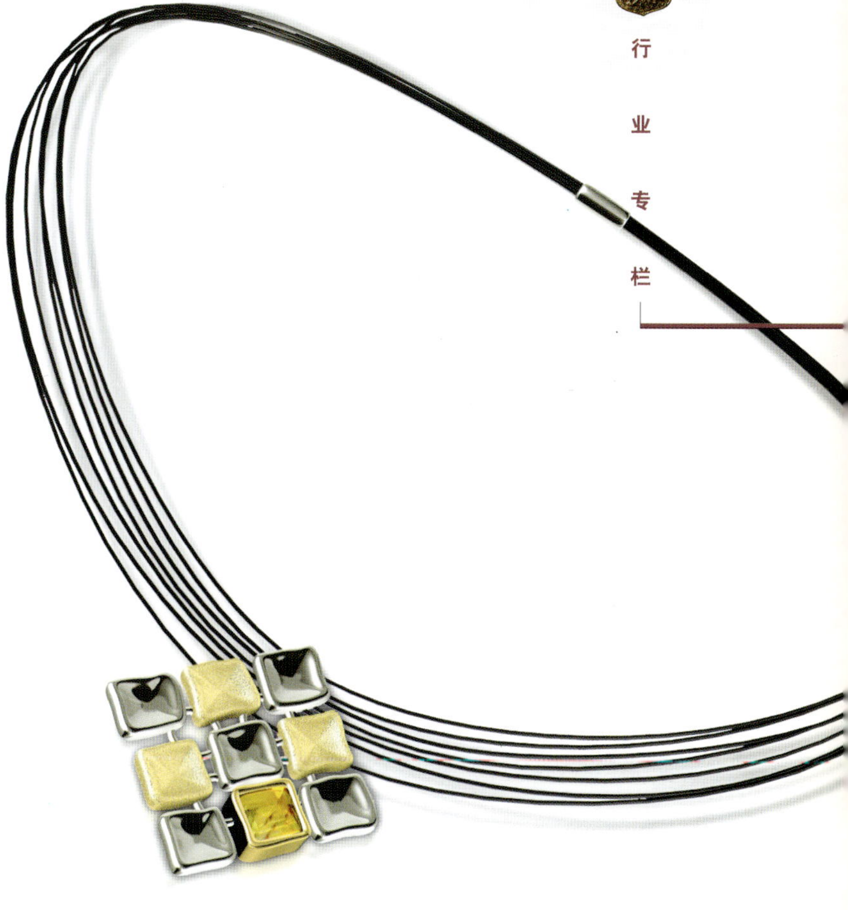

保障入场商户的生意兴隆是佳宁娜国际珠宝交易广场的另一项重要举措，在为进场珠宝首饰品牌提供各项商铺租金及经营费用优惠的同时，佳宁娜国际珠宝交易广场还预算列支了大笔的宣传费用，开业前后都将投入巨资宣传佳宁娜国际珠宝交易广场及入场经营的珠宝首饰品牌。这些措施的有效实行将为佳宁娜国际珠宝交易广场的兴旺发展提供良好的保障和坚实的运营发展基础。

第五节　北京五环珠宝批发市场

北京五环珠宝市场面积很小，只有1000多平方米，而且处于繁华商业区，道路狭窄，车流拥堵。然而就是这弹丸之地，偏偏成了珠宝批发商的风水宝地，得到了广泛的社会认同。市场自1994年创业运营以来，现已容纳商户50余家，经营状况十分良好。每天，操着不同口音的顾客令这里的商家和员工忙得连吃饭都顾不上。

“找准定位求发展，严格管理出效益。”遵循着这样的经营方针，五环珠宝市场一步一步走到今天，经历了一个由摸索到成熟的过程。五环珠宝市场与北京地区其他珠宝市场相比，受到众多客观因素的制约，特别是硬件设备落后、空间潜力很小。因此，只有做批发，才能把有限的空间最大化。五环最早以经营宝石为主，后来逐渐向珠宝首饰过渡，经营上先后经历了创业、发展、巩固三个阶段。五环的市场管理注重一个“严”字，在质量上，所有入驻商户必须诚信经营，同时市场号召商户互相制约，对损坏市场的行为达到共愤和共识，并十分注重用顾客来监督市场。在五环经商，大家都知道自己吃的是一口诚实饭，且深知，蒙人一时，不能蒙人一世，长久的信任才是最大的利益。

以昔日旧厂房改造而成的五环珠宝市场，如今最大的发展“瓶颈”就是建筑空间基本上已没什么潜力可言，长远看来不利于发展，但愿这个充满活力、人气旺盛、生意兴隆的市场能找到更好的持续发展思路，为国家经济建设做出更大的贡献。

第六节　北京国际珠宝交易中心

北京国际珠宝交易中心，位于首都北四环，四方通途，位置优越。珠宝城交易及配套办公面积20000平方米，总投资1亿元，以其宏大的建筑规模及高档、华贵、先进、完善的软硬件配套设施，成为亚洲首屈一指的专业珠宝市场，为商家营造了一个典雅、舒适、安全的交易环境。

中心专营各种珠宝原料、半成品、成品、饰品及珠宝精品、珍品、藏品的批发、零售、展示交易。自1998年4月开业以来，中心已入驻国内外名优厂商100多家，其铂金、翠钻、珍珠、宝石镶嵌、玉雕等商品以精湛、高档的品质，厂商直销的优惠价格而冠绝京城。中心一二三层以经营各种珠宝首饰为主，四层为多功能展示交易大厅，五层为保龄娱乐中心，地下一层为餐饮中心和目前京城规模最大的观赏石展卖厅，地下二层为大型停车场，地下三层为商用仓库。整个商城设施齐全，功能完备。

在经营上，中心大胆创新，一改传统的买卖隔柜式交易，采用独立、开放、灵活的精品间展示方式经营，令人耳目一新，缩短了珠宝精品与顾客间的距离，大大促进了顾客的购买欲。中心以消费者利益为市场开拓之本，常年为顾客提供免费的品质鉴定服务，个性化首饰设计、加工、珠宝首饰代卖等多方位的诚信服务，在消费者心目中树立起良好的市场形象和声誉。

【第四章】

世界珠宝行业组织

International jewelry trade organizations

第一节　世界黄金协会

一、2003 世界黄金协会推广策略

为应对世界经济及政治多变时期，2003世界黄金协会准备调整结构及进行资源整合，给黄金重新定位，集中推广新的策略；精简全球办事机构，集中在10个最重要的黄金消费市场，整合推广资源于五大重要地区及市场，首饰——美国、印度、中国、中东及欧洲；投资——美国、印度、中国、日本及中东。远东区精简至4个办事处：新加坡、东京、北京、上海。最终目的是：①促进全球黄金需求增长；②协助中国黄金市场与国际市场完全并轨；③协助业者充分利用已开放的市场环境拓展业务。

协会2003年工作的两大重点：

1．重塑黄金投资及金融资产作用

深入了解国际经济情况，研究新时期消费者投资，寻求“安全港湾”心态及推出相应产品。黄金传统的保值、避风港等金融作用凸显。开发黄金投资新产品及开拓新市场，如中国、印度等。

2．全球黄金新形象推广层面

坚持建立全球统一形象，全面提升黄金首饰时尚潮流形象；加强黄金传统的感性及文化内涵宣传；加强媒体宣传以建立黄金的品牌形象，并协助业者提高销量；加大力度对黄金价值的宣传。

全球重点市场之一——中国

由于中国是全球主要黄金消费市场及协会推广重点，纵观中国市场状况有三大特点：新政策、新变化、行业大调整。世界黄金协会决心与中国的黄金业者共同开展金饰及投资产品推广，宣传仍以加强情感诉求和时尚形象为重点，以建立全新黄金定位。具体措施：①金饰、投资齐头并进；②加大推广力度，增加推广经费；③开创黄金时尚新形象，针对年轻消费群，引导时尚黄金消费理念，打造黄金饰品新形象。配合时尚新产品主题进行推广，方式与各地主要业者紧密合作；④黄金传统文化内涵及作用重塑，强化黄金传统功能，如结婚、各种纪念日等及自用、送礼市场，并且强化情感诉求，改变传统金饰产品设计及形象；⑤同大多数业者合作推广，开拓更多二三级城市；⑥开发黄金零售投资产品市场；⑦帮助业者加快黄金市场进一步开放，并使业者更快适应新的市场体系及环境，以丰富发展金饰市场。

二、2003年市场推广活动

1．金饰时尚2003

世界黄金协会于2003年4月3日在北京举行“金饰时尚2003”发布会，发表了2003年金

饰时尚的最新流行情报，即三大设计潮流："华丽梦幻风"、"文化万花筒"、"复古未来式"。综合欧美珠宝设计师最新发表的作品，2003金饰创作的精神，是追寻和开拓人类梦想中的乌邦托，以"新冒险主义"为题，从浪漫传说或过去美好年代中搜寻充满美感的设计元素，加上设计师的时尚触觉与个性化演绎，塑造出全新感觉的金饰，投射出人类对未来乐园的憧憬。配合缤纷多彩的时装潮流，2003年金饰的特点不止局限于24K黄金，而是黄金、白金、玫瑰金、青金的多元化搭配，除了以不同颜色的黄金互相搭配外，以黄金搭配其他色彩活泼新颖物料、宝石或是半宝石也大行其道。

2．隆重推出花嫁、情结、美丽新娘三大系列金饰

世界黄金协会在其全球眼光、本地特色的决策引领之下，于2003年春季在中国大规模地推广其具传统价值和现代美感的结婚金饰产品，以求再现"闪耀源自黄金，光彩发自内心"的魅力特色。

结婚金饰共分三大系列：花嫁、情结和美丽新娘。设计师用生活中最常见的元素渗透在首饰设计中，很完美的表达了人们所拥有的爱情三步曲：相遇、相爱和相守。

3．与菜百在北京地区独家推出"闪耀如金，结婚金饰"第二系列新款

2003年8月22日至9月14日，菜百在其3周年场庆活动期间与世界黄金协会共同推出"闪耀如金，结婚金饰"第二系列新款。整个系列共分为"纤花物语"、"云中漫步"、"爱的翅膀"、"爱心剔透"、"爱意流苏"5大系列。该系列除了热烈与喜气之外，其清新大方的设计更加符合现代女性开放、自立的个性，新颖的造型设计与黄金本身柔韧的特性和谐而统一。

4．推出全新K—gold 18K金

在世界黄金协会的大力推广下，西方世界的K—gold摩登风开始登陆内地市场。K—gold18K金饰引领时尚风骚，让时尚人士趋之若骛。

K—gold18K金饰能风靡世界的独特魅力，除了种种令人叹为观止的造型外，还因为融合了黄金及其他特性不同、材质各异的金属，能令金饰变换出丰富多彩的样貌，既能呈现出典雅高贵的白色，又可演绎出魅惑灵性的玫瑰金、粉红金、三色金以及沉静冷艳的青金、紫金等多种色泽。多变的金饰色彩在与服装搭配时增加了多彩的变化性，因此更加迎合追求时髦与独特品质的时尚消费一族的需求。轻易展现最具个性化的独创搭配，是现代女性展现品位塑造个性特色的最佳利器。因此，K—gold18K金饰深得消费者的芳心，被认为是时尚首饰的标志。

以含75%纯金的18K黄金为主要材质的K—gold时尚金饰，因其硬度较好，且可变化出丰富多彩的颜色，所以被西方首饰设计师广泛采用，创制出各款精美摩登前卫的首饰款式。意大利是K—gold时尚金饰的设计制作中心，欧洲各国和美国、日本则是K—gold时尚金饰的消费中心，因此K—gold又名“西金”，已在西方国家盛行多年，尤其是年轻人，以佩带款式别致而又多样的K—gold金饰来表现自我的与众不同。K—gold时尚之所以经久不衰的原因是与当代年轻消费群体的时代需求相吻合。

世界黄金协会2003年9月份发布了其最新的推广策略，联合香港珠宝企业周生生、周大福以及上海新生代珠宝商东华美钻和泰基珠宝在上海推出全新K—gold金饰，并以此引发中国黄金首饰工业的改革，提升中国首饰制造业、零售业的全球竞争力。这是首次海外珠宝公司与本土公司强强联合的一个典型案例。

三、K—gold时尚俱乐部

2003年12月18日，世界黄金协会在上海INCJW酒吧内举行千人盛大K—gold时尚晚会，宣布成立K—gold时尚俱乐部，为上海的时尚女性铸造起一个爱美的天堂。

世界黄金协会自20世纪90年代中期起，就开始在北京、上海等地倡导以女性时尚交流为宗旨的伊金会，开展的一系列活动深得白领时尚女性喜爱。如今，K—gold时尚俱乐部的建立，不仅是K—gold18K金饰推广活动的纵向延伸，也是伊金会的横向发展，这表明世界黄金协会一直在致力于为都市女性打造最新的时尚交流平台。

K—gold时尚俱乐部为女性开辟了另一种生活空间，藉此为女性提供畅谈时尚、情感、装扮、生活、工作交流的机会。现代女性已十分了解时装文化，但首饰文化与时装如何搭配则是一个新的时尚领域。

第二节　国际铂金协会

一、关于国际铂金协会

国际铂金协会(PGI，Platinum Guild International) 是一个国际性的组织，成立于1975年，总部设在伦敦。国际铂金协会由世界上著名的铂金矿主Amplats，Impala等赞助成立。国际铂金协会的主要宗旨是促进铂金的首饰用途，扩大铂金首饰的生产和消费。在过去的29年中，国际铂金协会通过媒体广告活动来促使市场增长，开展有针对性的公关活动及店铺宣传，为贵金属生产商、首饰制造商及首饰零售商提供有关信息和营销支持，运用市场调查来研究消费者的购买行为，并检验我们工作的效果。国际铂金协会还通过专家讲座、展示会等途径向首饰制造商提供技术支持和咨询。目前，国际铂金协会在德国、意大利、美国、日本、中国上海及印度皆设有办事处。自1998年在中国上海设立代表处以来，国际铂金协会不断培养和引导中国消费者对铂金首饰的需求。短短6年间，中国铂金首饰消费已经从占世界消费总量的1%飞升到52%，成为全球铂金首饰消费第一大国。

作为致力于推广铂金首饰的全球性机构，国际铂金协会将继续不惜余力地加大市场推广力度，与广大的业内合作伙伴一起共同推动铂金首饰市场的发展。

由于市场的驱动力，铂金的价格达到历史性的高度，国际铂金协会将为铂金注入新的内涵和活力，让人们确信，铂金饰品仍是最珍贵的选择。

国际世界铂金协会是一家全球性机构，致力于开发、扩大和巩固铂金饰品消费市场，吸引消费者。为培养推动人们对铂金饰品的渴望，同时，为了将这种渴望转化成销售成果，国际铂金协会还提供大量信息、实用性协助以及专业知识，以将这种渴望转化成销售成果。

二、国际铂金协会CEO谈中国铂金市场发展

国际铂金协会CEO James Courage 分析指出：现在世界首饰市场的需求，由于受到经济等多种因素的影响，发展趋势变化难定，但就铂金首饰市场而言，消费者的情感则是铂金首饰，特别是铂金钻石首饰需求发展的关键动力。无论是新婚戒指、订婚戒指，还是每天都要佩戴的铂金首饰，铂金独特的魅力、动人的形象都是消费者需求的重要情感因素。从目前世界铂金首饰特别是铂金钻石首饰的消费中看出，新婚、婚庆及情侣等所需求的铂金戒指，特别是铂金钻石戒指是铂金饰品销售的最主要产品。

国际铂金协会分析指出：中国铂金市场的消费多为25～40岁的女性，中国的铂金饰品消费将成为汽车、房子之后的第三大畅销产品。中国是年轻的、发展的铂金饰品市场。

国际铂金协会目的是开发铂金首饰市场，中国已经成为铂金首饰推广取得巨大成功的地方，

Pt
PLATINUM
稀有铂金 永恒纯净
稀有铂金
永恒纯净
地址：上海市南京西路1266号恒隆广场4605～4606室 邮编：200040
联系电话：021—62881048 传真：021—62881049 网址：www.platinumguild.com
Pt 铂金专有标志

中国的市场规模巨大，随着中国经济每年增长7%～8%的发展，目标消费群体购买珠宝的欲望和能力不断增加。上海黄金交易所增加铂金的交易也是铂金发展的积极方面。在中国，人们购买珠宝只是冲着珠宝的功用，而没有作为一种投资。对于并不是主流消费者的年轻消费者，铂金的持久价值和潜在价值的增加仍然也是购买的因素之一。在一些地区，黄金珠宝仍然作为一种传统的投资，但是铂金不会出现这种情况。

三、国际铂金协会致中国首饰业者

2003年对中国铂金市场来说，是困难重重而又至关重要的一年。国际铂金协会衷心感谢广大行业伙伴多年来对中国铂金首饰行业发展作出的不懈努力与贡献。

面对2003年高涨的铂金料价，我们非常理解其给行业伙伴带来的压力以及对中国铂金首饰行业产生的负面影响。庄信万丰公司在2003年度中期铂金评论中指出，2003年度料价的高升主要原因是由于铂金供求之间的不平衡。尽管南非开采商的产出量有所增加，2003年铂金的总供应量将会上升至历史最高的611万盎司，但是铂金原料的需求量仍然继续高于供应量，供需之间缺口将会达到48万盎司。

国际铂金协会作为一个非赢利性的国际组织，在全世界范围内致力于铂金首饰的推广，促进铂金首饰市场的发展和成长。国际铂金协会自从1998年在上海设立办事处以来，不断地培养和引导中国消费者对铂金首饰的需求。从1997年至2002年这短短的6年间，中国铂金的消费已经从占世界消费总量的1%急剧增长到52%，成为全球铂金首饰消费第一大国。2003年料价飞涨给铂金首饰制造和销售带来诸多困难，但中国消费者对铂金首饰依然是非常喜爱。

我们对中国铂金首饰市场的未来前景依然充满了信心，因为铂金代表了中国新一代消费者对时尚的选择和诠释，而铂金带给消费者的“稀有、纯净、永恒”的概念，更非其他金属能随便取代。国外几个世纪来的事实证明，铂金首饰一直是名流雅士追宠的珍宝，它光辉永在，历久弥新。

尽管料价高居不下给行业发展带来了一定的冲击，国际铂金协会仍将一如既往，继续不遗余力地通过各种活动来促进中国铂金市场的增长。加大推广的投入，开展多种公关活动，增强店铺宣传和促销力度，通过与行业伙伴建立更为紧密的沟通与合作关系，同大家一起并肩作战，共渡难关。

衷心希望我们在推动市场发展的同时，也能帮助行业伙伴在铂金首饰的制作和销售过程中获得更多的利润，共同促进中国市场的发展。

四、2003年市场推广活动

1. 2003年春、夏季“2003我的铂金神往”系列

国际铂金协会一直以来致力于打造都市知识女性形象，优雅、稀有、纯净是铂金演绎的永恒的主题。本次推介从4月下旬开始，在北京、上海、成都、南京、武汉、广州、温州、沈阳和深圳9个城市与消费者见面。主题饰品由项链与耳环组成的水滴三件套。水是纯净与永恒的象征，绵延纤细的水滴状长挂坠在颈部被小巧的弧形轻轻扣住，将女性外在淡雅从容与内心的含蓄坚定巧妙地结合在一起。耳环也采用了长挂坠的款式隐约闪现如水般的温柔。这组饰品将铂金雅致的光泽和知性的气质表现得淋漓尽致。主题戒指也富有创意，以单环搭配弧形，简约之中透露出精致，非常适合崇尚简单优质生活的女性佩戴。

神往系列共有16款款式，涵盖了简约与奢华两种不同的风格，适合不同场合佩戴，让普通女性也能展现明星的光彩。

如水系列——项链

2. 2003年秋“我的铂金如水系列”

国际铂金协会2003年秋推出“我的铂金如水系列”新款铂饰，于9月中旬开始在北京、上海、沈阳、武汉、南京、西安、广州、深圳、成都等10大城市上市。

与国际铂金协会刚发布的以水元素溶入铂金品牌理念之中的标志相呼应，“我的铂金如水系列”新款铂饰也以水作为设计元素而创作。人说女人是水做的，欢笑的女子如同涌动的溪水，宁静的女子宛如一汪深幽的湖水，表达母爱时的女子又恰如广阔的大海。水因纯净而美，铂金因纯净而珍贵。

此次推出的“我的铂金如水系列”新饰，就是将铂金、女子与水在纯净的天地中交汇。新饰共有17款戒指、项链与耳钉。主推款的戒指是抽象的设计，是流水般动感的线条。排箫状的链坠，如同幽婉的仕女在潺潺溪水静静竹林畔浅唱低吟。与之相匹配的耳钉，犹如水面一阵轻

轻泛起的涟漪，水波的痕迹浅浅划过，留下淡淡的弧线。

3. 水元素溶入品牌理念

2003年9月14日，国际铂金协会在深圳发布了全新的品牌形象，新形象将水元素溶入到铂金的品牌理念之中，并将水蓝色的Pt标志作为铂金全新的品牌形象。

如水系列——戒指

新的铂金形象较之过去更为简练和清新。主画面代表铂金化学元素的“Pt”字样纤细而简洁，充分体现了铂金的高贵和简约。此标志将在全球同时使用。

如水系列——耳环

第四季度推出的铂金如水系列也适时的在铂金设计中溶入了水的元素：灵动和流畅。水波状挂坠的主题项链佩在胸前，让人依稀可分辨出宁静的湖畔传来的阵阵乐声，千回百转，如歌如泣。搭配与之配套的耳钉，怡然的气质呼之欲出。

每一季的主题戒指也是不可或缺的亮点，本季抽象的设计中更多流露出的是水般的动感线条，恰似女子对水的钟爱。

4. 铂金的品质

铂金纯净、稀有、永恒以及多种用途的品质使得这一珍贵的金属十分特别。

在中国，铂金饰品的一般纯度为90%和95%，而18k黄金的纯度仅为75%。任何金属都不可能完全纯净，都存在着杂质，掺杂着其他金属。铂金几乎没有杂质，纯度极高，因此不会褪色或变色，能够在时光流逝中仍然保持光泽。铂金纯净的白色光泽能很好地反射着钻石的真正光芒。它为珍贵的珠宝提供最佳的底座，而且还能衬托出黄金天然的黄色光彩。铂金的纯净还十分适合肌肤，因为与其他金属内含有杂质不同，铂金不会造成过敏反应。

铂金比黄金稀有35倍，在全球，只有在极少的地方才能开采，主要位于南非和俄罗斯，以及津巴布韦、加拿大、南美的少数地区。每年，只有88吨铂金被制造成饰品，而黄金则有2700吨。生产一盎司（31.1克）铂金，需要花费8周时间，消耗10吨矿石，而生产同样数量的黄金只需要5吨矿石。此外，铂金矿的数量更少，与黄金矿的比例为1比10。

铂金的密度和重量令它比其他首饰用金属更耐久。1个六英寸见方（15厘米）的铂金立方体的重量为165英磅（75千克），相当于一个普通男性的体重。铂金耐热耐酸，熔点很高，为华氏3223度（1768摄氏度）。铂金不会磨损，能够稳定安全地固定住贵重珠宝。所有贵重金属都会留下划痕，铂金也不例外。但是，铂金上的划痕只是移动了金属，不会减少它的体积，而黄金上的划痕会带来磨损，减少黄金的体积。如果铂金上的确出现了肉眼可见的划痕，合格的珠宝商可以为它重新打磨。

除了强度和密度之外，铂金还拥有另外一项出色品质：柔韧性。铂金十分柔韧，只需1克铂金，就可以拉成超过1英里（近2千米）长的细丝。这种品质，加上铂金的强度，令珠宝商们能够创造出极其柔韧的网状铂金首饰，而其他贵重金属绝对无法做到这一点。铂金还可以用于工业领域，最著名的就是用在催化反应器中。铂金在医疗领域中也扮演着重要的角色，它不受血液氧化作用的影响，具有出色的传导性，且能与活组织相容。由于上述这些特性，铂金被应用于心脏起搏器中。目前，超过五万人依靠心脏起搏器健康地生活着。对他们而言，铂金是一种能够拯救生命的金属。

五、国际铂金协会全球新品牌形象介绍

现在，国际上越来越多的国际商家和同行注重他们的品牌形象和新的营销概念，国际铂金协会也不例外。从2003年下半年开始，国际铂金协会在全球开启使用一个新的品牌形象系统，诠释了“稀有铂金、永恒纯净”的新概念。

世界铂金市场在近十年来发展迅猛，尤其是中国的铂金首饰市场从1993年到2002年的销量突飞猛进，从2000年开始中国一跃成为全球最大的铂金首饰消费的国家，2002年中国铂金首饰市场消费量近40吨左右。国际铂金协会主要是通过广告营销活动来进一步促进市场的增长，同时开展针对性的市场活动和店头的宣传活动，并且为整个行业（包括生产商、零售商、制作商在内的）提供相关的营销和信息支持，通过市场调研活动研究最终消费者的行为并检验我们的工作成果。

国际铂金协会的任务是建立并巩固铂金的价值，使铂金首饰始终处在潮流的前端，向消费者呈现越来越精美的铂金首饰；鼓励业者增加铂金首饰的生产和销售，从生产商和零售商的销售，关注消费者，吸引媒体的关注，把握时尚潮流，引导消费者，增加铂金首饰在媒体上的曝光率。国际铂金协会顺应时尚的发展潮流，也希望全新整合我们统一的全球品牌理念和标识，来赋予铂金一个全新的品牌形象，希望可以诠释出铂金的内在品质以及富有时代气息的形象。这种营销活动可以称之为360度全方位的营销活动，激发行业以及消费者对铂金的热情、对铂金生产的热情、对铂金购买的热情，同时帮助业者增加盈利。现在通过这些手段（比如说从品牌定位到公关等，包括品牌定位、品牌标识、广告、网站、店头促销以及公关活动，还有全球各地单独的上市活动）介绍铂金新的品牌形象。我们希望这些营销手法可以更好地体现铂金的内在精髓，同时也使铂金首饰清晰明了的区别于其他首饰，很多消费者对铂金和其他金属首饰还存在一定模糊的认识。我们希望通过全新的品牌整合形象在全球各国市场保持铂金首饰品牌的统一性。

第三节 DTC钻石推广／咨询中心

一、关于戴比尔斯（De Beers）

戴比尔斯是全球最大的钻石开采公司。自1888年创立以来，戴比尔斯便成为钻石的代名词。戴比尔斯也进行钻石估值，并把全球大部分的未切割钻石，销售给钻石切割中心，由切割中心把这些钻石切磨加工，使之能用于首饰当中。

戴比尔斯是全球采钻技术业中的翘楚，经营全球19个钻石矿，生产全球超过半数的钻石，并与非洲加那、纳米比亚及坦桑尼亚等政府联合经营钻石矿。从这些钻石矿开采出来的钻石，以及由其他主要来源得到的钻石，全部由戴比尔斯以伦敦为基地的中央统售机构售出。

中央统售机构每年均举办10次钻石鉴赏活动，把未切割的钻石，卖给全球超过160个主要的钻石切割厂商，这些厂商全部都是戴比尔斯中央统售机构的客户。戴比尔斯的中央统售机构经常与全球主要的钻石切割中心保持紧密的联系。

戴比尔斯的研究及发展部为了钻石业的整体利益，不断在采钻技术上进行研究。在全球六大洲，戴比尔斯聘用了近250名地质学家，运用最新的技术去搜寻钻石。采钻工程甚至发展到封锁区纳米比亚及南非西岸的海床，这些都是需要极度挑战技术的地方。

DTC是戴比尔斯下属的一个专门从事钻石市场营销的机构，DTC对全球大部分钻石进行分类、评价，同时向看货商提供毛坯。

戴比尔斯在全球34个国家，共用了21种语言去推广钻石。通过全球的钻石咨询中心及钻石推广中心，戴比尔斯为顾客、传媒及珠宝业提供协助及钻石的最新消息。五十年前，戴比尔斯创出了“钻石恒久远，一颗永留传”的广告口号。

钻石推广中心运用广告、推广活动及训练，在钻饰市场中发挥着巨大的影响。钻石推广中心筹划推广节目，并提供珠宝店铺需要的店铺促销产品，以提高钻石的销售。钻石咨询中心则每年都会通过举办不同类型的国际性钻饰设计比赛，如“今日钻饰”及“国际钻饰设计比赛”等，以提高珠宝设计的创作意念。此外，也举办了不少成功的大型展览，以钻石配上名媛美人，加上现场营造的独特气氛，向世人显示出钻石的炫目辉煌。

二、营销对中国钻石市场发展的影响

自改革开放以来，中国钻石业的发展与正确的市场营销策略是分不开的。它经历了形象营销——分类营销——产品营销——品牌营销四个阶段，始终因势利导，引导着钻石业走向成熟。DTC钻石贸易公司承担戴比尔斯集团全球市场的钻石营销工作，经过公司在中国的市场推广工作，中国钻石首饰零售业已初具规模，为进一步发展打下了基础。

DTC认为，在高档奢侈品领域，品牌具有超凡的力量，引领产业发展。品牌能给这个行业带来全新的、也许是“质”的飞跃。

钻石首饰零售业是钻石业的终端环节，在中国起步较晚，但发展较快，人们对钻石首饰的需求不断提升，这对中国钻石零售业提出了更高的要求。中国的传统珠宝产品主要以黄金和翡翠为主，改革开放以后，珠宝市场上黄金和翡翠仍占绝对优势，而钻石几乎不为人们认识。钻石首饰主要在银行金店、友谊商店、侨汇商店内零售，从事零售的珠宝商仅备存少量的钻饰，因此，钻石行业本身还谈不上有任何市场营销的概念。

当时的戴比尔斯在福建厦门进行试探性的市场营销投入，在厦门电视台投放结婚钻石首饰的广告，并在相关杂志媒体上发表公关文章，介绍钻石的来源、历史等。钻石很快被那些意识超前的消费者所接受，他们成为率先拥有结婚钻戒的消费者，起到了无声宣传员的作用。

戴比尔斯于20世纪90年代中期开始大规模市场推广。在这一阶段，戴比尔斯的市场营销策略是代表整个钻石行业进行整体市场营销，目的是树立钻石的形象，提高消费者对钻石的整体需求。以结婚钻戒广告为切入点，先后在中央电视台和一些重要的省、市电视台播放结婚钻戒广告，并在行业杂志和大众杂志上刊登平面广告。结婚钻戒广告对整个钻石行业起到了很好的推广作用，成为钻石业的基础。

在向消费者传达“钻石的情感意义”的同时，配合国家珠宝玉石质量监督检验中心1997年5月1日颁布的国家钻石分级标准，戴比尔斯还进行了有效的教育工作。一方面在行业内开展行业培训，在中国主要城市对珠宝商进行钻石基本知识和销售技巧的培训，提升了钻石从业人员的专业素质；另一方面，通过店内4C资料的发放和公众媒体的文章，向消费者介绍钻石的基本知识及钻石首饰购买技巧等，改变了钻石是“遥不可及的舶来品”的观念。这样，钻石不再是简单的珠宝首饰，而是可以传情达意的爱的礼物。国家标准的建立树立了钻石的可信度，令消费者对钻石及钻石业有了充分的信心。所有这一切都树立了钻石“独一无二” 的形象，为钻石业的进一步发展打下了坚实的基础。

消费者对钻石的需求不断增长，分化形成了不同的消费群体。戴比尔斯根据中国市场的特点，将中国钻石市场细分为“结婚钻戒”、“女性钻饰”和“男士钻饰”三大类别分别进行营销。

随着戴比尔斯对“结婚钻戒”营销的不断深入，“钻石是表示爱的特别礼物”的概念深入人心，各主要城市的结婚钻戒拥有率逐年攀升。

“女性钻饰”的营销策略以“钻石表达女性自信”为诉求，将这些善于接受

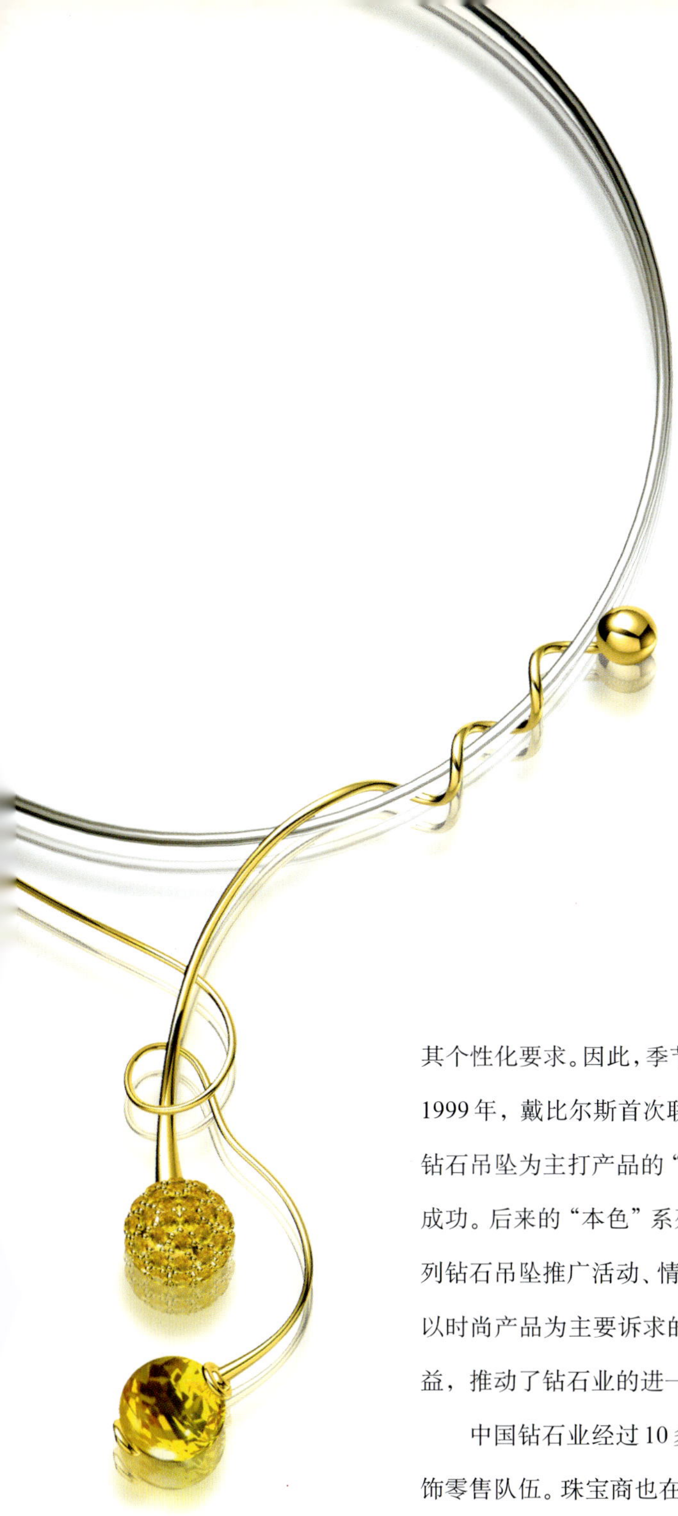

新事物的现代女性的生活方式和品位与钻石时尚的光彩相联系。至今“女性钻饰”首饰销售已成为中国钻石首饰市场的主导。

1997年，戴比尔斯在上海及广东试图启动男士钻石市场，但由于时机尚未成熟，未达到预想的效果，推广近2年后撤出。

在戴比尔斯进行大规模市场营销的同时，中国钻石首饰零售业形成了基本格局。但钻石所占比重仍然很小，几乎没有针对钻石的市场营销活动。

消费者对钻石的需求则远远超越了市场的发展，市场上千篇一律的产品款式和促销活动已不能满足其个性化要求。因此，季节性、时尚性的个性产品的营销策略呼之欲出。1999年，戴比尔斯首次联合上海、北京两地15家珠宝商共同推出了以钻石吊坠为主打产品的“夏日引力”系列产品推广活动，获得了不小的成功。后来的“本色”系列女性钻饰、“都是钻石惹的祸——煽动”系列钻石吊坠推广活动、情人节“月光”系列，都是以消费者需求为导向、以时尚产品为主要诉求的产品营销的成功案例，取得了很好的市场效益，推动了钻石业的进一步成熟。

中国钻石业经过10多年的发展，已形成了一支规模庞大的珠宝首饰零售队伍。珠宝商也在市场竞争中得到了发展，以规模经营、连锁经营、降低成本的策略立足于市场并领导市场。目前，中国内地的钻石首饰零售市场上虽已形成了一些全国性或区域性品牌，有较为广泛的市场覆盖率及市场占有率，但这些品牌尚未有深入人心的品牌形象和产品定位。

究其原因，主要有以下几点：①缺乏有相当销售规模的钻石首饰品牌。目前大的品牌仅占全国钻石首饰市场份额的1%左右，无法组织有规模的市场营销策划；②缺乏有效的市场手段。市场竞争主要集中在钻石的品质和零售价格方面，例如，强调钻石的净度级别、颜色级别，导

致“千军万马过独木桥”的局面，大家都强调VS～VVS净度、H～I颜色，而价格的真正打折空间也非常有限；③缺乏市场营销专业人员，即使有好的策略，也往往没有好的专业策划和执行；④缺乏长期全面的品牌策略。珠宝商往往忽视根本性的产品定位和品牌建设，没有一个长远的、全方位的策略作保障。

中国这个拥有13亿消费者的巨大市场也令世界各地的珠宝商向往。除了一些国际著名品牌外，香港、台湾地区的珠宝商更是充分发挥其同宗、同文化的历史优势和近水楼台的地理优势，在内地这片市场上充分展现。到目前为止，香港的知名珠宝商基本上都把战略中心向内地转移。海外知名品牌的介入，一方面使国内市场的竞争更趋激烈，另一方面也迫使国内珠宝商认真考虑市场营销对企业发展的重要性，通过不断的学习和探索，寻找适合自身发展的市场营销策略。近几年来，不少国内品牌开始尝试各个层面的市场营销手段，从电视形象广告到主题产品推广，从统一的CI形象到精心策划的公关活动，收到了很好的效果。

2001年，DTC钻石贸易公司正式承担了戴比尔斯集团全球市场的钻石营销工作。作为戴比尔斯的下属公司，它的职责就是扶植钻石供应链上有能力的下游商家，建立强有力的品牌形象。今后，DTC在中国以品牌为主题的推广将分两个层面进行。

第一阶段，在目前已取得的行业整体市场营销成绩的基础上，转向更细化的个性产品的促销策略。在增加市场投入的同时，扩大市场推广的覆盖范围，进一步扩展至二线甚至三线城市。同时，拓展现有推广品牌的外延，例如，在现有结婚钻戒推广的基础上，将“钻石是爱的特别礼物”的要领延伸到每年的情人节礼物系列及结婚周年纪念礼物等。

第二阶段，品牌营销策略。DTC钻石贸易公司将通过与各地重要珠宝商的合作，加强品牌的建立和市场营销的改善：①提供专业性培训，为珠宝商提供专业广告、宣传、公关的素材；②鼓励珠宝商参与市场营销活动，帮助珠宝商提高广告宣传效果和市场营销的质量；③协助珠宝商发挥各自的优势，根据自身的特点，树立良好的品牌形象，提升品牌的核心竞争力；④协助珠宝商与上游客户建立联系，开发具有品牌自身特点的产品，进行专门的市场营销支持。

未来几年内中国钻石零售业将步入快速成长期，并保持每年10%左右的速度增长，一批具有竞争能力的国内品牌将通过自觉的、有效的市场营销活动，扩大其在国内的市场份额，并带动中国钻石首饰零售市场的可持续发展。

三、DTC对亚洲钻石消费市场的调查——中国流行“结婚钻戒”

DTC在2003年9月香港珠宝展研讨会上公布了对亚洲钻石消费市场的最新调查：中国一些经济发达地区“结婚钻戒”的消费整体上已经超过日本和韩国。

在DTC公布的统计中，在中国一类城市，新结婚女性的戴钻率上海高达84%，广州为73%，北京为66%，香港为56%。在中国的二类城市，新婚女性的戴钻率虽说参差不齐，但有的城市甚至和一类城市接近，例如大连就已经达到66%。相比之下，日本和韩国的新婚女性对钻戒的热衷就有些逊色了，日本为57%，韩国为47%。

市场分析人士认为，随着中国经济不断地快速增长，人民的生活水平日益提高，新婚女性对钻戒的喜爱必将持续升温。这个市场的巨大潜力，将使包括DTC在内的钻石经销商全力以赴。

四、《钻石分级》国家标准推动消费者对钻石的需求

《钻石分级》标准的建立、实施对钻石市场具有至关重要的作用，它能保证市场的稳定、健康发展，保证业者的利益，也能增加消费者对钻石的认识，保障消费者的购买信心，增加消费者对钻石的需求。中国钻石市场健康、繁荣和充满活力的发展，就是《钻石分级》国家标准建立的过程，也是市场逐步规范的过程。20世纪90年代初，中国钻石首饰市场开始进入初期的快速发展阶段，当时无论是业界还是消费者对钻石都尚缺乏认识与了解，市场上有真的天然钻石，也有经人工处理的钻石；有优质优价的钻石，也有以次充好的钻石；还有钻石的仿制品冒充钻石在销售。致使消费者在购买钻石时忧心忡忡。鉴于这种情况，以国家珠宝玉石质量监督检验中心为代表的业界同仁，认识到建立《钻石分级》国家标准的重要性和必要性。1997年5月第一版《钻石分级》国家标准颁布、实施，市场上所有销售的10分以上的钻石必须有分级证书，从而杜绝了以假乱真现象；珠宝商依据标准对营业员进行培训，提高行业整体的水平。

我们也应该清醒地看到市场发展中所反映出的问题。问题主要反映在消费者对钻石质量的片面追求，导致消费者购买的钻石克拉数比以前小了，消费者追求高的颜色级别和净度级别，并有“克拉数逐年减小，颜色级别、净度级别逐年提高”之势，有些消费者非VVS不买，非G色不买。作为天然宝石的钻石，可以有不同的克拉重量、不同的颜色级别、不同的净度级别，但只要切割精良，它们都是美丽的、珍贵的。虽然这些问题是在钻石市场发展过程中所出现的，但在一定程度上已严重影响了市场的进一步发展。

（1）由于货品范围的狭窄制约了市场的增长。例如消费者不会对同样的设计款式、同样的钻石感兴趣，她们难以购买同样款式的第二枚、第三枚钻石首饰。

(2) 能够供应中国市场的钻石货品紧缺。由于钻石销售的季节性和中国货品的狭窄性，导致能供应中国市场的0.15～0.20克拉、VVS级别、H 色级的钻石（也被称为中国货）全球范围内供应紧缺。

(3) 中国消费者可能以高于市场正常价格的价格购买钻石。由于中国消费者都趋于购买小克拉数、高净度级别、高颜色级别的钻石，必然会抬高这类货品的供应价格。

在此形势下，经修订的《钻石分级》国家标准颁布了，这是钻石行业的一大幸事。新标准将在以下几个方面对中国钻石市场起到保驾护航的作用：①新标准将镶嵌及未镶嵌钻石的分级起评克拉数从原来的0.10克拉提高到0.20克拉。这将有助于消费者充分认识钻石克拉重量的重要性，同时也能把检测机构的技术人员从小分数钻石分级的繁务中解脱出来。②标准更好地与国际钻石分级标准/规则接轨。采用中性意义的描述性词语表征钻石颜色、净度级别，使消费者能更好地理解钻石 4C 标准。

我们坚信，新修订的《钻石分级》国家标准将很快得到行业和消费者的广泛认同，进而推动中国市场的可持续发展。中国是世界上少数几个钻石行业最为齐全的国家之一，这里有从钻石矿山到钻石消费市场的各个环节，中国市场被 DTC 钻石贸易公司作为最具潜力的钻石市场，中国经济的蓬勃发展和中国消费者的迅速成长，使中国市场更加充满活力，必将拥有璀璨的明天。

五、2003 年市场推广活动

1. 新一轮时尚美钻推广活动

2003 年春末夏初，DTC 钻石推广咨询中心继续联合国际铂金协会，以“都是钻石惹的祸”为广告语，推出“惹火”系列单颗美钻铂金项坠，在上海、北京、广州、南京、成都、武汉、杭州、深圳、大连等 11 个城市面市。

“惹火”系列钻饰由 5 位国内外资深珠宝设计师创作，以动静合宜为主要特色，跃动中有优雅的舒缓，刚毅中有内蓄的激情，朴实中显露真趣，纤巧中充满魅惑，在讲求表象造型背后充满了丰富内涵。

该系列新饰共有6个款式：惹火、天神之吻、伊甸春色、丛林诱惑、东瀛妖娆、闺秀密语。款款都突破了以往或单一全面曲线、或一色整体几何构造的局限，是弧形与直线形兼而有之，为中国女性打造出2003春夏流行的时尚新风格。该系列也有统一不变之处，那就是隐藏在每件产品背后喷之欲出的“惹火”特性，可谓神秘性感，触人心怀。

2．2003年全新推出具有特别深意的“半克拉”结婚钻戒

亲爱的，你是我生命中的另一半，“半克拉”结婚钻戒见证我俩爱的合二为一。钻石的神奇魔力不必再多赘言，作为人世间最为璀璨夺目的大自然造物，钻石自诞生始便与爱情结下了不解之缘，它那摄人心魄的魅力和忠贞不渝的爱的象征含义征服了世上无数男女的心。这“天神的眼泪”，“天上星星坠落的碎片”，“浩瀚苍穹降临的甘露”既是出自大自然的天然产物，又同时具有超自然的神秘力量，它生生不息的火彩是情人们火热跳动的心。

DTC 钻石推广咨询中心将“爱的永恒承诺——结婚钻戒”概念进一步深化、丰富，于2003年全新推出具有特别深意的“半克拉”结婚钻戒，用50分即半克拉重量的永恒璀璨的钻石喻示爱人是我生命中的另一半，当它戴在她的手上，时时提醒她他对她爱的深切，强化男女双方在各自心中的深厚份量，富含浪漫诗意。

“半克拉”结婚钻戒秉承结婚钻戒代表爱的永恒的理念，向人们更清晰地揭示男女关系中这一微妙而深厚的感情纽带。生命是周而复始的潮起潮落，“半克拉” 结婚钻戒祝福你与你的另一半爱的生活能达到均衡、达到和平、达到统一、达到完美无缺。

3．“惹火”系列钻饰推广——放射个性，蔓延时尚

DTC 钻石推广咨询中心在2003年春夏推出“惹火”系列钻石吊坠之后，又在秋风送爽的日子，隆重推出多款展现潮流、放飞激情的“惹火”秋冬铂金钻戒，给越来越火的首饰消费市场又添了一把火，誓将惹火势头继续蔓延。

“惹火”钻戒在现代潮流与个性表达之间，令都市女性展现着动人的性感魅力。该系列大胆运用了动感曲线，创造着空间的延展和通透，在钻石闪烁的明暗动静之间，让指间的诱惑肆意蔓延，诉说着现代女性的魅惑心理。习惯了健身、美体、练瑜珈的都市女性，只是为了保持心灵的平静和坦然。但在自我关怀之时，是否需要那份闪烁的光芒唤醒蛰伏于体内的坚强和自信？在和谐的平衡中，质感强烈的铂金曲线源自对禅意的诠释，悠然舒展间探寻着心灵的平衡。钻石在它有劲融合的交汇顶端悬空嵌入，通透的光芒亦幻亦真，若隐若现。

4．DTC特别为男士推出一套全新男钻系列

在以女性为主力群的钻石市场，男钻的选择性的确是无法相比。有鉴于此，DTC钻石咨询中心特地为男士推出一套全新男钻系列，该系列命名为“Pro68”。对于天生粗线条的男性而言，无需具备挑选钻石所需的深奥学问便可在此系列中挑选到自己喜欢的钻饰。

Pro68钻石系列制作过程费时费力，仅是参与制作的钻石工程师与钻石工艺家就超过50多位。历时18个月才完成的具有专利证书的68刻面切割技术，是八角形的68刻面切割技术，颗颗都是通过平均10位切割大师之手完成的。如此精湛的工艺技术，可让钻石内部折射出最多的反射角度和最大亮度，将钻石的火光、亮光、闪光三光反射到极致层面。每一道射出的光束，还会分散成红、绿、蓝的原色光束。

为了能提升男士专业形象的塑造，该系列钻石戒指外观轮廓皆在精准、专业、完美的诉求下展现，借由八角形、直线刻纹，四方形等台座设计来衬托。

5．DTC国际钻饰设计大赛

国际钻石权威——钻石贸易公司(DTC)，作为戴比尔斯集团市场营销的隶属公司，以“钻石——大自然的奇迹”为主题，诚邀世界各国设计人员参加“DTC国际钻饰设计大赛”，以展现天然钻石之神奇、古老、璀璨、珍贵、恒久、独特的内在本质。

本次大赛的设计必须以“钻石是大自然的奇迹”为灵感基础，通过捕捉钻石形成的漫长岁月、艰难历程和罕有特质，表现出钻石的稀有及钻石是大自然的珍宝的本质。参赛者必须是珠宝商（零售、批发或生产商）、珠宝设计师，必须在2004年1月5日星期一之前向当地（上海、北京、深圳）的钻石咨询中心（DTC）递交设计草图。获奖作品将得到系列的公关宣传，获奖设计师更有机会于2004年被邀请前往欧洲国家参加相关的系列展览活动。

第四节　大溪地国际珍珠宣传推广协会

一、大溪地黑珍珠

大溪地是南太平洋上法属波利尼西亚诸多岛屿中的一个岛，那里拥有得天独厚的地理环境和独一无二的黑蝶贝，从而因盛产神秘、高贵的黑珍珠而受世人瞩目。

法属波利尼西亚共有118座岛屿，经纬度介于北纬8度到南纬28度之间，西经134度到155度之间。大溪地为群岛之首，由大溪地、小溪地两岛组成，首都为帕比堤(Papeete)，位于南半球，在新西兰东北方、夏威夷之南，目前仍属法国海外殖民地，官方语言为法语，人口约有二十万人，华人占其十分之一。

这一热带风情的岛国，流传着一个美丽的传说：和谐之神Tanc把照亮天宫的明珠送给了海神Rua Hatu，让它照亮其神殿，但是，一直跟随Tane的勇士Oro爱上了凡间的女子，到海神的宫殿夺取了明珠将它送给凡间的爱人，大溪地珍珠由此诞生。实际上，自1767年西方人士登陆美丽而神秘的大溪地，发现了当地出产的珍珠后，其幻彩多变的珠光，便为它带来了“南太平洋瑰宝”的美誉。

珍珠养殖业作为法属波利尼西亚一项重要的经济收入，备受政府重视，政府特在1993年成立大溪地珍珠国际宣传协会，向全世界推广宣传大溪地珍珠并取得了非凡的成就。为使整个国家的珍珠产业走上专业化的道路，政府还特别设有各级完备的管理制度以监控行业的发展。

二、相关机构

大溪地有三种类型的珍珠养殖商公会包罗不同规模的养殖商：

1. SPPP

该公会吸纳了大溪地珍珠养殖业的巨头，包括Robert Wan公司，他们的产量占大溪地珍珠总产量的65%～70%，该公会两名会员为大溪地珍珠国际宣传协会的董事会成员。

2. GIE POTN

该公会会员为50家，为中小型养殖企业，其年产量占大溪地珍珠总产量的15%，该公会两名会员为大溪地珍珠国际宣传协会的董事会成员。

3. 家庭式珍珠商公会

以家庭作坊式为养殖方式的养珠散户，约有100～150家，他们的产量占剩余的10%。其中两名代表是大溪地珍珠国际宣传协会的董事会成员。

三、大溪地珍珠国际宣传协会

大溪地珍珠国际宣传协会是1993年由法属波利尼西亚政府成立的一个非盈利机构。协会主要职责是在全球竞争激烈及瞬息万变的市场里，有效地分配及推动全球珍珠业的发展活动。协会另一宗旨是将有关大溪地珍珠的资讯、教育及时传播给全球珠宝商和消费者。

法属波利尼西亚政府希望借着发展珍珠业缔造更多的就业机会，为经济发展以及迎合社会需求建立框架，同时帮助人民返回荒芜的珊瑚岛。对于珍珠养殖业来说，大溪地珍珠国际宣传协会的成立是为确保这个行业的发展及存在。对客户来说，更满足了他们对产品的需求。

大溪地珍珠国际宣传协会在全球设立了12个办事处，在20多个地区进行推广活动。协会于2001年在香港成立中国办事处，并于2002年在上海开设大溪地珍珠信息中心。

大溪地珍珠国际宣传协会的主要活动包括：拓展大溪地珍珠市场、组织和公布有关珍珠养殖的发展或推广由法属波利尼西亚大溪地珍珠的研究课题。

大溪地珍珠在全球共获两份官方认可证而取得了国际认可。被美国宝石协会（GIA）认可为“纯天然色泽及形状的养珠”；而国际珠宝联盟（CIBIJO）将大溪地的瑰宝正式分类为“大溪地珍珠”。

四、2003年中国市场推广活动计划

目标：

与政府及珠宝商更紧密地合作以增加大溪地珍珠在中国市场的进口量。

协会最终希望通过对业界的推广活动，能够加强他们对大溪地珍珠质量的认知度，并在他们的积极配合和支持下提高大溪地珍珠的市场销售渠道和产品质量标准。

推广活动计划：

贸易及媒体代表团前往大溪地考察访问、研讨会、销售培训课程、广告、商品展销会、国际大溪地珍珠首饰设计比赛及大溪地珍珠拍卖会等。

具体活动：

1．2003年国际大溪地珍珠首饰设计赛

由大溪地珍珠国际宣传推广协会中国区办事处主办的“2003年国际大溪地珍珠首饰设计赛——亚洲区选拔赛”颁奖典礼于9月18日在香港圆满结束。这次比赛各组别的冠、亚、季军共30名以及亚洲区特别奖项——文化演绎大奖得主一名，均已顺利诞生并由各评审委员颁发奖项。国际大溪地珍珠首饰设计比赛共有10个参选组别，包括戒指、耳环、项链、吊坠、手镯、胸针、男士系列、三件套装、配件及珍珠串（只限采

用大溪地珍珠的首饰设计)。今年首度将地区选拔赛的比赛规模拓展至亚洲(日本与印度除外)。

这次大溪地珍珠首饰设计比赛的参赛作品,无论在手工及设计上均有很高的水准。参赛人数非常踊跃,证明了大众对大溪地珍珠的认识及兴趣逐渐提高,也显示了市场的巨大发展潜力。

本次选拔赛的评审团是由12位在亚洲享有盛誉、来自不同领域并拥有丰富设计评审经验的代表组成,为求以公平的准则选出具代表性的作品,除Mr. Robert Wan 及华薇婷小姐外,他们分别是上海宝玉石协会副会长陈庆榆先生、香港贸易发展局设计部主管梁志昌先生、妍雅意有限公司主席罗启妍女士、亚洲珠宝杂志出版人周美丽小姐及ELLE创作总监简洛芙小姐等(排名不分先后)。

10项级别的冠军作品都已自动晋升为“2004年国际大溪地珍珠首饰设计比赛”的入围作品。

2. 2003大溪地珍珠国际宣传协会交流团

2002年9月,大溪地珍珠国际宣传协会在上海开设咨询中心,与国内珠宝商建立更紧密的合作关系,以求大众更深入认识及了解大溪地珍珠。同年10月,法属波利尼西亚政府主席参议员嘎斯东·福劳斯先生(Gaston Flosse)应江泽民主席的邀请,率代表团到中国进行访问,将两国紧密联系起来。协会亦积极参与中港两地大型珠宝展,举办珍珠研讨会,组织国际大溪地珍珠首饰设计比赛等,以维系并拓展与媒体、珠宝商及政府的长远关系。

2003年11月8日至15日,正值协会成立十周年,大溪地珍珠国际宣传协会特邀中国顶尖的大溪地珍珠经销商、中国宝玉石协会官员及主要珠宝业媒体组成“2003大溪地珍珠国际宣传协会交流团”前往大溪地进行了为期六天的考察,旨在发展两地珠宝商交流的渠道及拓展商机。

考察期间,协会特别安排交流团成员与大溪地总统、大溪地珍珠国际宣传协会主席,以及主要珍珠生产商及有关政府官员等会晤,谋求打开彼此直接联系及沟通的桥梁,以便进一步商讨有关大溪地珍珠进出口的法则、条款、关税等深层的问题,以助制定及实行未来大溪地珍珠在国内的发展方针。

大溪地珍珠国际宣传协会主席皮埃尔表示:“中国内地市场是我们其中一个最大的目标市场,而加强两地政府、协会及珠宝商的关系一直是本会的目标和使命。协会将把握与业界人士及专业媒体等相聚的机会,交流行业最新信息,制定未来更能适合业界需要的宣传方案,迎合迅速增长的市场需求。”

【第五章】

行业推广活动

Popularize activities

第一节　2003年第三届中国珠宝首饰设计大奖赛

珠宝首饰设计是我国珠宝行业新的发展方向，是各珠宝公司进一步发展的推动力量。中国珠宝首饰设计大奖赛自1999年第一届成功举办以来，已成为中国珠宝首饰行业内乃至全球华人中颇具规模和影响力的时尚设计大赛。

第三届珠宝首饰设计大奖赛由中国宝玉石协会、国土资源部珠宝玉石首饰管理中心和江苏通灵翠钻有限公司联合主办，中国宝石杂志社承办。大赛历时一年多的时间，收到了来自全国各地及海外设计师们的参赛作品1875件。大赛共设钻石饰品、珍珠饰品、有色宝石饰品及黄金饰品四个组，经过初评，每组评选出入围作品10件，最终的大奖从这40件作品中评出。

2003年8月11日，由13位评委组成的终评评审团按照艺术性、创造性、适佩性和加工完美度四项标准，对4月初评筛选出的40件入围作品分组进行了仔细认真的评选，最终评选出每组作品的一二三等奖，并产生了四名最佳制作奖。许多作品结合了中国传统的珠宝文化和国际前卫的首饰设计思想，展示了此次设计作品的高档次、高水平、高品位。

2003年10月15日在北京国际俱乐部饭店至尊厅举行了盛大的颁奖典礼。来自新丝路的20位模特为本次大赛的作品做出了完美的诠释。值得注意的是，本次大赛的作品完全由内地厂家制作，显示出我国的制造企业在工艺技术方面正在缩短与国际先进水平的差距。从艺术性、工艺性、商业推广等方面与前两届相比展现出不同的特点：大赛作品的艺术性、创造性与制作技术的水平大体保持一致，制作厂家在制作技术和加工完美度方面有很大的突破，许多作品的实物大大超过了该作品设计图稿的视觉效果。许多作品结合了中国传统的珠宝文化和国际前卫的首饰设计思想，中国传统文化、现代网络科技、自然环保成为设计灵感的主要来源。从市场消费角度来看，参赛作品的款式多样，融合多种工艺技法，突破了以往千篇一律的面孔。本届大赛提高了中国珠宝首饰设计的总体水平，培养了我国珠宝首饰设计人才，增强了我国珠宝首饰设计产品在国际市场上的竞争力。

第二节 2003年第二届玉雕/石雕作品“天工奖”评选

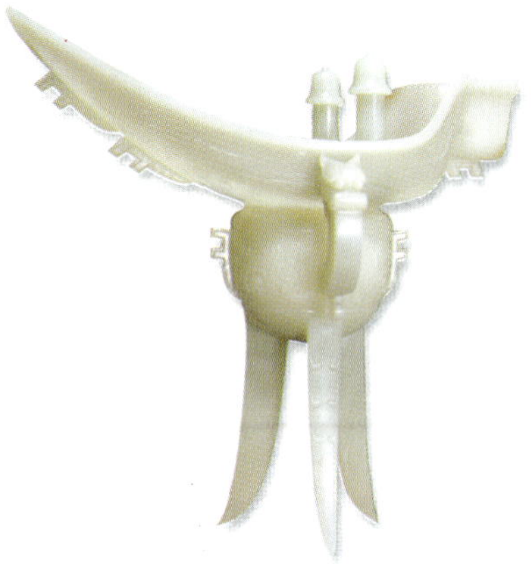

第二届中国玉雕/石雕作品“天工奖”展评工作经过近一年的组织准备，在完成了筹备、征集、初选、终评、展示、拍卖等几个阶段的工作后于2003年10月25日在中国国际展览中心圆满结束。此次展评活动在2002年只有“玉雕”作品的基础上又将具有广泛群众基础的“石雕”作品纳入其中，共征集入围作品450件，其中玉雕作品245件，石雕作品205件，基本反映了国内近年来玉雕、石雕的创作水平。活动共评选出金奖27个，银奖48个，铜奖58个；最佳工艺奖35个；最佳创意奖26个。获奖率占整个入围作品的43%。

入围作品大部分是经过各地的组织者初步筛选后送交“天工奖”组委会的，所以，入围作品本身就具有较高的水平和代表性。获得金银铜奖等奖项的作品更代表了当今我国玉雕、石雕行业创意、设计、制作的综合水平。

从材质上分，本次参评的作品包括了白玉、黄玉、墨玉、青玉、碧玉、翡翠、玛瑙、岫玉、独山玉、松石、琥珀、珊瑚、水晶、木变石及寿山石、青田石、巴林石、昌化石等。从题材上分，既有传统的人物、典故、花鸟鱼虫、山子、器皿，也有近现代历史事件、实用器物及创新主题的众多作品。从工艺上分，包括了圆雕、深浅浮雕、镂空、俏色、微雕等。从表现手法上分，有写实、写意、仿真、随形等。

总体上，本届作品在数量和质量上较上一届有了一定的提高，参评范围更加广泛，包括北京、上海、新疆、青海、福建、广东、江苏、浙江、安徽、河南、河北、内蒙古、云南、辽宁等省（区、市）的作品，特别是青海首次送交作品就获得了一项铜奖和一项最佳工艺奖。送评作品不仅有大师的得意之作，也有新秀的代表作品，特别是中青年作者成为参评的主力，已经成为玉雕、石雕行业不断发展的重要保证。对于本届活动，各地参评人员及组织者积极响应，有些参评者多次亲自送交作品，有些参评者提出了具有建设性的建议，有些参评者积极协助组委会进行宣传、征集作品，无偿地参与评选的组织工作。评委普遍认为，本次送交作品的水平普遍较高，特别是岫岩和镇平的整体设计和工艺水平较上届有了较大的提高。有些作品在意境的表达上颇具创意，在制作工艺上极具功力，精微处薄如蝉翼、细若游丝；工整处如规如矩；写意处如泼墨山水，气韵不凡；写实处如生灵闪现，呼之欲出。用评委的话说：今年评奖太难，好东西太多！仅玉雕金奖的评选就在评委的反复酝酿和点评中进行了四轮，足见取舍的艰难。业内、媒体及普通观众都对“天工奖”的评选给予了较高的评价并寄予很高的希望。

第三节　2003年中国国石候选石评选

世界上许多国家都定有自己的国石、国花、国鸟，目前已有40多个国家选定了国石。国石是一个国家普遍喜爱的宝石，如同国花、国树一样，往往成为一个国家或民族的重要标志和象征。中国的玉石文化已有7000多年的底蕴，珍贵的玉石深受人民珍爱，爱玉石、玩玉石、藏玉石已形成习俗，但却一直没有自己的国石。

由中国宝玉石协会主办的“中国国石”评选始于1999年，已先后举行过3次“中国国石”研讨会。1999年8月在北京举行的首次“中国国石”研讨会上，有关专家从全国4 1个参选宝玉石中推选出了福建寿山石、浙江昌化鸡血石、新疆和田玉、浙江青田石、辽宁岫岩玉、河南独山玉等6种候选国石；2000年2月举行第二次“国石”研讨会上，又新增了内蒙古巴林石、台湾红珊瑚、福建华安玉、湖北绿松石等4种候选石，使国石候选石达到10种；2001年10月，第三次“国石”研讨会公布了“国石”的评定原则：一是要有深厚的文化底蕴，二是具有经济开发价值。为了尽快选定能够准确代表中国的“国石”，2003年，中国宝玉石协会召集全国各省、市、自治区近百名宝玉石专家，在北京召开了“中国国石”工作研讨会。经过专家反复认真研讨，最后正式推荐出岫岩玉、寿山石、和田玉、鸡血石、巴林石和青田石六个宝玉石品种为候选国石，并向国家有关部门推荐选定。

为使广大群众更全面地了解“中国国石”的风采，2003年北京国际珠宝展开辟了“国石”精品展示区，为“国石”提供一个档次高、精品集中的“舞台”。

和田玉

岫岩玉

青田石

鸡血石

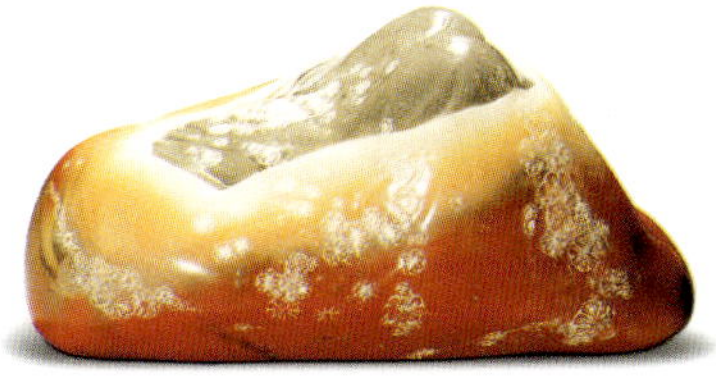
寿山石

巴林石

【第六章】

2003年市场最新产品流行趋势

The pop trend of new products in 2003

第一节　戒指图鉴

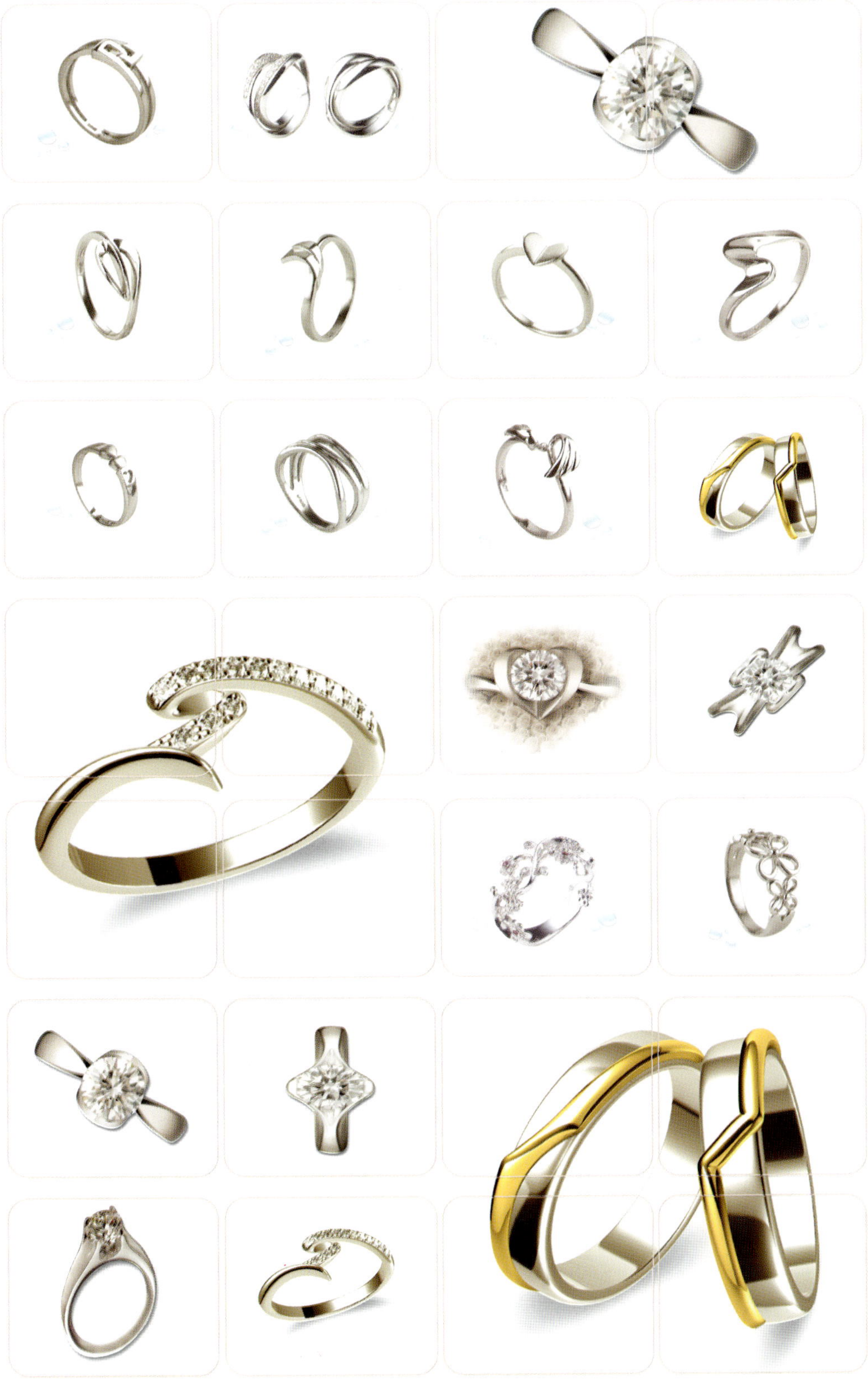

第二节　项饰图鉴

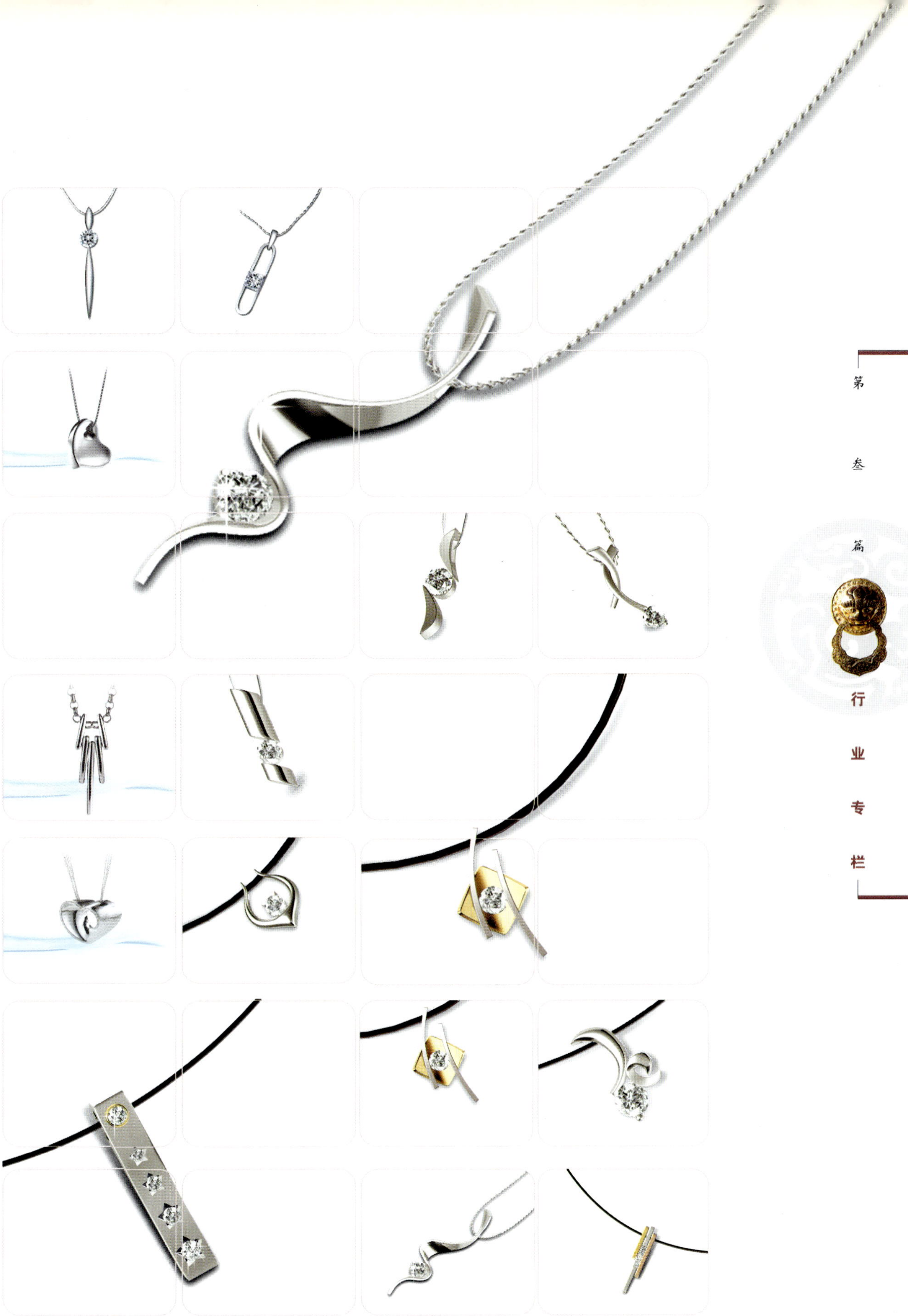

第三节　套式图鉴

第四节　耳饰图鉴

以上四节产品图片由国际铂金协会、DTC钻石推广／咨询中心、淇奥珠宝首饰有限公司提供

第五节 2003年流行有色宝石

2003年世界宝石市场上色彩亮丽的有色宝石需求仍呈上升走势。美国和欧洲市场主要需求色彩鲜活明亮的暖色调有色宝石；亚洲市场则需求浅蓝色、浅黄色以及粉色等柔和色调的有色宝石。桔黄色的蓝宝石虽因改色技术争议影响了市场需求，但是真正天然桔黄色蓝宝石仍在市场上有需求。2003年世界色彩流行的主要趋势及畅销的主要有色宝石有红宝石、红碧玺、桔黄色锰铝榴石、曼达林石榴石、黄水晶、火欧泊等。

2003年流行异形新款有色宝石，亚洲、欧洲及美国等市场在有色宝石设计上更加强调异形切割的宝石款式，要求所镶宝石具有更多的刻面。德国依达尔—奥伯施泰就依据市场对异形切割款式宝石需求的增长走势，加大宝石异形切割款式的研究与设计开发，并注册一种名称为“HP—Cut”款式，像圆形、椭圆形及心形等有色宝石采用“HP—Cut”款式切割后，能产生非常好的光学效应。另外，August mayer有色宝石加工和出口厂商也随之开发设计出一种新的宝石切割款式投放市场。称之为“Cubicle Cut”，这种切割方式通过有色宝石刻面的反射和光学幻影效果，使一个立方体的有色宝石产生三维立体的火彩效应。

近日在国内珠宝市场，各种彩色宝石饰品正在悄然兴起。这些彩宝饰品富有时尚气息，以粉色、黄色、淡蓝、淡紫等新鲜的颜色出现，给人很纯情的感觉，款式设计精巧细致，线条流畅明快，无拘无束。星星、月亮以及卡通形象的造型设计，更是活泼可爱。各种项链、耳坠、手镯、佩件等彩色宝石饰品，很受少男少女的喜爱。

彩色宝石也是高档首饰关注的焦点，颜色丰富的彩色宝石组合在一件首饰上，颜色互相交融，更显宝石的璀璨光泽。除了密镶各色宝石以外，还有以大颗宝石作为设计重点，并与其他宝石、钻石、珍珠、黄金、白银的自由搭配，能产生出与众不同的视觉效果。

业内人士认为，色彩的丰富化是国内的一个流行趋势，彩色宝石由于采取钻石的磨工，彩宝有彩钻的效果，尤其是粉红、金黄的宝石，成品很像彩钻，但是价格上相差悬殊。比如1克拉的粉红色宝石价值人民币1万元左右，而1克拉的粉红色钻石价值人民币100多万元。但是两者佩带的效果却相差无几，所以彩色宝石会受到越来越多消费者的青睐。

【第四篇】

行业综述

Fourth chapter Summary

【第一章】

相关政策法规

Correlation policies and rules of law

第一节　钻石政策

一、《金伯利进程国际证书》业务流程

进口业务流程：

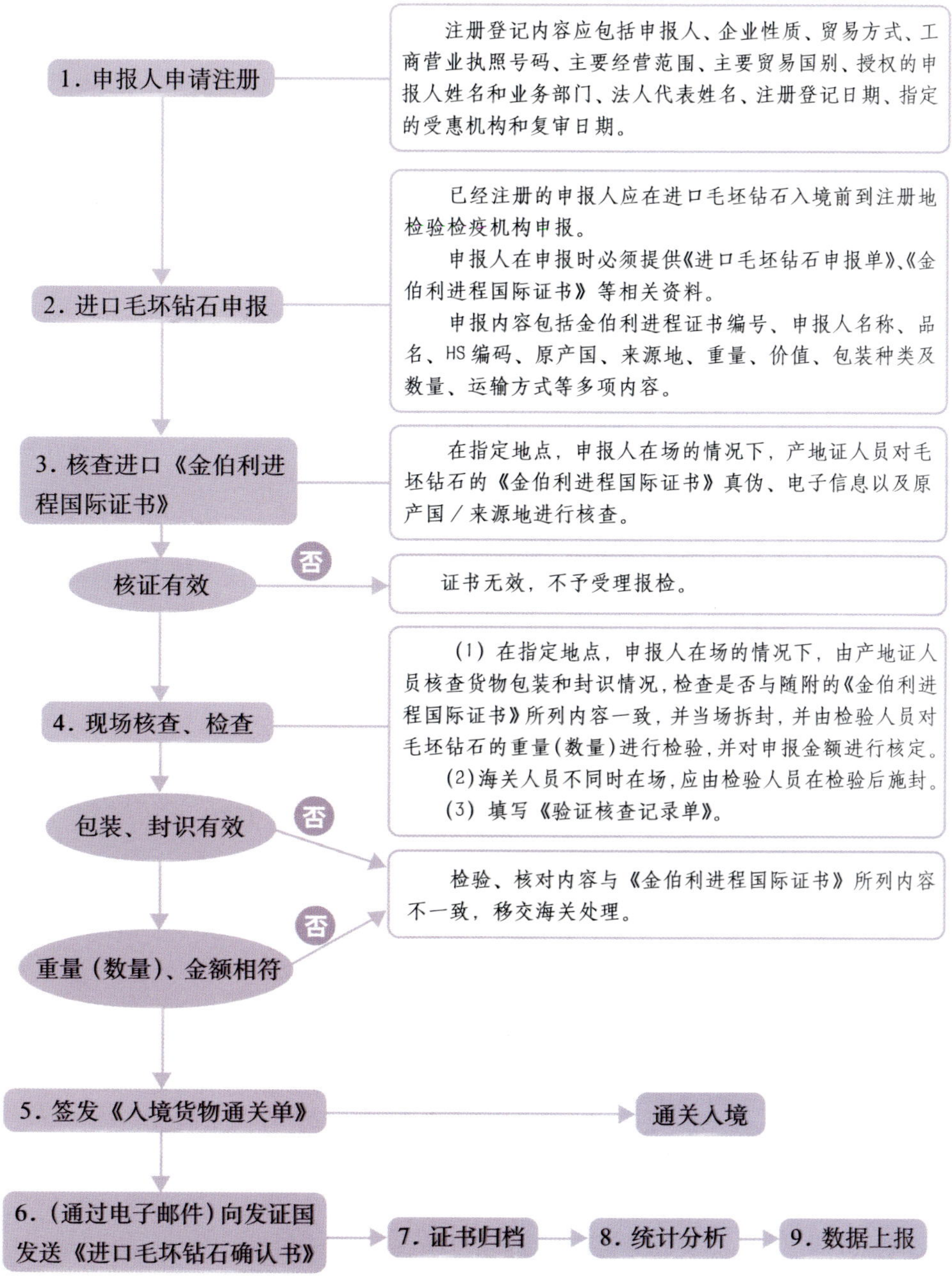

钻石进口流程图

出口业务流程：

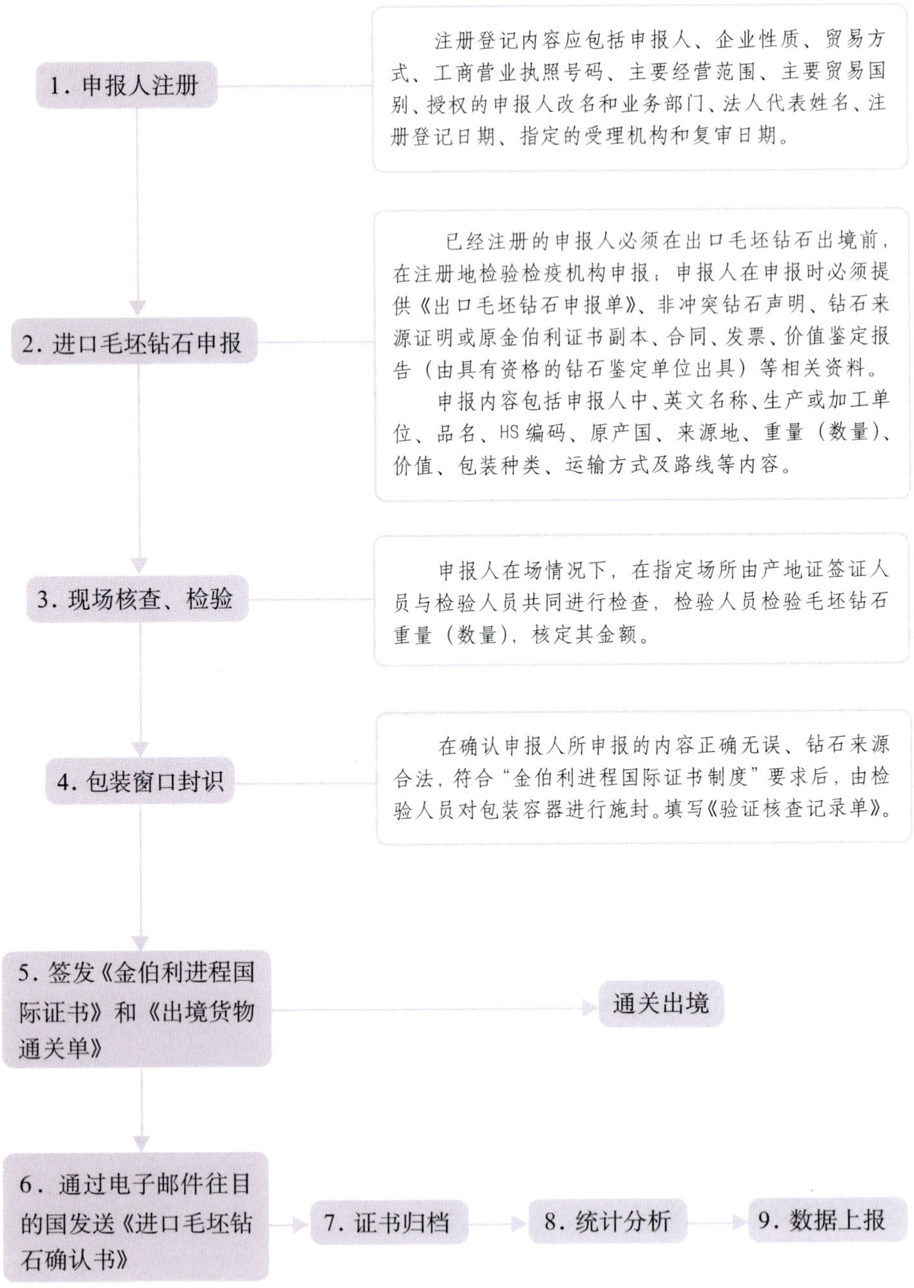

钻石出口流程图

注：① 进口业务流程中 1、2、3、5、6、7、8、9 环节应由产地证签证人员负责，业务流程环节 4 由检验人员与产地证签证人员共同负责。

② 出口业务流程中 1、2、5、6、7、8、9 环节应由产地证签证人员负责，业务流程环节 3、4 由检验人员与产地证签证人员共同负责。

二、六部委关于“金伯利进程国际证书制度”公告

1．从2003年1月1日起，将金伯利进程毛坯钻石国际证书制度规定的毛坯钻石列入《实施检验检疫的进出境商品目录》。归类在协调编码制度7102.10、7102.21、7102.31项下的毛坯钻石，属于《中华人民共和国货物进出口管理条例》中限制进出口货物，其进出口仅限于金伯利进程成员国之间进行（成员国名单详见附件1）。

2．凡从事毛坯钻石交易的进出口商和代理商及承运人均应携带有关证明资料，向指定口岸出入境检验检疫机构办理注册登记手续。

3．进出口商在办理毛坯钻石进境手续时，应向进境口岸出入境检验检疫机构提供出口国政府主管机构签发的《金伯利进程毛坯钻石证书》正本及其他单证，经进境口岸检验检疫机构查验合格后签发《入境货物通关单》，并由进境口岸检验检疫机构按照规定对进境毛坯钻石实施检验。

4．出口商在办理毛坯钻石出境手续时，应向出境口岸检验检疫机构提供非冲突钻石声明以及证明其出口的毛坯钻石合法性的有关资料，经出境口岸检验检疫机构查验合格后签发《中华人民共和国金伯利进程毛坯钻石证书》和《出境货物通关单》，并由出境口岸检验检疫机构按照规定对出境毛坯钻石实施检验。

5．对进出境毛坯钻石不分贸易方式和运输方式，实施全口径管理。海关凭口岸检验检疫机构签发的《出／入境货物通关单》及其他有关单证办理毛坯钻石的进出境手续。

从境外进入保税区、保税仓库和出口加工区以及从保税区、保税仓库、出口加工区和出口监管仓库出境的毛坯钻石，海关须验核《出／入境货物通关单》。其他进出口报关环节，包括加工贸易深加工结转、经批准转内销等，海关不需验核《出／入境货物通关单》。

6．根据我国毛坯钻石贸易的具体情况，一般贸易和加工贸易项下转内销的进出口毛坯钻石的受理申报、查验和签发《出／入境货物通关单》，由质检总局设在上海钻石交易所内的办事机构办理（质检总局下属上海出入境检验检疫局参加上海钻石交易联合管理办公室工作，并作为成员实行联合办公）。金伯利进程国际证书制度中有关价值核定的工作由质检总局许可上海钻石研究鉴定中心在上海钻石交易所内承担。

加工贸易项下进出境毛坯钻石的受理申报、查验和签发《出／入境货物通关单》，由质检总局指定的检验检疫机构办理（指定检验检疫机构名单详见附件2）。

为进一步加强对毛坯钻石进出口管理，抑制钻石走私，除加工贸易方式外，现行其他贸易方式（包括边境贸易等）进口的钻石，统一纳入一般贸易管理。

7．本着尽量降低进出口方负担的原则，拟对毛坯钻石验证、检验、签证按定额收取费用（具体收费项目及标准由有关主管部门另行制定）。

8．由国家质检总局负责建立“金伯利进程国际证书制度”专门网站，统一收集、报送有关毛坯钻石进出口和国内生产数据，向国内外提供查询服务。国土资源部负责国内毛坯钻石的经营管理和数据统计工作。

9．为有效防止毛坯钻石非法交易，便于核查，应加强行业自律，在企业内部采用计算机统计管理，并配合政府主管部门做好毛坯钻石监管工作。

10．对违反本公告规定的，由有关部门依法处理。

11．有关毛坯钻石进出口检验核查的操作规定，由国家质检总局有关部门另行公布。

12．本公告自2003年1月1日起实施。

附件1：参加金伯利进程证书制度的成员国（共39个，含一个区域性经济集团）

安哥拉、澳大利亚、博茨瓦纳、巴西、布基纳法索、加拿大、科特迪瓦、中非共和国、中国、刚果民主共和国、区洲共同体、加蓬、加纳、几内亚、印度、以色列、韩国、莱索托、毛里求斯、墨西哥、纳米比亚、挪威、菲律宾、俄罗斯、塞拉里昂、南非、斯威士兰、瑞士、坦桑尼亚、泰国、乌克兰、阿拉伯联合酋长国、美国、津巴布韦、塞浦路斯、日本、马耳他、斯里兰卡、越南

附件2：中华人民共和国实施金伯利进程国际证书制度的指定检验检疫机构（暂定）

北京检验检疫局 天津检验检疫局 辽宁检验检疫局 从化检验检疫局 浦东检验检疫局 番禺检验检疫局 南京检验检疫局 汕头检验检疫局 浙江检验检疫局 沙头角检验检疫局 厦门检验检疫局 珠海检验检疫局 青岛检验检疫局 云南检验检疫局

三、香港工业贸易署通告（在香港实施未经加工钻石管制）

1．香港将于2003年1月2日开始实施发证计划，或视乎立法程序，在该日期后尽早开始实施发证计划。

2．发证计划由金伯利进程（下称“进程”）订立。进程属国际协商会议，旨在遏止“冲突钻石”贸易助长武装冲突、叛乱活动及武器非法扩散。现时有40多个经济体系参与进程，并将实施发证计划，这些经济体系涵盖几乎所有香港主要的未经加工钻石贸易伙伴，例如比利时、中国内地、印度、以色列、南非、阿拉伯联合酋长国、英国及美国。

3．进程在2002年11月5日于瑞士举行的会议上，敲定有关实施发证计划的一些主要安排。发证计划参与者应履行的责任包括：

（1）确保不会从非参与者进口或向非参与者出口任何一批未经加工钻石；

（2）要求每批出口往另一参与者或从另一参与者进口的未经加工钻石，均附有经确认的金伯利证书；

（3）设立内部管制制度，以排除输入境内或从境内输出的未经加工钻石混有“冲突钻石”的情况；

（4）确保签发金伯利证书的过程及有关证书符合制度的最低标准和要求；

（5）确保过境或转运的未经加工钻石在离境时的状况与进境时完全相同（即没有开封，亦没有被人干扰）；

（6）按情况修订或颁布法例，以落实和执行发证计划，以及对违规行为制定具有阻碍性及按程度而定的刑罚；

（7）保存有关生产、进口和出口未经加工钻石的官方数据，并核对和交换该等数据。

此外，进程亦建议参与者为所有未经加工钻石的买家、卖家、出口商、运送未经加工钻石的代理商和速递公司登记，并立法规定他们保存每日买卖或出口未经加工钻石的记录5年。

4．工业贸易署（“工贸署”）及香港海关（“海关”）为中华人民共和国指定的进出口机关，负责在香港实施发证计划，但内地与香港的管制制度会完全分开运作。

5．为了在香港实施发证计划而对法例做出的修订已于2002年11月29日刊登于宪报，并于2002年12月4日提交立法会审议。视乎立法程序，发证计划将于2003年1月2日或该日期后尽早开始实施。

6．在香港实施的发证计划将包括未经加工钻石商登记制度，以及未经加工钻石进出口发证制度。详情载于下文各段。

7．所有经营未经加工钻石进口、出口、运载（包括运载过境和转运未经加工钻石）、买卖业务的人士。必须向工贸署登记，并遵守若干规定。登记须每2年办理一次，即有效期为2年。填妥的表格连同所需证明文件，可亲自或以邮递方式交至工贸署非纺织品签证分组。假如登记表格填妥并且无错误，工贸署会于申请人递交申请并缴付登记费用起计一个完整工作日后，以书面方式告知申请人获编配的登记号码。

8．新登记费用为港币840元。如以支票缴付费用，业内人士须确保支票可以兑现，否则登记有效期会待费用正式收迄始生效。登记费用须于递交登记表格供审理前缴付。登记届满后可续期，而续期费用为港币595元。

9．若业内人士在发证计划开始实施后即须进行未经加工钻石贸易，他们可于2002

年12月23日起将登记表格交往工贸署，以便本署提早审理。不过，登记由开始实施发证计划当日起才生效。

10．已登记的未经加工钻石商，须将登记表格内所申报登记资料的任何改变或业务状况的任何改变，即时以书面向工贸署报告。经营未经加工钻石进口、出口、买卖业务（不包括运载）的已登记未经加工钻石商须对每日所输入、输出、购买或售卖的未经加工钻石备存准确及反映的最新情况进行记录，备存期为记录制备后的5年期间。记录须包括下列详情：

（1）向该钻石商购买或售卖该等钻石的每名人士的姓名或名称及（如该人登记未经加工钻石商）登记号码；

（2）所输入、输出、售卖或购买的未经加工钻石的数量及价值；

（3）工贸署署长规定的其他详情。

所有已登记未经加工钻石商亦可能须就未经加工钻石输入、输出、购买或售卖提交工贸署署长所规定的申报表或通知书。海关的获授权人员可于登记未经加工钻石商的处所进行检验，以确保登记资料有效，以及账簿和记录妥当备存。

11．由香港开始实施发证计划当日起，进口和出口未经加工钻石前，必须申领工贸署签发的金伯利证书。任何人士均不得以代理商身份或其他身份，从发证计划生效范围以外或金伯利进程所准许的国家或地方以外的国家或地方，进口未经加工钻石或将未经加工钻石出口往这些国家或地方。

12．申请进口证书和出口证书，必须填写工贸署署长指定的表格。金伯利证书的样本，即“金伯利证书（进口）”和“金伯利证书（出口）”载于附件四和附件五。发证计划实施后，有关证书申请须交往工贸署非纺织品签证分组。

13．金伯利证书（进口）和金伯利证书（出口）的费用分别为港币175元和港币200元，在签发证书时收取。费用可以现金、通过易办事或在领取签发的证书时在证书上贴上相关面值邮票或盖上相关面值邮资印缴付。贴上邮票或盖上邮资印的申请书将不获工贸署审理，并会退回给有关业内人士。

14．在一般情况下，若递交的申请无误，进口商或出口商可于递交申请翌日起计一个完整工作天后（若于第1天递交，即第3天），到工贸署缴付证书签发费用并领取金伯利证书。

15．工贸署签发的金伯利证书（进口）和金伯利证书（出口）的有效期为28日。倘遇上出口国家或地方延迟付运等情况，可要求延长有效期，但须提供理由和证明文件，以支持有关要求。

16．进口商在进口未经加工钻石前，必须领有由工贸署签发的金伯利证书（进口）。除非得到工贸署署长的豁免，申请书须附有上一站出口机关签发的金伯利证书副本作为证明。

17．金伯利证书（进口）上的申报进口商，必须遵守证书背页载列的签发条件以及工贸署署长在通告内公布的其他签发条件。金伯利证书（进口）一式3份：正本由工贸署保存；第一副本由进口商保存；假如进口商其后在本地售卖进口的未经加工钻石，便须提供相关金伯利证书（进口）第一副本的影印本予以买家。提供予买家的金伯利证书影印本上的敏感商业资料，例如香港以外地方的付货人的名称和地址、进口商的名称和地址（包括进口商声明），以及未经加工钻石的价值等，可以涂去。金伯利证书（进口）第二副本由承运商存查。进口商须向承运商交付第二副本，才可提取进口的未经加工钻石。工贸署会在签发金伯利证书（进口）时在证书上盖章告知进口商有关货物是否接受海关检验。如货物须接受检验，进口商须在货物进口后尽快（但无论如何必须在货物进口后7个工作天内）联络海关，安排在其指定的处所检验货物。

18．进口商须在进口未经加工钻石后的10个工作日内，把上一站出口机关签发的金伯利证书正本，亲自或以邮寄方式交回工贸署。假如没有上一站出口机关发出的金伯利证书，进口

6．对会员单位和客户应按黄金交易所开具的《黄金交易结算发票》作为会计计账凭证进行财务核算；对买入方会员单位和客户取得税务部门代开的增值税专用发票（增值税专用发票的发票联，记账联，存根联由黄金交易所留存，抵扣联传递给提货方会员单位），只作为核算进项税额的凭证，不得作为财务核算的凭证。

7．会员单位和客户未发生实物交割的，应凭黄金交易所开具的《黄金交易结算发票》（结算联），向会员单位和客户所在地税务机关办理免税手续。

8．为便于增值税的征收管理，黄金交易所应加强对会员单位和客户的基础管理工作，会员单位的自营黄金交易与代理客户的黄金交易应分别进行核算。

三、《办理开采黄金矿产批准书管理规定》（国家发展和改革委员会颁布）

第一条 为加强对开采黄金矿产的管理，保护国家矿产开采利益，根据《中华人民共和国矿产资源法》第十七条、《矿产资源开采登记管理办法》（国务院第241号令）第五条的规定，制定本规定。

第二条 开采黄金矿产须经国家发展和改革委员会（以下简称国家发展改革委）审查批准，取得由国家发展改革委颁发的开采黄金矿产批准书后，方可开采。

第三条 开采黄金矿产的申请人，应当认真填写《开采黄金矿产申请书》，并报送下列材料：

1．开采黄金矿产的申请文件；

2．明确表示矿区范围的正规图件；

3．建设依据地质储量报告的评审备案证明或地质储量报告的审批认定文件；

4．环保部门批复的项目环境影响评价报告书；

5．当申请的矿界有争议时，应附有关部门裁定的矿界协议书；

6．采取股份制形式开采黄金矿产的，应提供公司合同、章程及有关部门批准其成立的文件。

第四条 国家发展改革委对开采黄金矿产申请人提交的有关材料进行审查，申请材料不齐全或者不符合有关要求的，应当当场或者5日内一次性告知申请人需要补正的全部内容。

第五条 申请人申请材料齐全，符合有关要求的，国家发展改革委应当自受理申请之日起二十日内作出是否批准申请人开采黄金矿产的决定。二十日内不能作出决定时，经本行政机关负责人批准，可延长十日，并应当将延长期限的理由告知申请人。

第六条 《开采黄金矿产批准书》的有效期按照下列矿山规模确定：

1．日处理矿石500吨以上的，有效期为15年；

2．日处理矿石100～500吨的，有效期为10年；

3．日处理矿石100吨以下的，有效期为5年。

有效期满需要继续开采的，限其在有效期满30日前，及时申请办理延续开采手续。

第七条 当开采的黄金资源枯竭时，有关企业应当到国家发展改革委办理注销手续，并交回《开采黄金矿产批准书》。

第八条 《开采黄金矿产申请书》、《开采黄金矿产批准书》由国家发展改革委统一印制，严禁伪造、出租、出借、转让。

第九条 本规定由国家发展改革委负责解释。

第十条 本规定自2004年1月1日起施行，原国家经济贸易委员会《关于印发〈办理开采黄金矿产批准书的有关规定〉的通知》（国经贸黄金[2000]161号）同时废止。

四、国家对白银的进出口管理验收政策

1．列入白银进出口管理的白银范围

包括未锻造银、银粉、银半制品、银制成品等，具体商品编号为：71061000、71069100、71069200、71131100、71141100、71159010、71159090。

2．列入白银出口管理的范围

包括银粉、未锻造银（包括镀金、镀铂的银）、半制成银（包括镀金、镀铂的银），具体商品编号为：71061000、71069100、71069200。

3．海关对进出口白银的验放

一般贸易进口白银和加工贸易制成的白银转为内销的，海关凭中国人民银行各分行、营业管理部、省会（首府）城市中心支行、深圳中心支行初审，报经中国人民银行总行批准后，开具《白银进口许可证》验放。入境旅客携运或邮寄白银入境，超出自用合理数量的，海关凭由中国人民银行各分行、营业管理部、省会（首府）城市中心支行、深圳市中心支行初审，报经中国人民银行总行批准后，开具《白银进口许可证》验放。外商投资企业（外资企业、中外合

资、合作企业）从境外或港、澳、台地区进口白银，各部门及单位接受国外捐赠的白银，海关凭中国人民银行各分行、营业管理部、省会（首府）城市中心支行、深圳市中心支行初审，报经中国人民银行总行批准后，开具《白银进口许可证》验放。白银出口纳入许可证管理，出口时，海关凭外经贸部门签发的出口许可证验放。

五、《关于铂金及其制品税收政策的通知》（财政部、国家税务总局）

1．对进口铂金免征进口环节增值税。

2．对中博世金科贸有限责任公司通过上海黄金交易所销售的进口铂金，以上海黄金交易所开具的《上海黄金交易所发票》（结算联）为依据，实行增值税即征即退政策。采取按照进口铂金价格计算退税的办法，具体如下：

$$\text{进口铂金平均单价}=\frac{\sum(\text{当月进口铂金报关单价}\times\text{当月进口铂金数量})+\text{上月末库存进口铂金总价值}}{\text{当月进口铂金数量}+\text{上月末库存进口铂金数量}}$$

$$\text{金额}=\text{销售数量}\times\text{进口铂金平均单价}/(1+17\%)\qquad\text{即征即退的税额}=\text{金额}\times 17\%$$

中博世金科贸有限责任公司进口的铂金没有通过上海黄金交易所销售，不得享受增值税即征即退政策。

3．中博世金科贸有限责任公司通过上海黄金交易所销售的进口铂金，由上海黄金交易所主管税务机关按照实际成交价格代开增值税专用发票。增值税专用发票中的单价、金额和税额的计算公式为：

$$\text{单价}=\frac{\text{实际成交单价}}{(1+17\%)}\qquad\begin{array}{l}\text{金额}=\text{成交数量}\times\text{单价}\\ \text{税额}=\text{金额}\times 17\%\end{array}$$

实际成交单价是指不含黄金交易所收取的手续费的单位价格。

4．国内铂金生产企业自产自销的铂金也实行增值税即征即退的政策。

5．对铂金制品加工企业和流通企业销售的铂金及其制品仍按现行规定征收增值税。

解释：新的政策于2003年5月1日起开始执行，对进口铂金免征进口环节增值税；同时，对国内铂金生产企业自产自销的铂金也实行增值税即征即退政策。但对铂金制品加工企业和流通企业销售的铂金及其制品仍按现行规定征收增值税。

新政策规定，铂金出口不退税。出口铂金制品，对铂金原料部分的进项增值税不实行出口退税，只对铂金制品加工环节的加工费按规定退税率退税。铂金首饰消费税的征收环节由现行生产环节和出口环节征收改为在零售环节征收，消费税税率调整为5%。具体征收管理比照财政部、国家税务总局《关于调整金银首饰消费税纳税环节有关问题的通知》和国家税务总局关于印发《金银首饰消费税征收管理办法的通知》规定执行。

新政策对黄金交易所收取的手续费等收入照章征收营业税。黄金交易所铂金交易的增值税征收管理及增值税专用发票管理由国家税务总局另行制定。

六、关于铂金及铂金制品加工贸易审批和出口发证问题的通知

铂金属于一般贸易禁止出口的商品，国家允许开展铂金加工贸易复出口业务，并对其加工贸易出口实行出口许可证管理，现就铂金及铂金制品加工贸易审批和出口发证问题通知如下：

1．实行加工贸易出口许可证管理的铂金（即铂金或白金）包括未锻造或粉末状铂（商品编码为71101100）和板、片状铂（商品编码为71101910），不包括铂金制品，计量单位为“克”。

2．开展铂金加工贸易业务，需事先报经营企业注册地的外经贸主管部门审批，海关凭外经贸主管部门颁发的《加工贸易业务批准证》办理《加工贸易登记手册》。

3．外经贸部授权配额许可证事务局和外经贸部驻各地特派员办事处，严格按照发证规定和外经贸主管部门颁发的《加工贸易业务批准证》、海关《加工贸易登记手册》、有效出口合同核发铂金贸易出口许可证。海关凭出口许可证验放。

4．铂金制品不属于禁止出口商品，各种贸易方式均可出口，不需申领出口许可证，其加工贸易复出口业务（指进口铂金，加工复出口铂金制品）按现行有关规定办理审批手续。

5．本通知自1999年8月1日起执行。

第三节　珠宝玉石国家标准

一、新版珠宝玉石国家标准

国土资源部发布的新版珠宝玉石国家标准2003年11月1日起正式实施。本次修订的珠宝玉石国家标准吸取了国内外有关标准规则中的精华，包括《珠宝玉石鉴定》、《珠宝玉石名称》和《钻石分级》三项，分别代替1996年出版的原相关国家标准。

新标准规定，养殖珍珠可以用“珍珠”定名，天然珍珠则要用“天然珍珠”定名；经过人工处理的翡翠需加注“处理”二字。

按照新标准，今后珠宝玉石鉴定机构将不再对0.2克拉以下的钻石进行分级，并取消了钻石颜色级别优白、白、浅黄白等中文描述。

此外，新标准对钻石的净度、切工分级和质量称量等方面都作出了与国际标准更为接近的修改。

二、钻石新旧分级标准对比

(GB/T16554—2003 VS、GB/T16554—1996)

钻石分级国标修改的意义：

(1) 对钻石本身更加客观、公正的评价，对商家和消费者在钻石的销售和需求领域营造了一种公平合理的空间和氛围。

(2) 增加镶嵌钻石的切工分级，可以使钻饰的价值更合理、公正地体现出来。避免了一些不法商人依次充好来损害消费者的利益，因为切工好坏差别是很大的。也使国际流行的钻石4C分级标准中的切工（cut）能够被体现出来，从而更准确地反映钻石的价值高低。

(3) 提高起始分级钻石质量，有助于减少分级误差和争议带来的各种矛盾的产生，给钻石生产和销售等行业更大的发展空间，使钻石业健康、有序地发展。

表4.1.3.1　钻石新旧分级标准对比

	1996版	2003版
起始的分级质量	裸钻质量大于0.20ct 镶嵌钻石质量在0.10~1.00ct之间	裸钻质量大于等于0.2ct 镶嵌钻石质量在0.20~1.00ct之间 质量小于0.20ct的裸钻及镶嵌钻石分级可参照执行
镶嵌钻石品质级别	以镶嵌钻石的净度和颜色级别为依据划分，切工对品质的影响不考虑在内	取消

		1996版	2003版
颜色分级	裸钻	可用英文字母、数字、中文描述三种方式表示，其中中文描述分为7大级：极白（D、E）、优白（F、G）、白（H）、微黄（褐、灰）白（I、J）、浅黄（褐、灰）（M、N）、黄（褐、灰）（<N）	用英文字母或数字表示分为12个连续的颜色级别，去除了中文描述
	镶嵌钻石	分为优白、白、浅黄白3个等级，其中优白含D、E、F、G，白含H、I、J，浅黄白含K、L、M、N，应考虑金属托颜色的影响，注意修正	去除了中文描述，分为7个等级，即D—E、F—G、H、I—J、K—L、M—N、<N。应考虑金属托颜色的影响，注意修正

		1996版	2003版
净度分级	裸钻	分为LC、VVS、VS、SI、P五个大级，又细分为LC、VVS_1、VVS_2、VS_1、VS_2、SI_1、SI_2、P_1、P_2、P_{3+}小级	分为LC、VVS、VS、SI、P五大级，又细分为LC、VVS_1、VVS_2、VS_1、VS_2、SI_1、SI_2、P_1、P_2、P_{3+}小级 对于质量低于（不含）0.47ct的钻石，可划分为五个大级（即LC、VVS、VS、SI、P五个大级）
	镶嵌钻石	分为LC、VVS、VS、SI、P五个等级	分为LC、VVS、VS、SI、P五个等级

	1996版	2003版
钻石的质量	单位为克（g），有效数字至少保留小数点后三位	单位为克（g），准确度为0.0001
质量的称量	用精确度高于0.001g的天平称量，然后换算为克拉值 克拉值保留至小数点后两位，小数点后第三位逢9进1，其他均忽略不计	用准确度高于0.0001g的天平称量，质量数值保留至小数点后第四位，然后换算为克拉值。克拉值保留至小数点后两位，小数点后第三位逢9进1，其他均忽略不计

三、养殖珍珠分级国家标准

《养殖珍珠分级国家标准》于2003年3月正式通过国家有关部门审定并发布实施。该部国家标准共有9大项内容，不但规定了养殖珍珠的分类、质量因素及级别标准和标识等要求，还详细规定了等级指标、检验方法等技术性很强的内容。详细内容刊载在《中国珠宝年鉴》2002年版上。

四、贵金属首饰印记厂家代号管理细则（试行）

第一条 为了规范贵金属首饰印记，保护我国境内贵金属首饰生产经营企业和消费者的合法利益，根据《金银饰品质量检验暂行规定》、《金银饰品标识管理规定》的规定、国家标准GB11887《首饰贵金属纯度的规定及命名方法》的有关规定，并参照国际《贵金属制品质量监督和标识公约》的有关规定制定本细则。

第二条 贵金属首饰是指用金、银、铂等贵金属材料及其合金基材制成的首饰产品。

第三条 贵金属首饰印记是指打印在首饰上的标识。

第四条 贵金属首饰生产经营企业所生产、加工和销售的每件贵金属首饰必须按照国际标准打有本企业的首饰印记。贵金属首饰印记内容包括厂家代号、材料、纯度和镶钻首饰主钻石的质量。

第五条 受政府工艺美术行业主管部门委托，中国工艺美术协会承担全国贵金属首饰印记的管理工作。

第六条 中国工艺美术协会设立专门机构“首饰印记管理中心”负责贵金属首饰印记管理的具体工作。

第七条 贵金属首饰印记中的材料、纯度和镶钻首饰主钻石的质量须按照国家标准的规定标注。

第八条 贵金属首饰印记中的厂家代号是指经由贵金属首饰印记审核小组审批、核准的贵金属首饰企业代号。

第九条 厂家代号是按核准使用企业所在地区的序号予以编排。需用本企业产品注册商标作为厂家代号的企业，请在申请时予以注明。

第十条 厂家代号审批程序为申请登记、审核、批准、公布和撤销。

1．申请厂家代号条件：凡申请使用贵金属首饰印记厂家代号的企业必须持有当地工商行政管理部门颁发的营业执照，必须照章纳税，必须执行国家和行业的有关标准，必须具有批量生产、加工贵金属首饰的能力，必须具有必备的产品质量检验条件和完善的质量管理保证体系。

2．申请厂家代号的企业应向中国工艺美术协会提出申请，按要求逐项填写“申请登记表”。

3．申请厂家代号的企业在申请的同时，应提供以下材料：当地工商行政管理部门颁发的营业执照、企业法人代码证书、当地税务部门颁发的税务登记证，以产品商标作为厂家代号的企业还需提供产品商标注册证，两个或两个以上企业使用同一注册商标作为厂家代号的，还须出具产品商标所有权者单位的授权使用认可书、企业对确保产品质量向社会和消费者做出的承诺（出具当地公证机构的公证证明）、本企业执行的产品生产标准、本企业概况及质量管理情况、凡通过质量体系的请附认证证书、国家首饰质量监督检验中心出具的产品检测合格报告、本省（自治区、直辖市）经贸委（厅、局）审核意见。

4．中国工艺美术协会在接到贵金属首饰企业提出使用厂家代号申请后，由首饰印记管理中心对其进行审核。凡符合申请条件的企业按其所在的地区序号或该企业产品注册商标予以编排、核准，并报首饰印记审核小组审核。

5．对经首饰印记管理小组批准的贵金属首饰企业的厂家代号，由中国工艺美术协会报送政府工艺美术行业主管部门备案后在全国性报纸上予以公布，同时抄送当地经贸委（厅、局）、技术监督部门和批准使用厂家代号的企业。

6．凡获准使用厂家代号并经省级以上质量监督部门抽查后判为不合格产品的贵金属首饰企业，按有关规定由本地经贸委（厅、局）负责限期对其进行整改，整改后产品仍不合作的将撤销其厂家代号。

7．经批准使用的厂家代号每两年复审一次，复审合格的企业，在报送政府工艺行业主管部门备案后，其代号可继续使用。

第十一条　每个贵金属首饰企业只有一个厂家代号。当同类产品中有使用注册两个或两个以上商标的企业提出申请两个或两个以上厂家代号的，参照商标注册管理办法，按先由申请企业确定使用厂家代号的产品划分类别后，实行分别申报、专类审批的办法执行。仿冒他人厂家代号者，中国工艺美术协会依照《中华人民共和国产品质量法》中有关规定，向有关部门提出对其进行处罚的建议并予以公布。

第十二条　厂家代号不能借用他人，违者撤销其厂家代号。

第十三条　获得厂家代号的企业须接受国家和行业的质量监督和检查。

第十四条　专营批发和销售贵金属首饰的企业，凡需要申请使用印记的，其申报程序同上。

第十五条　其他首饰的印记审批管理参照本细则执行。

第十六条　中国工艺美术协会在对贵金属首饰印记管理的同时，接受社会的监督。凡发现其有违法、违规行为的可直接向政府工艺美术行业主管部门举报。

第十七条　本细则由中国工艺美术协会负责解释。

第十八条　本细则自2003年3月3日起实施，原规定同时废止。

注：为规范市场秩序，保护企业和消费者的合法权益，中国工艺美术协会印记管理中心按照“贵金属首饰印记厂家代号管理细则”，对目前各首饰生产销售企业使用的印记进行重新审核登记。凡核准的印记厂家代号连同企业名称将予以公布。

从2004年3月5日起，各企业原厂家代号将停止使用，一律用经首饰印记审核小组在报纸上公示的各企业厂家代号。但厂家代号中的中文字体，规定可以用商标注册的字体。

第一批符合条件的企业所使用的首饰印记中的厂家代号，已被首饰印记审核小组批准。

第四节 行业法规

一、中国珠宝玉石首饰行业自律公约

倡议全行业从业者自觉加入本公约，积极推进和创造本行业自身良好环境。

【第一章 总则】

第一条 为了进一步规范珠宝玉石首饰市场，提高企业自身的竞争力，引导企业争创名牌，督促企业提高产品质量，规范我国珠宝玉石首饰从业者的行为。在国土资源部及国家有关部委的指导下，根据国家有关的法律法规以及本行业的实际情况，制定本公约。

第二条 本公约所称珠宝玉石首饰行业是指从事珠宝玉石首饰设计、加工、批发、零售、设备制造、首饰包装以及与珠宝玉石首饰有关的科研、教育、检测鉴定等活动的企事业单位的总称。

第三条 珠宝玉石首饰行业自律公约的基本原则是爱国、守法、公平、诚信。

第四条 凡中国宝玉石协会的会员将视为自动加入本公约。倡议全行业从业者自觉加入本公约，从维护国家和全行业利益的高度出发，积极推进和创造本行业自身良好环境。

第五条 中国宝玉石协会作为本公约的执行机构，负责组织实施本公约。

【第二章 自律条款】

第六条 自觉遵守有关珠宝玉石首饰行业发展和管理的法律、法规和政策，积极推进本行业的职业道德规范的建设。

第七条 鼓励、支持开展公平、公正、合法、有序的行业竞争，反对采用不正当手段进行业内竞争。

第八条 自觉维护消费者合法权益，不得利用任何方式和手段侵犯消费者的合法权益。

第九条 珠宝玉石首饰行业从业者应自觉遵守国家对珠宝玉石首饰行业制定的各项规定，自觉履行珠宝玉石首饰行业的自律义务。

（1）自觉维护本行业的市场秩序，严格遵守《中华人民共和国产品质量法》、《中华人民共和国价格法》、《中华人民共和国反不正当竞争法》、《中华人民共和国计量法》、《中华人民共和国消费者权益保护法》、《中华人民共和国标准化法》等有关的法律、法规、政策和标准。

（2）不虚假打折、不低价倾销、不搞恶性价格竞争，严格遵守国家计委颁布的《禁止价格欺诈行为的规定》。

（3）不采用任何方式、在任何地方做有损于本行业形象的行为，并支持、配合各地方本行业协会的有关活动。

（4）企业在经营过程中，认真履行对消费者的承诺。

(5) 生产企业在加工生产的各个环节要加强管理，重视质量。做到产品质量与鉴定证书相符。凡是不合格的产品、产品质量与鉴定证书不相符的产品，保证做到不出工厂（自销产品）。

(6) 经销企业在购进商品时要严格把握商品的质量关，以及商品鉴定证书的质量关，对商品质量与证书不符的商品杜绝流通、禁止上市销售。

(7) 经销和加工企业在检测和鉴定工作中自觉抵制假证书，并积极检举、揭发假证书制作者。在市场检查中如发现假证书，经销和加工企业承担相应责任。

(8) 检测鉴定机构要加强业务、技术管理，提高工作人员素质和责任心，建立自我约束机制，提高工作的科学性、公正性。

(9) 检测鉴定机构应以国家颁布的各项标准为依据做好检测鉴定工作，自觉抵制某些经销商、加工企业的不合理要求；不得以提高产品鉴定证书的质量级别等手段招揽客户；在与经销、加工企业签订检测鉴定合作协议时，不得有影响检测鉴定机构独立与公正性以及对检测鉴定质量等级有任何不正当要求的条款。发现有检测鉴定机构出具的错误鉴定证书，检测鉴定机构承担相应责任。

第十条 加强沟通协作，研究、探讨我国珠宝玉石首饰行业发展战略，对我国珠宝玉石首饰行业的建设、发展和管理提出政策和立法建议。

第十一条 支持和采取各种有效方式，开展珠宝玉石首饰行业设计、生产及科研领域的协作，鼓励开发具有中华民族特色的珠宝玉石首饰款式等，共同创造良好的行业发展环境。

第十二条 积极参与国际合作与交流。

第十三条 自觉接受社会各界对本行业的监督和批评，共同抵制和纠正行业不正之风。

【第三章 公约的执行】

第十四条 中国宝玉石协会及时向政府有关部门反映行业内企事业单位的意见和要求，维护行业内企事业单位的正当利益，组织实施珠宝玉石首饰行业自律公约，并对行业内企事业单位遵守本公约的情况进行监督检查。

第十五条 行业内有关企事业单位违反公约，任何其他单位均有权及时向公约执行机构进行检举，要求公约执行机构进行调解，维护行业团结，维护行业整体利益。

第十六条 行业内企事业单位违反公约并造成不良影响、严重影响或极坏影响，经查证属实的，由公约执行机构视不同情况给予在行业内部批评、通报批评、媒体曝光等处理，或交由国家有关执法部门处理。

第十七条 行业内企事业单位模范执行本公约的或在监督检查中没有发现任何问题的，给予表扬、通报表扬、优先推荐为“中国珠宝首饰业驰名品牌”、“放心示范店”及“优秀质检机构”等。并向国家有关行政部门推荐为免检产品。

第十八条 中国宝玉石协会接受行业内对违反公约行为的投诉以及消费者的投诉，并设立专门的投诉电话。

第十九条 中国宝玉石协会对本公约拥有最终解释权。

第二十条 本公约经全国珠宝玉石首饰行业自律工作会议讨论通过，自2003年4月1日生效。

二、珠宝玉石首饰行业自律产品质量监督检查办法

第一条 为了维护我国珠宝玉石首饰行业的市场秩序，加强产品质量的自律监督检查，规范经营行为，保护生产者、经营者与消费者的合法权益，根据《中华人民共和国产品质量法》、《中华人民共和国计量法》、《中华人民共和国消费者权益保护法》以及有关法律、法规的规定和有关标准与《中国珠宝玉石首饰行业自律公约》，制定本办法。

第二条 在中华人民共和国境内从事珠宝玉石首饰生产、加工、经营、检测鉴定，以及有关活动的个人、企事业单位，均应遵守本办法。

第三条 中国宝玉石协会负责全国珠宝玉石首饰行业自律产品监督检查，并邀请各地方珠宝协（商）会配合、协助产品质量自律监督检查的工作。

第四条 珠宝玉石首饰行业自律产品监督检查接受国家有关部门的领导、授权与监督。

第五条 珠宝玉石首饰行业自律产品质量监督检查接受新闻媒体的舆论监督。

第六条 组织机构：中国宝玉石协会设立行业自律工作组负责领导、组织全国珠宝玉石首饰产品质量自律监督检查工作，由中国宝玉石协会鉴定评估专业委员会、国家珠宝玉石质量监督检验中心负责落实。并制定每次产品质量监督检查方案和实施细则。

第七条 成立若干市场检查抽样小组，由全国各地有关珠宝协（厂、商）会、检测鉴定机构和有关专家组成，并邀请相关的地方政府官员参加，负责领导和监督。被检查地区至少有一名专家参加，抽取样品进行重新编号、登记和封存。检查抽样人员不参与检测鉴定工作。

第八条 成立若干检测鉴定小组，由全国有关检测鉴定机构和有关专家组成，被检查地区至少有一名专家参加，鉴定小组人数一般5名或7名。检测鉴定人员不参与市场抽样工作。工作完成后，检测鉴定小组向中国宝玉石协会鉴定评估专业委员会、国家珠宝玉石质量监督检验中心提交工作报告，经审议后，报中国宝玉石协会行业自律工作组。

第九条 行业自律产品质量监督检查的结果由中国宝玉石协会负责向政府有关部门报告和进行行业内部公告。

第十条 行业自律产品质量监督检查方式：

1．全国普查：是指对所有珠宝玉石首饰的全国检查或对某一类首饰（例如：镶嵌钻石首饰、翡翠首饰等）的全国检查。检查地区（城市）、商（厂）家、样品抽取均用随机抽样的方法决定。检测方式：盲检。

2．专项检查：是指对某一地区或某一经营、生产加工企业的珠宝玉石首饰产品的检查，以及对某一检测鉴定机构出具的鉴定证书的检查。

3．检查次数和时间：每年在适当的时间进行一次全国普查，根据情况进行相应的专项检查。

第十一条 检测鉴定的依据是国家颁布的有关标准。

第十二条 所有抽取的样品封样后由鉴定小组在指定的具有合格资质的检测鉴定机构进行检测鉴定。

第十三条 行业自律工作的费用：由每次被检查企业分摊，有关检测鉴定机构免费提供检测鉴定所需的仪器设备，不足部分由中国宝玉石协会给予补贴。

第十四条 问题处理：凡是在检查中认定不合格的产品和不合格的鉴定证书均交由国家行政执法部门处理。同时，中国宝玉石协会对认定为不合格产品和不合格鉴定证书处理办法如下：

1．凡是产品质量和鉴定证书有问题的进行批评教育、通报批评、通报警告等处理。

2．产品质量和鉴定证书问题特别严重的，清查问题后撤销会员资格、进行媒体曝光等处理。

第十五条 对检查鉴定结果有疑义的自接到检查鉴定结果通知书15日内可以向国家行政执法部门提出复检申诉。

第十六条 本办法解释权属于中国宝玉石协会。

第十七条 本办法经全国珠宝玉石首饰行业自律工作会议讨论通过，自2003年4月1日执行。

第五节　地方法规

一、广东省金银珠宝行业自律公约

第一条　为加强行业自律，营造良好的经营环境，维护企业与消费者的合法权益，促进广东省金银珠宝业健康发展，依据国家和广东省的有关法律、法规，特制定本公约。本公约已经广东省黄金协会、广东省宝玉石协会、广东省工艺美术协会、广东省金银首饰商会、广州市金银珠宝商会、中华全国工商联珠宝业商会珠宝首饰玉器厂商会、广东国际钻石商会等行业社团进行公议，并广泛征求政府有关执法部门和主管部门的意见，是广东省金银珠宝行业的自律性文件，适用于广东省内一切从事生产、经营涉及金银珠宝首饰及其相关产品的企业及个体摊挡（以下统称企业）的市场行为。

第二条　遵纪守法、规范经营、公平竞争

（1）按照国家颁发实施的《产品质量法》、《标准化法》、《计量法》、《消费者权益保护法》、《价格法》、《税法》、《反不正当竞争法》、《广告法》、《合同法》、《中华人民共和国金银管理条例》、《广东省实施〈中华人民共和国消费者权益保护法〉办法》等有关法律、法规规范经营行为。

（2）经销的金银珠宝首饰等产品，必须依照国家及广东省有关规定，明码标价，以利顾客选择。

（3）按质论价：严格按照国家公布的金价，合理利润和应缴税金制定商品价格。不哄抬价格，不以逃税方式让利促销，不搞低价倾销。处理积压商品，按国家有关规定办理。

（4）让利销售应以不损害行业必要的积累为原则，不以过低的让利价格和高折扣排挤同行。

（5）不做虚假的宣传和广告，不做贬低同行的宣传和广告，不做有损行业的宣传和广告。

（6） 积极配合政府、工商行政管理和质量技术监督管理部门组织的金银珠宝首饰质量监督检查工作，但任何检查机构不得巧立名目强迫商家送检。

（7）不举办、不参加未经工商行政管理部门批准的展销会。

第三条　热情服务、诚实守信

（1）讲究礼貌、说话和气、服务周到、老少无欺。

（2）如实介绍商品，遵从自愿、诚实、公平的原则进行交易，不售假、不骗售、不强售。信守合同，因过错造成对方损失，应按《消费者权益保护法》和《广东省实施〈中华人民共和国消费者权益保护法〉办法》中的规定进行赔偿。

（3）搞好售后服务，所做出的承诺必须如实兑现。

（4）提高行业信誉，销售价高的珠宝首饰（单位售价3000元及以上），应同时免费提供具有合法检验机构检测鉴定的证书。

第四条 违约及处理

（1）凡违反本公约第二、第三条有关规定的，均属违约行为。

（2）本公约在实施过程中出现的问题，通过“广东省金银珠宝行业自律协调联席会议”，以下简称“联席会议”，进行协调、监督和管理。

（3）企业违约行为经《联席会议》应到会三分之二的人员认定，即为违约。“联席会议”根据违约情节，对违约者分别给予劝告、内部通报、限期整改、公开批评等处分。触犯法律、法规的、移送执法部门处理。对市场上出现的不正当竞争行为，也可会同有关执法部门进行曝光和查处。

第五条 附则

（1）本公约自2002年×月×日起实施，根据实施过程中出现的问题，将进一步补充、修改和完善。

（2）本公约的解释权属“广东省金银珠宝行业自律联席会议”。

对违反《公约》的投诉和处理：

可采用信件形式，投诉到秘书长联席会议办公室或各有关的协会、商会秘书处办公室。投诉时应写明被投诉的企业名称、时间、地点、当事人、违约内容及情况（尽可能提供有关的证据）、投诉人对如何解决的意见，并留下投诉人的姓名、地址、邮编、电话等。一般情况下，一个月内（从收到之日起计算）做出处理的回应。

二、广东省黄、铂金缺口消费争议解决办法实施细则

第一条 为了维护消费者合法权益，规范企业经营黄、铂金制品“售后服务”的基本责任和义务，根据《中华人民共和国消费者权益保护法》、《广东省实施<中华人民共和国消费者权益保护法>办法》及有关法律法规制定本办法。

第二条 凡在本省范围内从事黄、铂金生产经营的企业可按本办法执行。

第三条 本办法实行谁销售谁负责售后服务的原则。销售者与生产者，销售者与供货者，销售者与修理者之间的合同，不得免除本办法的“售后服务”基本责任和义务。如果销售者不能履行责任和义务，则应由生产者承担。

第四条 本办法是履行售后服务的基本要求（以下简称“基本售后服务”）。如果销售者和生产者不履行其承诺的，应当承担相应的法律责任。本办法鼓励生产者和销售者制定更有利于消费者的“售后服务”承诺。

第五条 “基本售后服务”的内容为“三包”。即：包修理、包更换、包退货。

第六条 “三包”有限期自开具发票之日起计算。期内除因消费者使用保管不善使产品不能正常使用或严重影响外观外，消费者凭发票及“三包”凭证享受“三包”售后服务项目。

第七条 黄、铂金饰品自销售之日起 7 天内发生以下质量问题，消费者可以选择修理、换货或退货。退货时销售者应当按发票价格一次退清货款：

（一）黄、铂金饰品夹杂或质量不足的；

（二）黄、铂金饰品的外观有砂眼、暗缝或断裂的；

（三）因结构缺陷而影响正常使用的；

（四）黄、铂金饰品的表面漏镀、挂渍、锉刮痕、锤痕影响外观的；

（五）手镯类装配失灵、结构不牢固，影响使用的；

（六）经法定授权部门鉴定为不合格商品的；

（七）法律、法规、规章规定，应当为消费者退货的其他情形。

第八条 黄、铂金饰品自销售之日起 8 至 15 日内，发生本办法第七条所列质量问题，消费者可以选择修理或换货。换货时原则上不低于原货重量，换货重量超过原货重量的，超过部分

的重量、成色按换货当日牌价计价。

第九条 黄、铂金饰品自销售之日起，凭销售发票保修1年，所修饰品成色、重量、品名须与发票内容相符。

第十条 换货后的“三包”有效期自换货之日起重新计算。由销售者在发票背面加盖更换章。

第十一条 售后经鉴定的缺口发现成色不足，从鉴定报告出具之日起10天内，由消费者凭发票和鉴定报告选择退货或换货处理。

第十二条 在“三包”有效期内，因质量问题经两次修理，仍不能正常使用的，凭修理者提供的修理记录和证明，由销售者负责为消费者免费调换相同类型、成色一致的制品，超过重量按本办法第八条规定办理或按本办法第十三条的规定退货。

第十三条 在“三包”有效期内，符合换货条件的，销售者因无相同类型饰品，消费者不愿意调换其他类型而要求退货的，销售者应当予以退货；有相同类型制品，消费者不愿意调换而要求退货的，销售者应当予以退货，退货按每日万分之五收取折旧费。折旧费计算自开具发票之日起至退货之日止，其中应当扣除修理占用和待修的时间。

第十四条 在“三包”有效期的最后一天如遇法定假日，则按法定假日天数顺延。

第十五条 在“三包”有效期内属下列情况之一的，不实行“三包”，但可以收费修理：

（一）无有效凭据或有效凭据与所修饰品内容不符的；

（二）非承担“三包”经营者拆动造成损坏的；

（三）使用不当，保管不善造成损坏的；

（四）不可抗拒力造成损坏的。

第十六条 生产者、销售者、修理者破产、倒闭、兼并、分立的，其“三包”责任按国家有关法律法规执行。

第十七条 广东省金银珠宝检测中心受消委会和广东省黄金协会委托为本办法实施中的黄、铂金制品的质量争议检测单位。

第十八条 消费者因产品“三包”问题与销售者、修理者、生产者发生纠纷时，可以向消费者委员会、省黄金协会和其他有关组织申请调解，也可以向仲裁委员会申请仲裁，或直接向人民法院起诉。

第十九条 本办法如与国家有关法律法规不符，按国家有关规定执行。

第二十条 本办法由广东省消委会、广东省黄金协会起草、发布。

第二十一条 本办法自2003年8月15日起施行。

三、上海市黄、铂金饰品消费争议解决办法

第一条 为了维护消费者合法权益，规范黄、铂金饰品生产经营企业的经营行为，明确销售者、修理者、生产者对黄、铂金饰品的修理、更换、退货（以下称为“三包”）的售后责任和义务，根据《中华人民共和国消费者权益保护法》、《上海市消费者权益保护条例》及有关法律法规制定本办法。

第二条 凡在本市范围内从事黄、铂金生产经营的企业均按本办法执行。

第三条 本办法实行谁销售谁负责“三包”的原则。销售者与生产者，销售者与供货者，销售者与修理者之间的合同，不得免除本办法的“三包”责任和义务。

第四条 本办法是履行“三包”的基本要求。鼓励销售者和生产者制定更有利于消费者的“三包”承诺。

第五条 “三包”有限期自开具发票之日起计算。“三包”期内除因消费者使用保管不善致使产品不能正常使用外，消费者凭发票、“三包”凭证享受免费修理（包括辅助材料费和工时费）。

第六条 “三包”有限期内属下列情况之一的，不实行“三包”，但可以收费修理：

（一）无有效发票或有效发票与所修饰品内容不符的；

（二）非承担“三包”经营者拆动造成损坏的；

（三）使用不当，保管不善造成损坏的；

（四）不可抗力造成损坏的；

第七条 黄、铂金饰品自销售之日起七日内发生以下质量问题，消费者可以选择修理、换货或退货。退货时销售者应当按发票价格一次退清货款。

（一）黄、铂金饰品夹杂或重量不足的；

（二）黄、铂金饰品的外观有砂眼、暗缝或断裂的；

（三）因结构缺陷而影响正常使用的；

（四）黄、铂金饰品的表面漏镀、挂渍、挫刮痕、锤痕影响外观的；

（五）手镯类装配失灵、结构不牢固，影响使用的；

（六）经法定授权部门鉴定为不合格商品的；

（七）法律、法规、规章规定，应当为消费者退货的其他情形。

第八条 黄、铂金饰品自销售之日起十五日内，发生本办法第七条所列质量问题，消费者

可以选择修理或换货。换货时原则上不低于原货重量，换货重量超过原货重量的，超出部分的重量，按换货当日牌价计价。

第九条 黄、铂金饰品自销售之日起，凭销售发票保修六个月，所修饰品成色、重量、品名须与发票内容相符。

第十条 换货后的“三包”有效期自换货之日起重新计算。由销售者在发票背面加盖更换章。

第十一条 经鉴定的饰品发现成色不足，从鉴定报告出具之日起二年内，由消费者凭发票和鉴定报告选择退货或换货处理。

第十二条 在“三包”有限期内，因质量问题经两次修理，仍不能正常使用的，凭修理者提供的修理记录和证明，由销售者负责为消费者免费调换相同类型的饰品，超过重量按本办法第八条规定办理或按本办法第十三条的规定退货。

第十三条 在“三包”有限期内，符合换货条件的，销售者因无相同类型饰品，消费者不愿意调换其他类型而要求退货的，销售者应当予以退货；有相同类型饰品，消费者不愿意调换而要求退货的，销售者应当予以退货，退货按每日百分之五收取折旧费。折旧费计算自开具发票之日起到退货之日止，其中应当扣除修理占用和待修的时间。

第十四条 “三包”有限期内的最后一天如遇法定假日，则按法定假日日数顺延。

第十五条 生产者、销售者、修理者破产、倒闭、兼并、分立的，其“三包”责任按国家有关法律法规执行。

第十六条 消费者因产品“三包”问题与销售者、修理者、生产者发生纠纷时，可以向消费者协会、黄金饰品行业协会和其他有关组织申请调解，有关组织应当受理。

第十七条 销售者、修理者、生产者未按本办法执行“三包”的，消费者可以向相关行政管理部门申诉，由上述部门责令其按“三包”规定办理。消费者也可以依法申请仲裁解决，还可以直接向人民法院起诉。

第十八条 本办法如与国家有关法律法规不符，按国家有关规定执行。

第十九条 本办法由上海市消费者协会、上海黄金饰品行业协会起草、发布。

本办法自2003年3月15 日起施行。原沪消协（2000）第3号文同时废止。

第六节　珠宝业国际自由贸易政策

世界各国参差不一的关税法则、不同的管理原则，重重限制了珠宝国际流通的自由。为此，澳大利亚珠宝商协会（JAA）在2000年发起并主办APEC（亚太经贸合作会议）国际珠宝会议，其目标是要打破成员国之间的贸易壁垒，共同推动加速珠宝业的关税自由化。具体措施就是促请APEC成员国修改CARNET（珠宝样品国际通行证）的限制，准许在成员国的珠宝展中当场销售CARNET通行证货品。

CARNET是一条明文订立的专门为珠宝及首饰样品发出的通行证，准许珠宝样本货品暂时输入一个国家，豁免关税缴纳及其他税项。但因为货品是珠宝样本，必须重新出口，不能当场销售。目前CARNET由比利时布鲁塞尔的世界海关组织监管，并由巴黎的国际商会管理局推行，共有57个签约成员国。珠宝贸易公司如果经常性地参加国际珠宝展，需要带着大量珠宝样品旅行世界各国，那一定得申请CARNET通行证才能畅行无阻。

申请CARNET，必须先向本国商会呈交银行担保书，银行担保或保证金随国家订立而异。当他们从海关获得清关证明单，证实取出的样品皆已全部退回时，便可赎回银行担保书并退回保证金。

CARNET订立的法规虽然只有一个，但各国的执行方式却有很大出入。例如：在日本，CARNET珠宝货品允许在当场销售，日本海关只收取5%的珠宝进口税；但意大利却严格管制CARNET珠宝货品，所有进口的CARNET珠宝货品必须悉数出口，不准在意大利当场销售。正是由于成员国之间对CARNET实施方式的迥异，此次与会代表便促请APEC尽快统一CARNET的执行程度，希望各成员国能同意日本的执行方式，准予合法当场销售CARNET货品样品，然后收取珠宝进口税，以促进珠宝关税完全自由化的计划。

【第二章】

行业大事记

Memorabilia

一、2003年为“行业自律年”

中国宝玉石协会秘书长孙凤民在“珠宝首饰质量监督抽查暨行业规范促进会议”上宣布：2003年，中宝协将在全国范围内推广“放心店”示范工程，同时也将把2003年作为“行业自律年”。会上宣读了《中国金银珠宝首饰行业自律公约》（讨论稿）。

中国珠宝首饰行业在稳定发展的基础上，已步入黄金阶段。国内市场珠宝首饰的年销售额已猛增到近1000亿元，已有各类珠宝企业5000多家，逐步形成了一大批特色基地和一大批具有实力的金银珠宝首饰加工、销售企业。随着珠宝首饰业的快速发展，出现了企业经营和市场的不规范，严重制约了行业的整体发展，规范市场、诚信经营、公平竞争的呼声日益高涨，对行业自律的要求也越来越迫切。中国宝玉石协会针对广大消费者和行业企业的要求，制定了行业自律公约，旨在进一步推动我国珠宝首饰行业的市场规范，促进金银珠宝首饰加工企业、批发和零售企业、检测鉴定机构等的自身建设，共同维护市场。“放心店”示范工程和“行业自律年”活动的开展将促进和带动金银珠宝首饰行业走上自律严明的经营之路。

二、全国珠宝玉石首饰行业自律工作会议

2003年2月27日，由中国宝玉石协会组织的“全国珠宝玉石首饰行业自律工作会议”在北京召开。会议就如何加强珠宝行业自律工作力度展开了讨论，原则通过了《中国珠宝玉石首饰行业自律公约》，并建议完善《珠宝玉石首饰行业自律产品质量监督检查办法》。会议呼吁加强行业自律，倡导诚信经营。

此次会议共有中国珠宝玉石首饰行业驰名品牌企业、放心示范店及有关珠宝玉石首饰企业、检测鉴定机构负责人及省市有关珠宝首饰行业协会等200多家会员单位参会。

三、首届中国国际黄金珠宝玉石展

首届中国国际黄金珠宝玉石展于2003年2月26日至3月1日在深圳隆重开展。这次展会是继我国黄金市场开放以来，首次由黄金生产单位集中参与、展示实力的中国黄金珠宝界的大型盛会。

本届展会吸引了国内外从事黄金生产、珠宝首饰加工制造和科技方面的近200家公司参展，约有9294名来自50个国家和地区的买家参观。买家分别来自英国、美国、澳大利亚、奥地利、比利时、巴西、加拿大、丹麦、德国、泰国、土耳其等国家和中国内地、香港及台湾地区。来自中国内地的参观人士占总参观人数的75%，他们分别来自31个省市。香港地区和海外参观人士各占总数的14%和11%。

参加本次展会的买家制造商/供应商有37.6%、零售商26.7%、批发商/代理商20.3%、进出口商15.4%。

四、“中国金都杯”首届黄金首饰设计大赛

由中国黄金协会、国土资源部珠宝玉石首饰管理中心、中国就业培训技术指导中心、山东省招远市人民政府共同主办，并由中国黄金协会具体承办的“中国金都杯”首届黄金首饰设计大赛自2002年9月启动后，经过3个月的征稿，2003年1月24日对参赛的200余件作品进行了初评，共评选出四个系列的38件入围作品。于4月11日进行了终评，共评出四大系列25个奖项，并于4月18日在北京人民大会堂举行了隆重的颁奖仪式。获奖的璀璨金饰体现出当今我国黄金首饰设计领域的一个新的水准。这次大赛既为设计师提供了一个展现自己才华的舞台，同时也把国内的珠宝首饰设计水平推向一个新的阶段。

本次大赛从实用上进行分组，共分四大系列：婚庆系列、绅士系列、淑女系列、节日系列。主导思想就是加大黄金首饰的推广力度，使设计作品能够变成商品，满足消费者更高的需求，特别是中高收入阶层——白领阶层的需求。

本次大赛强调设计的文化内涵——“动感黄金，纯情永驻”这一主题。因为中华民族黄金文化源远流长，同时黄金首饰设计也要体现时代特色，人们赋予黄金的文化与感情色彩，使黄金饰品永远也不会过时。

本次大赛评选的4个标准：①主题明确、立意新颖；②设计理念具有超前性、创新性；③具有实用性、重量合理、便于销售；④能充分体现我国黄金饰品的发展方向。

五、“内地与香港关于建立更紧密经贸关系的安排”协议签署

2003年6月29日，国务院总理温家宝与香港特别行政区行政长官董建华，在香港参加并见证了“内地与香港关于建立更紧密经贸关系的安排”（以下简称“安排”）的签署仪式，中华人民共和国商务部副部长安民和香港特别行政区财政司司长梁锦松作为代表，分别在文本上签字。至此备受各界人士瞩目的“安排”在经过18个月的努力后，终于取得圆满成功。

此次“安排”涵盖了三大范畴：货物贸易、服务贸易和贸易投资便利化。目标是为降低甚至取消香港货物进入祖国内地的关税和非关税壁垒，并帮助香港经济复苏。在货物贸易方面，内地由2004年1月1日起，对273种内地税目涵盖的香港产品，只要符合原产地原则，都实行零关税优惠；内地还将最迟于2006年1月1日起，对内地税制余下税目涵盖的香港产品，只要符合“安排”的原产地原则，本地厂商申请后也可实行零关税优惠。在服务贸易方面，香港的专业服务业将可获得更大的市场准入，这些行业包括：管理咨询、展览及会议、广告、法律、会计服务、医疗及牙医、房地产及建筑、运输服务、分销、物流、货物运输代理、仓储服务、旅游、视听、银行、证券和保险等。在贸易投资便利化方面，双方在7个范畴加强合作，包括：海关便利化、商品检验检疫、质量标准、食品安全、中小企业合作、中医药产业合作、电子商务、贸易投资促进及法律透明度等。

这份协议使香港经济转型获得了新的动力，竞争有了新优势。

六、首饰市场铂金掺铱售假事件

2003年，国家首饰质量监督检验中心（以下简称国检中心）在北京市场的检验工作中及对外地送来的铂金首饰检验时，发现部分铂金首饰中加入了6%～10%的金属铱，加入金属铱后，造成主料含量严重不足，甚至出现Pt950的铂金首饰含铂量不到90%的情况。

铂金首饰含铂量执行的标准GB11887—2002是国家强制性标准，首饰中含铂量不足是严重问题，如果有意识的掺假，将严重扰乱首饰市场秩序。

6月中旬，广州日报、南方日报、南方都市报、信息时报几家媒体，先后以"广州有半数铂金首饰成色严重不足"的大标题，报道有不良厂家在加工铂金首饰时掺入金属铱，大赚黑心钱，使大批成色严重不足的首饰流入零售市场。由于媒体覆盖面广，影响力强，使广州铂金首饰市场上空乌云翻滚，市民反应激烈，到检测机构查验铂金首饰的消费者络绎不绝。铂金首饰专柜则由过去的门庭若市变成门可罗雀。铂金掺铱影响巨大，而且十分恶劣，据有些零售商反映，铂金首饰销售骤然下降40%～50%以上，形势相当严峻。

2003年5月，国家首饰质量监督检验中心（以下简称国检中心）发出紧急通知：要求各地检测站密切关注市场上出现的铂饰掺铱产品，以避免出现检测失误，并建议及时向各地的技术监督部门、工商主管部门反映，积极调查。

5月28日，深圳黄金珠宝首饰行业协会对此事件专门召开了行业自律会议，共有60多家首饰生产企业参加了会议。协会要求有关生产企业立即停止生产（含铱）不合格的铂金首饰；立即自查、整改、招回已销售的不合格产品；对不合格产品，消费者提出退货的，应无条件退货；对不合格产品全部重新提纯。次日，国检中心就深圳黄金珠宝首饰行业协会的要求向全国质检机构第二次发出紧急通知，并建议各首饰质检机构加大检测力度，6月15日以后对不执行协会要求，在市场上仍销售不合格铂金首饰的生产企业，配合当地政府部门给予严肃处理。

6月19日，全国首饰质检机构技术交流会在山东济南召开。会议主要针对目前首饰行业铂金首饰中含过量金属铱的事件，讨论具体应对措施。

七、上海黄金交易所与英国路透集团签约

2003年7月16日，上海黄金交易所与英国路透集团在上海金交所内举行了信息合作签约仪式。这标志着金交所迈出市场信息国际化步伐。上海黄金交易所董事长沈祥荣、总经理林近男和华东区总经理彭芷霞出席了签字仪式。

上海黄金交易所建成以后，在国际上的知名度日益提高，已日渐成为世界黄金市场中的重要组成部分。此次与路透集团的信息合作，将进一步提升上海金交所在国际黄金业界的声誉，为直接走向世界开展信息交流开通了良好的渠道。

路透集团自1979年踏足中国金融信息市场后，一直对中国市场充满信心，此次与上海金交所合作，充分体现出路透集团是以行动来证明合作信念的。路透集团是上海金交所在全球范围内第一家有权向其客户出售上海金交所实时行情的信息商。

路透集团作为全球最具规模的金融信息供应商及信息技术处理供应商，具有150多年的历史，已为全球超过270家交易所及交易机构转发实时行情到全球近200个国家及地区，单是路透集团的金融专网用户就达到60万人，他们都是国际专业的机构投资人及金融领域的参与者。

八、全国首饰行业工作会议

2003年全国首饰行业工作会议于8月26日至29日在古城西安召开。会议的主题为：规范黄金开放后的市场秩序，加强行业自律和信息沟通，促进黄金珠宝首饰企业间的合作与信息交流。国家有关部门领导、经济理论专家、全国黄金珠宝首饰企业界代表共60多人参加了会议。

会议首先报告2003年我国黄金首饰生产和销售市场发展的情况、存在的问题以及经过大量工作后取得的成果；然后，宣讲了关于黄金首饰方面的强制性标准（GB11887—2002）；公布了关于首饰印记的重新登记及尽快办理手续的相关事宜；通报了2003年上半年部分企业在生产、销售贵金属中存在的质量问题；会议代表还就首饰专业委员会的自我建设及首饰企业在生产运行中存在的问题进行了认真的研讨。

九、"中国金都杯"第二届全国黄金首饰设计大赛

"中国金都杯"第二届全国黄金首饰设计大赛于2003年8月28日在山东招远市正式启动。2004年2月初大赛评委会终评，评出最终获奖作品，2月底举行颁奖典礼。

中国是世界上第四大产金国，也是第四大黄金消费国。但由于我国黄金管理体制等多方面的原因，致使黄金首饰的消费不尽人意。举办黄金首饰设计大赛，就是要通过这种载体，推出优秀设计、开发优质产品、引领消费时尚，满足社会不同消费群体的多元化需求，进而达到扩大黄金首饰消费的目的。

本次设计大赛的特点是：突出实用性。获奖作品将进行市场推广，变成市场上流行的产品。另外，为了鼓励首饰加工企业改进制作工艺，提高制作能力，大赛特增设了制作奖，将在入围作品的实物样品中，根据制作工艺的难易程度和技术创新等进行评比。

本次大赛的主题仍然是"动感黄金，纯情永驻"。参赛作品既要体现中华民族传统文化的内涵，又要赋予黄金现代时尚的特点。作品按用途分为4个系列：① 婚庆系列——主要为新婚、铜婚、银婚、金婚、钻石婚等婚姻纪念首饰设计；② 绅士系列——主要为男士提供日常公务、商务、庆典、外事、攻关等活动佩戴之设计；③ 淑女系列——主要为职业女性在公务、商务、旅游、舞会、晚宴等活动佩戴之设计；④ 节日系列——主要为传统或现代节日设计礼品，如：情人节、教师节、父亲节、母亲节、重阳节、护士节、儿童节、三八妇女节等。

大赛设立特等奖1名，奖励人民币18000元；婚庆、绅士、淑女、节日四大系列中每一系列各设一等奖1名，分别奖励人民币8000元；二等奖2名，分别奖励人民币4000元；三等奖3名，分别奖励人民币2000元；并由大会组委会颁发奖牌和证书；设制作奖、组织奖若干名，由大会组委会颁发奖牌和证书。

大赛由中国黄金协会、国土资源部珠宝玉石首饰管理中心、山东省招远市人民政府主办，中国黄金协会承办；世界黄金协会、香港珠宝制造业厂商会、台湾金银珠宝同业协会、澳门金业同业公会为支持单位；山东招金集团有限公司、上海黄金饰品行业协会、深圳市黄金珠宝首饰行业协会、天津市黄金饰品行业协会、广东省黄金协会、广东省宝玉石协会、广州市番禺珠宝厂商会等为协办单位。

十、第四届深圳国际珠宝展

2003年9月13日至17日，第四届深圳国际珠宝展览会在深圳市高交会馆展览中心隆重举办。本次展会无论从内容、质量及服务水平，还是规模、档次及参观买家群体上都上了一个新台阶，向全方位、专业性、高档化的目标迈进了一大步。

十一、大雄珠宝名店董事长王兰荣获首届“全国十大社会公益之星”提名奖

2003年10月28日，首届“全国十大社会公益之星”颁奖仪式在人民大会堂隆重举行。北京珠宝玉石业界惟一荣获“首都防治非典型性肺炎先进个人”的大雄珠宝名店董事长王兰光荣登上领奖台，荣获“全国十大社会公益之星”提名奖。

此次评选活动是建国以来第一次由我国民间组织对社会公益人物进行的表彰。这些“公益之星”不讲名利、不计报酬、不辞劳苦、默默无闻地长期从事公益事业，在救助弱势群体、开展环境保护、兴办福利事业等方面做了大量的工作。

在7月12日举行的第四届首都五好文明家庭表彰大会上，王兰一家被首都精神文明建设委员会授予“首都五好文明家庭”称号。王兰和她的丈夫马健——解放军304医院副主任医师共同做了题为《在SARS肆虐北京的日子里，我们不想做旁观者》的发言。

大雄珠宝名店董事长王兰在非典肆虐时期，主动请愿到“非典”定点医院北京佑安医院做了一名义务清洁工，为期一个月。在医院里，她不仅自己身体力行不怕苦不怕累，而且时时刻刻心系他人，发现医务人员喝水困难，就让公司的人买了几百张水票送来，解了近渴；看到清洁工擦玻璃的方法很不安全，又让人买了擦玻璃的工具送来；医务人员的休息环境不好，她也帮助安排到附近的商务会馆休息；同时，还向解放军304医院捐赠了2万元人民币。王兰所做的一切皆很自然，发自内心。一位画家为她题词：“具有帮助他人帮助社会的能力，是一种幸福，将这种能力实施，是一种美丽。”的确如此，珠宝的美丽只有在聚光灯的照射下，才能更好地呈现出来，而善良的美丽却能照亮世界。

王兰表示今后将会投入更多的时间和精力积极参与公益事业，同时希望能有更多的热心人投身公益事业，推动公益事业的发展，促进社会的文明进步。

十二、2003年珠宝玉石首饰行业发展国际论坛

2003年珠宝玉石首饰行业发展国际论坛于2003年10月21日至22日在北京隆重举行。

本次论坛由中国宝玉石协会、国土资源部珠宝玉石首饰管理中心、中国黄金协会、上海黄金交易所、上海钻石交易所、DTC钻石推广／咨询中心联合主办。世界黄金协会、国际铂金协会、世界白银协会协办。

加强交流合作、共谋行业发展是本次论坛的主题。国际珠宝首饰行业的发展趋势，中国政府的有关政策、金融服务与中国珠宝首饰行业发展是本次论坛的重要内容。加强交流合作、促进行业发展是本次论坛的目的。

十三、2003年首届中国国际珠宝展

2003年10月22日至25日，2003年首届中国国际珠宝展在北京中国国际展览中心隆重拉开帷幕。

本届展会由中国宝玉石协会和国土资源部珠宝玉石首饰管理中心两大权威机构联合主办，汇聚了中国境内珠宝行业最知名的大型企业和国外珠宝厂商展。与本届展会同步举行的2003年珠宝玉石首饰行业发展国际论坛，构成了珠宝行业难得的政策信息平台和先锋前沿阵地。

展会突出了展示企业形象、树立企业品牌和企业科技实力并实施招展重心向买家转移，在业内引起强烈共鸣，一批一流展商和买家踊跃响应。

十四、第二届中国玉雕／石雕作品“天工奖”评选

中国玉雕／石雕作品“天工奖”是中国现代玉雕、石雕作品的最高专业奖项，获奖作品在技艺、材质及创意等方面均代表中国现代玉雕、石雕的最高水平。“天工奖”正在成为当代玉雕、石雕艺术品最具影响力的品牌奖项。

2003年10月22日至25日首届中国国际珠宝展会期间，第二届“天工奖”入围作品在2002年只有“玉雕”作品的基础上又将具有广泛群众基础的“石雕”作品纳入其中，共征集入围作品450余件，其中玉雕作品246件，石雕作品206件，基本反映了国内近年来玉雕、石雕的创

作水平。活动共评选出金奖27个，银奖48个，铜奖58个，最佳工艺奖35个，最佳创意奖26个，获奖率占整个入围作品的43%。

十五、新版珠宝玉石国家标准2003年11月1日起实施

2003年11月1日起，新版珠宝玉石国家标准开始实施。本次修订的珠宝玉石国家标准吸取了国内外有关标准规则中的精华，包括《珠宝玉石鉴定》、《珠宝玉石名称》和《钻石分级》三项，分别代替1996年出版的原相关国家标准。一套完善的可操作性强的标准对于行业的发展意义深远。对于业内人士来说，及时学习掌握新标准对工作和业务拓展极为重要。

本次修订的珠宝玉石国家标准对检测机构影响比较大，技术上要求更精确，对检测机构要求更高，也在一定程度上提高了鉴定成本。消费者是最大的收益者，可以有更加准确的指标作为消费参考，有更大的选择空间。

从我国珠宝业的发展历史来看，标准发挥了并将继续发挥重要作用。鉴定机构依据标准出具证书，赢得消费者的信任，增加消费者的信心，对繁荣市场至关重要。尤其在我国现阶段，珠宝消费尚处于初级需求阶段，对首饰的个性化要求不高，这一阶段鉴定证书的作用尤其明显。

修订后的三项标准，更加接近国际标准，但还有很多需要完善的地方。根据实施过程中的反馈意见，2004年初标准释义将出台，作为国标的补充，对新版国标做出详细说明。

十六、2003年国际黄金投资大会

2003年11月4日至5日，国际黄金投资大会在我国最具发展活力的国际大都市上海隆重举行。

此次大会由中国黄金协会、澳米佳公司、香港恒丰金业科技集团公司、南非文华新城集团主办，是中国黄金行业规模最大、层次最高的国际投资融资大会。来自世界和国内一些顶尖级的黄金矿业公司和黄金制造商会以及金融投资机构近两百人出席了大会。

本次大会的主题是："以和谐的方式创造财富"。这一主题促进了国际间黄金领域的交流与合作，也为来自世界各地的业内人士提供了新的交流平台。

十七、第二届中国白银年会

2003年11月17日至19日，第二届中国白银年会在威海召开，300多名国内外白银企业的代表参加了本次盛会，共同探讨中国白银市场的发展趋势，并交流了国内外白银行业的最新信息。

中国是世界主要的白银产地之一，也是重要的出口国，中国白银市场已成为世界白银市场的一大新生力量，国内企业需要了解国际市场，国际市场也需要进一步了解中国，本届年会的宗旨就是“促进中国和国际白银行业的发展与合作。”

本届年会由山东省人民政府、世界白银协会、中国商业联合会、中国有色金属工业协会、中国五矿化工进出口协会、中国宝玉石协会共同主办。世界白银协会总裁Keity R. Hulley先生出席了本次年会。

十八、第四届北京国际珠宝展

2003年11月20日至23日，北京国贸中心举办了为期四天的第四届北京国际珠宝展，为中外珠宝厂商提供了更多的商机，也为珠宝企业与消费者面对面地交流提供了平台。本届展会由中国工艺品进出口总公司主办，中国珠宝首饰进出口公司、广州番禺珠宝厂商会、中国贸促会北京分会、北京市首饰进出口公司、中艺国际广告展览公司及立新国际展览有限公司联合承办。

本届展会有来自日本、韩国、新加坡、印度、美国、意大利、比利时等国家和我国内地、香港、台湾等地区的150多家厂商参展。展览面积近万平方米，展品包括各类黄金、铂金、白银、钻石首饰及钻石、珍珠、各种宝石和半宝石原材料及相关的配件及设备等。最为引人注目的是韩国珠宝设计协会首次组织展团在“韩国馆”亮相，南洋珍珠协会也在展会上聘请了专业模特展示其在第四届南洋珠设计大赛的获奖作品。展会期间，还举办了专场讲座与业内人士进行了研讨和广泛的交流。

业内人士认为，随着2003年国内黄金市场的进一步开放和相关税收政策的一系列调整，国内外资本和黄金珠宝厂商看好中国市场，因而这次展会吸引了海内外的珠宝商的踊跃参加；另外外资和民间资本对国内黄金珠宝市场的介入也加大了行业的竞争力度，时尚款式和高科技制作工艺及商家的品牌效应凸现，因此本次展会的展品在工艺水平及款式上也有新的表现。

【第三章】

行业要素市场

Market of essential factor in trade

第一节 上海黄金交易所

一、金交所大事记

1. 上海黄金交易所与英国路透集团签约

2003年7月16日，上海黄金交易所与英国路透集团在上海金交所内举行了信息合作签约仪式。这标志着金交所迈出市场信息国际化步伐。上海黄金交易所董事长沈祥荣、总经理林近男和华东区总经理彭芷霞出席了签字仪式。

2. 上海黄金交易所召开第二次会员大会

2003年9月15日至17日，上海黄金交易所在上海召开第二次会员大会，并举办首届上海国际黄金业务培训班。

金交所理事长沈祥荣、总经理王喆分别作了工作和市场运行情况报告。报告指出，我国黄金市场正处于改革渐进过程中，因此，工作还存在一些问题：①会员结构不合理，消费型企业比重偏高，从事投资业务能起“蓄水池”作用的会员不多，一旦消费进入低谷，没有投资性买盘，市场极易陷入低迷；②交易品种较少，缺乏套期保值功能和避险手段，影响市场功能发挥；③交易系统功能单一，制约了新的业务品种的推出。

报告还对下阶段工作做出安排。首先要开发新的交易品种，准备推出现货延期交收和T+5短期交收业务，以助企业有效地规避中短期价格风险，降低企业资金使用成本，促进市场交投活跃；同时协调落实增加白银挂牌上市业务，并积极争取白银交易的税收政策；继续协调落实与黄金市场改革发展相关的各项配套政策，例如进出口税收政策；尽早推出包括纸黄金等个人投资业务；适度调整会员结构；加快推进交易系统建设，决定新建一套交易系统，将现货、现货远期（T+N）、延期交收、期货等功能都包括在内；深化完善服务体系，其中包括搭建为会员服务的平台，组织会员到世界各主要黄金交易市场进行实地考察等等。

3. 上海金交所2003年7月30日进行铂金品种试交易

2003年3月经外经贸部批准开办铂金现货交易后，金交所一直在积极筹备。7月初开始，铂金已在金交所的交易平台进行调试。7月30日金交所将进行铂金品种的试交易，参加试交易会员范围限于目前上海黄金交易所108家会员及其代理客户，但计划将来扩大铂金会员进行铂金交易。目前，个人尚无缘铂金交易，但对于长期价格不透明的铂金首饰零售市场，消费者将因此得到一个市场参考价格。

Pt99.95铂金是金交所自2002年10月30日开业以来，推出Au99.99金和Au99.95金后，第三个挂牌交易的投资品种。根据交易所规则，铂金交易品种成色不低于99.95%。由于受到铂金重量规格的限制，铂金试交易期间交割重量为3千克、4千克或5千克的整数倍。交易最小单位为1千克。

中国具有进出口铂金的权利的企业并不多，导致大量走私和黑市交易，国家损失了大量税收。铂金在黄金交易所挂牌，将规范铂金交易市场，更重要的意义在于规范进口渠道，抑制铂金大量走私入境。因为目前中国铂金产量少，年产量仅为1吨左右，国内消费的铂金90%以上依赖进口。进口的渠道良莠不齐，导致铂金质量难以获得保证。铂金在金交所挂牌交易意味着更畅通的供应和购买渠道，因此，国内的铂金加工制造厂商及零售商对此都期待已久。目前上海黄金交易所的铂金指定仓库暂定为中国工商银行上海市分行、深圳市分行仓库。

为了配合铂金在上海黄金交易所挂牌，杜绝场外交易，财政部和国家税务总局已宣布，从2003年5月1日起取消对进口铂金17%的增值税；并对通过上海金交所销售的进口铂金实行增值税即征即退政策。铂金挂牌交易后，其税率将与黄金一样，享受零关税和即征即退的增值税政策。用铂金企业从交易中购买的铂金将基本与国际市场价格接轨。目前，金交所规定，铂金交易只能买进不能抛出，这样流动性就较差，参与者主要是自用铂金的首饰加工企业。

在新的铂金税收政策下，交易所铂金交易手续费初期暂定为千分之一，会员代理手续费最高不得超过千分之二。铂金交易的交割场地只有上海和深圳两家，企业提货很不方便，增加了运输成本和风险。铂金仓储费每千克为每天1.80元，出入库费为每千克2元，有关费用由交易所代收代付。而走私者不可能开具增值税发票，用铂金企业将为此付出更大成本。因此，铂金挂牌交易有利于封堵走私通道，维护市场秩序。

二、金交所相关法规

1. 上海黄金交易所铂金品种试交易须知

（1）铂金交易品种成色不低于99.95%。

（2）铂金交易重量规格暂为3千克、4千克、5千克，因受目前进口铂金重量规格限制，铂金试交易期间交割重量为3千克、4千克或5千克的整数倍。

（3）铂金报价方式为人民币元／克，人民币元以后保留两位小数。

（4）铂金交易的最小单位为1千克。

（5）交易所铂金交易手续费初期暂定为千分之一，会员代理手续费最高不得超过千分之二。铂金仓储费每千克为1.80元／天，出入库费为每千克2元，有关费用由交易所代收代付。

（6）进口铂金卖出方仅限中博世金公司一家，会员及代理客户买入铂金后只能提货，不能再卖出。

（7）试交易期间铂金交易品种的交易标号为Pt99.95。交易日当天买入方原则上可以提取铂金实物，如遇运输等问题，最迟不超过1个工作日。

（8）会员及代理客户铂金初始保证金为一万元人民币；交易中除按全额冻结买入方资金外，另向买入方加收7%的溢短备付金（因铂金的正负公差较大），在交易过程中一并冻结，待实物重量溢短二次清算完成后，交易所将溢短备付金余额返还会员及客户。如会员未提取实物铂金，在保证金账户应留有一定的金额以备清算。

（9）目前铂金指定仓库暂定为工行上海、深圳分行仓库。

（10）铂金最小提货量为3千克。若会员申请提货量与仓库实物块重不匹配时，通过修改提货单及留存凑足库存条块标重解决。若会员申请提货地库存不足时，通过更改提货地或通过交易所与卖出方会员协商解决。

（11）交易所不负责铂金统一调运，不向买卖双方收取运保费。

（12）铂金交易实际重量、标准重量与重量均指毛重。

（13）重量溢短的二次清算，按买入方会员提货日加权平均价结算。

（14）指定仓库负责对入库、出库铂金开箱进行毛重的核对，秤差要求不超过±0.2克，若超出±0.2克秤差范围，可填写“问题报告单”，由指定仓库与会员共同签字确认后报交易所，交易所与卖出方进行核查解决。

（15）提货方提取铂金后，如果对交割的铂金质量持有异议，必须在提货日后5个工作日内向交易所书面提出（代理客户由会员书面提出），并提供质量鉴定结论或有效证明和保留完整铂

金实物及清单，超过此期限视为无异议。

(16) 出现铂金质量纠纷时，交易所选择国际贵金属市场认可的国际权威质检机构或交易所指定的国内质检机构进行仲裁检验。

(17)未在本通知中规定的有关市场管理的其他条款参照上海黄金交易所黄金交易的相关规定执行。

2. 关于变更交易行情发布方式的通知

鉴于目前上海黄金交易所已经与有关信息服务商签订了信息有偿服务的合作协议，同时参照国际上一般交易所的通行做法，交易所决定从2004年1月1日起将交易所网站上公布的实时行情改为延时1小时行情。

若有需要上海黄金交易所实时行情数据的用户可与交易所信息行情发布商联系。

三、金交所开业一周年市场运行情况综述

在2003年的245个交易日中，黄金总成交量235.35吨，总成交金额229.62亿元，其中Au99.95成交192.88吨、Au99.99成交42.47吨，黄金日均交易量960.59千克，日均成交金额9372.28万元；铂金从8月13日开始交易，共96个交易日，总交易量7.83吨，成交金额15.87亿元，日均交易量81.54千克，日均交易金额1653.62万元。

2003年，黄金价格持续上涨，年初为92.62元／克，年底达到111.11元／克，期间最高价111.18元／克，最低价85.70元／克，加权平均价98.06元／克。铂金价格也保持上涨态势，初

期为189.90元/克，年底达到223.27元/克，期间最高价234.50元/克，最低价189.80元/克，加权平均价202.79元/克。

资金清算量为450.02亿元，其中会员自营343.5亿元，占76.33%，代理106.52亿元，占23.67%；资金清算的笔数和会员保证金存量也呈逐渐增加的趋势，日均分别为550笔和5亿元。资金清算主要集中在工行、中行和农行，清算银行资金汇速最快的1～2分钟，最慢的1小时，正常情况下资金到账时间约30分钟。结算发票都按时通过邮寄方式寄达会员，共开具结算发票34500张，金额344.43亿元。

仓库管理系统运行良好，会员存取、调拨出入库手续操作正常。黄金和铂金总入库量169.26吨，其中会员总入库量143.70吨，占总量约84.89%，代理客户入库25.57吨，占总量约15.11%。总出库量156.54吨，总调拨量116.12吨。使用仓库31个，涉及25个地区，指定仓库使用率66%。

市场特点表现为：①交易规模不断扩大，市场配置资源的作用充分发挥；②商业银行参与市场积极性进一步提高，交易主体多元化趋势明显；③市场投资功能开始显现，会员对增加黄金投资产品的呼声日益强烈；④价格形成机制日趋完善，与国际金价基本一致，交易所的黄金与铂金价格已逐渐成为国内黄金与铂金市场的主导价格。

一年来的运行表明：交易所规划设计符合市场发展的要求，总体情况良好，系统运行平稳，交易量逐步攀升，市场基础作用进一步显现，基本达到了国家黄金管理体制改革的预期目标，实现了黄金由统购统配向市场交易的平稳过渡，确保生产、加工消费的顺畅衔接，得到了广大会员的认可并取得了阶段性成果。

一年来，交易所抓住机遇，调动一切积极因素，研究确定了总体工作目标：①顺利实现黄金流通新老体制的过渡，确保生产、加工消费的顺畅衔接，达到黄金资源由计划配置向市场配置的改革目标；②新运行的交易所必须要在不以盈利为目的的同时，做到自主经营、自我积累、自我发展、确保在不断降低交易成本的基础上不断发展；③必须得到会员的认可，确保会员在交易所的正常交易并对交易所提供的各种服务基本满意。

目前交易所在现货交易稳定和安全运行的前提下，认真听取会员意见并已着手新系统的开发，为满足时常需求正积极研究开发新业务，加速与国际市场接轨的步伐，使黄金市场在我国金融市场体系中发挥重要作用。

S·E
上海钻石交易所
Shanghai Diamond Exchange
地址：上海浦东金茂大厦7层
电话：(021)50470201
传真：(021)50470209

第二节　上海钻石交易所

一、钻交所大事记

1. 上海检验检疫局驻上海钻交所办事处揭牌

2003年1月28日，上海检验检疫局驻上海钻交所办事处正式挂牌成立。这标志着加工贸易和一般贸易的金伯利进程国际证书制度在我国得到全面实施。

根据我国现行的钻石交易政策，全国一般贸易的钻石进出口（包括毛坯钻石进出口）以及加工贸易中转内销的进出口毛坯钻石交易，均集中在上海钻交所内进行。上海出入境检验检疫局驻上海钻交所办事处是国家质检总局设在我国惟一的一家钻石交易所——上海钻石交易所内的办事机构。办事处的成立为加快进出口钻石的通关速度、提高管理效率、方便贸易创造了条件，受到了上海钻石交易所会员单位和钻石加工企业的欢迎。

上海检验检疫局驻钻交所办事处除了负责对一般贸易项下毛坯钻石进出口的查验和进口验证、出口签证外，还承担了上海地区加工贸易项下毛坯钻石的查验和验证、签证工作。

2. 第三届钻石交易会

2003年3月19日至20日，第三届钻石交易会在上海钻石交易所内举行。各地钻石贸易商、钻石加工商、珠宝零售商、珠宝加工商云集钻交所。

3. 上海钻石鉴定研究中心开业

国内首家钻石鉴定专业机构——上海钻石鉴定研究中心于2003年7月18日正式对外开展业务。为客户提供批量钻石初步分级服务，即批量钻石分包。针对客户送检的批量钻石，按照客户的分级要求进行检测分开包装。

上海钻石鉴定研究中心为客户出具公正、科学、准确的证书，对所有客户提供相同的质量服务，并保证对客户的技术专利和商务信息保守机密，不以任何方式向第三方泄露。

4. 上海国际钻石高峰论坛

2003年11月18日，上海钻石交易所于成立3周年之际，在上海国际会议中心隆重召开“2003上海国际钻石高峰论坛”。

本次“2003上海国际钻石高峰论坛”的召开，旨在探讨如何依托上海钻石交易所在钻石交易、加工、培训、零售等诸多方面的优势，加快上海建设钻石交易中心的步伐，促进上海新型都市产业的发展，扩大社会就业，增加钻石交易额，规范钻石市场，从而带动相关产业和出口

加工贸易的发展，使上海真正成为中国钻石交易中心、钻石加工中心和钻石人才的培训基地，提升中国钻石行业的国际竞争力。

应邀出席本次论坛的领导有：上海市政协主席蒋以任、上海市人大常委会副主任朱晓明。出席本次钻石高峰论坛的演讲嘉宾和他们的演讲题目分别为：

- 中国钻石业的未来——世界钻石委员会主席伊扎克夫先生
- 挑战、聚焦中以钻石产业——世界钻石交易所联合会主席希尼泽先生
- 中美钻石产业的关系——美国纽约钻石交易所总裁邦达先生
- 钻石协会在业内的作用 -IDI 的案例评析——以色列钻石协会执行董事戴维 · 汉姆先生
- 钻石产业的状态——世界钻石行业系统权威专家拉帕波特总裁
- 香港钻石业的发展——香港钻石总会主席马墉宜先生
- 中国钻石产业的现状和未来——上海钻石交易联合管理办公室主任方雄先生
- 上海钻石交易的未来——上海钻石交易所有限公司董事长康慧军先生
- 中国钻石加工业的现状和展望——中国钻石厂商会主席郭志越先生
- 中国珠宝玉石首饰行业的发展现状和前景——中国宝玉石协会秘书长孙凤民先生
- 钻石切工技术的展望——上海宝玉石协会副秘书长许如彭先生

本次高峰论坛期间，国内外钻石业界同仁聚集一堂，共同为上海钻石交易所和中国钻石行业的未来出谋划策，进一步增强了海内外钻石业界同仁间的交流与沟通，为今后进一步的合作奠定了基础。

二、钻交所新闻

1. 坦桑尼亚钻石进入上海钻石交易所

2003年有数批原产于坦桑尼亚的钻石通过上海钻石交易所销往中国国内市场或被转销其他国家。按照防止钻石非法交易的国际公约，凡通过上海钻石交易所进行交易的原产坦桑尼亚的钻石，全部都具有坦桑尼亚矿业和能源部出具的合法证明，并且在交易前经过中国商品检验检疫总局再次检验。上海钻石交易所的会员单位中目前还不包括坦桑尼亚的公司。这些坦桑尼亚

钻石是由上海钻石交易所中的其他外国公司会员代理成交的。

2. 上海钻交所外资会员获得钻石进出口经营权

对外经济贸易合作部与海关总署研究决定赋予上海钻交所中具有境外法人资格的外资会员钻石进出口经营权。

专项进出口经营权的进出口商品范围限于钻石（毛钻、成品钻）以及不含金银的钻石饰品；专项进出口经营权的赋予对象限于注册在上海钻交所内外资会员；获得钻石进出口经营权的外资会员企业从事钻石进出口业务必须在上海钻石交易所海关办理清关手续。

上海钻石交易联合管理办公室负责管理并审批上海钻石交易所外资会员钻石进出口经营权的申请，并将受理、审批情况及时报外经贸部备案。

3. 香港钻石总会主席马墉宜寄语上海钻交所

上海钻交所的成立为中外钻石商建立了一个在中国进行合法钻石交易的平台，把中国内地、香港和国际钻石同业者凝聚起来，为中国钻石市场打下了坚实的基础，也为中国钻石加工业的发展带来了机遇。今后，配合着上海提供的多方面的良好条件和政策，上海钻交所一定会发展成为一个服务中国、面向世界的国际钻石中心。

同行们目前最关注的是17%的增值税是否可以减免。他们相信增值税降低，将有助于提高通过钻石交易所的交易量。另一方面，很多会员希望能进一步简化出口手续，加快工作流程。

展望未来，中国将会发展成国际上一个重要的钻石消费市场，而上海钻交所也就是进入中国市场的渠道，通过业界的共同努力，上海钻石交易所必将发展成为世界上主要的钻石交易中心。另一方面，国内目前强大的钻石生产加工能力，再加上香港同业在国际贸易领域的丰富经验，内地与香港互相合作，发挥互补作用，互惠互利，定会使未来的中国钻石市场蓬勃发展，最终成为一个主要的钻石加工和批发中心。

4. 上海钻石交易所成立三周年

上海钻交所于成立三周年之际，举办了“上

海国际钻石高峰论坛"、"钻石之夜"、"联谊交易"、"第三届中国（上海）国际珠宝展"等一系列活动。上海钻石交易所成立三年来，为吸引和拓展在中国的钻石交易和钻石加工提供了良好的平台和机会。上海钻石交易所现有会员121家，其中83家海外会员来自比利时、以色列、印度、美国、南非、俄罗斯和日本等国家，38家国内会员皆系知名企业。自2002年6月至2003年5月上海钻交所正式运行的一年中，钻石交易金额达2.44亿美元。

如今上海钻石交易所已实现了海关、外管、工商、商检、上海钻石交易联合管理办公室等政府机构一门式受理业务，以及多家银行、保险、押运、钻石鉴定等服务机构配套运营的目标。会员可以足不出所完成全部交易过程。另外钻交所内优质完善的硬件设施更是保证了一个安全稳定的交易环境。

三、钻交所相关法规

1.《上海钻石交易所会员购（划）汇额度核定暂行办法》

(1) 为了规范上海钻石交易所（以下简称钻交所）会员的外汇管理，保证外汇资金合理、有序地流动，促进钻石交易的开展，根据国家外汇管理部门的有关管理规定，特制定本暂行办法。

(2) 本暂行办法中的会员是指注册地在钻交所内或所外境内的，并已取得钻交所会员资格的法人。

(3) 凡以人民币资本金注册或设立的、已取得《外汇登记证》，并在国家外汇管理局上海市分局（以下简称外汇分局）于钻交所内指定的银行开立钻石交易专用外汇账户的会员，没有外汇或者自有外汇资金不足的，其所需的外汇启动资金可申请购汇。

(4) 注册在所内的会员凭《外汇登记证》及有关材料直接向外汇分局申请购汇，购汇额以实际到位的注册资本金为限。

(5) 注册在所外境内的会员向上海钻石交易联合管理办公室（以下简称钻石办）申请购汇额度，钻石办核准后出具《购（划）汇额度证明》。会员凭该证明及《外汇登记证》等有关材料向外汇分局申请购汇。

(6) 注册在所外境内的外资会员向钻石办申请划转外汇账户额度，钻石办核准后出具《购（划）汇额度证明》。会员凭该证明及《外汇登记证》等有关材料向外汇分局办理划转外汇帐户额度。

(7) 注册在所外境内的会员向钻石办申请购汇额度须提供如下材料之一：

- 注册会计事务所出具的会员最近一期的验资报告或年审报告；
- 会员一年度最后一个月的资产负债表。

(8) 注册在所外境内的会员向钻石办申请购汇额度，钻石办按以下规定予以核准：

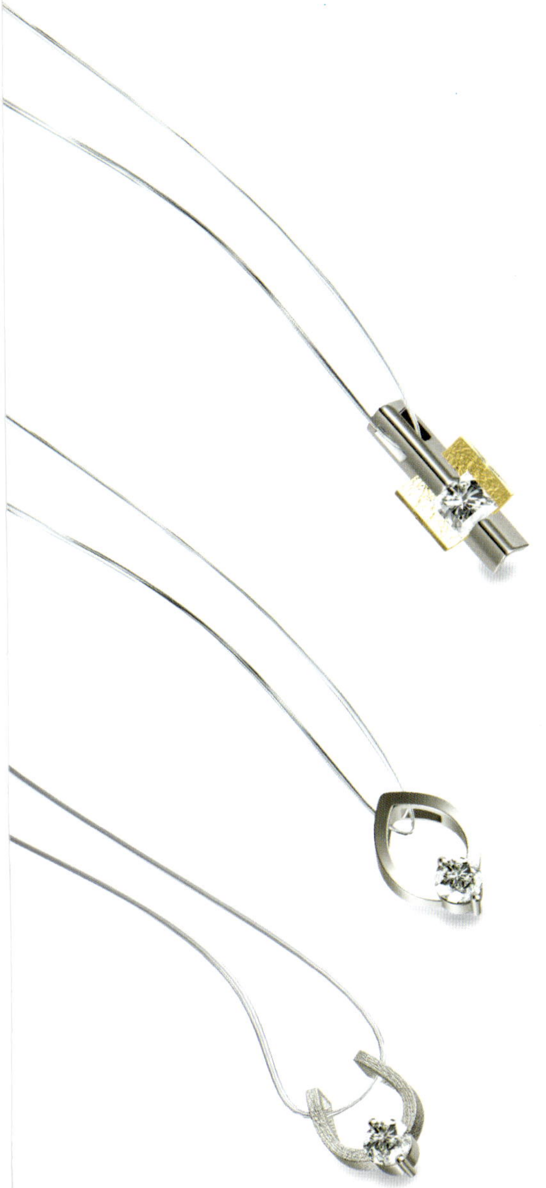

● 会员根据注册资本金提出申请的，购汇额度的等值人民币以该会员注册资本金实际到位部分的50%为上限；

● 会员根据上一年度的钻石和钻饰销售额提出申请的，购汇额度的等值人民币以该会员上一年度的钻石和钻饰销售额的50%为上限；

● 提出申请的会员的最高购汇额度以100万美元为限。

（9）钻石办根据实际情况，可对注册在所外境内的会员的购汇额度进行年度调整。

（10）注册在所外境内的会员购汇总额不得超过一定时期内核定的外汇启动资金总额度。

钻石办将协助外汇分局按照有关规定对会员外汇额度的使用情况进行监督和检查，并协助外汇分局对违反外汇管理有关规定的会员予以查处。

2. 外资会员外贸经营权最新政策

经对外贸易经济合作部授权，上海钻石交易联合管理办公室开始受理、审批上海钻石交易所外资会员钻石专项进出口经营权申请。

（1）申请钻石专项进出口经营权的条件

凡符合以下条件的外资会员，均可向上海钻石交易联合管理办公室提出申请：

● 该会员必须在上海钻石交易所内注册企业；

● 钻石专项进出口经营权的进出口商品范围限于钻石（毛钻、成品钻以及不含金银的钻石饰品）；

● 获得钻石专项进出口经营权的外资会员必须在上海钻石交易所海关办理清关手续。

（2）申请钻石专项进出口经营权所需提供的材料

● 已办理完注册手续的外资会员：《钻石进出口经营权申请表》（可下载）、《承诺书》（可下载）、《注册资金到位证明》。

● 尚未办理注册手续的外资会员（在申请设立企业同时办理钻石进出口经营权的申请手续）：《钻石进出口经营权申请》、《承诺书》，以及设立企业所需材料。

四、2003年钻石交易监管状况

钻交所于2002年6月份正式运作，从6月份到12月底税收达6000多万人民币，是原来全国全年的近12倍；交易额1.4亿多美金，是原来海关统计的13.4倍。原来1年通过海关报关的一般贸易进出口量仅为1047万美金。这些数据反映了政府在经济管理过程中，只要制定出有针对性的政策，就会对行业、对国家带来好处，形成双赢的局面。特别是钻石这种比较难监管的商品，国家要想保证双赢，税源的控制是关键。

中国入世后，在经济全球化的过程中，钻石业也面临着国内与国际市场逐渐连成一体的变化。因此，税收方面的差别会特别敏感。以前是30%～40%的税率，税赋很高，但税源控制不住，1年才500多万人民币。政策调整以后，集中管理和税率的减低使交易所开始进入实质性运作。6个月来，税率虽然调低了，税源却明显扩大了，也就是税基大了，这就是双赢。事实证明，充分发挥税收的调节功能，对管住税源大有好处。

但我们现在仅仅做了第一步，从国际市场看，我们进口环节的增值税为17%，而国外进口环节的税赋基本上是零。这个差别导致有些人还会铤而走险。由于钻石比较难监管，现在国际上还没有哪种技术管理手段可以管住它，只有借助于行政管理手段，但行政管理也是有成本的。就钻石交易而言，运用税收政策和集中管理相结合的模式是成本比较少、成效特别明显的行政管理措施。从这个意义上讲，对钻石交易的监管，税收政策是很关键的一种管理手段，关于税收这部分我们还要继续争取有关部门的支持。目前首饰钻和毛坯钻的税率没有区分，我们认为这对发展加工、增加就业和扩大出口不利。总之，根据双赢的原则来调整税收，是符合生产力的发展方向的。如果不调整，就不会有双赢，这既不利于国家，也不利于企业。在健全现代市场体系、创造各类市场主体平等使用生产要素的外部环境过程中，我们将继续发挥国家税收政策的调控作用，使上海钻交所一年更上一层楼。

五、应对国际变化，推动中国钻石产业链早日形成

21世纪的钟声刚刚敲响，中国的钻石业便步入了一个新的纪元，2000年2月国家批准在上海组建国家钻石交易中心，同年的四季度建立了作为履行政府行政管理职能的上海钻石交易所联合管理办公室，它在原外经贸部的领导下，在国务院各相关政府管理部门的指导和帮助下就我国钻石流通和交易政策提出了初步的调整建议。2002年6月，我国的钻石税收政策进行了初步的调整，全国一般贸易项下的钻石进出口全部集中到钻石交易所海关报关，从此钻石交易进入了一个实质性的运作阶段。钻石交易所是我国一般贸易钻石进出口惟一合法的钻石交易平台，这个主体交易市场的建立既有利于规范我国钻石流通领域竞争秩序，发挥市场在我国钻石资源配置的基础性作用，同时也有力地促进了钻石行业的健康发展，充分体现了国家和行业双赢的局面。

面对新的发展我们必将对我们行业的现状有所分析，尤其要对我国钻石行业的优势和历史有所认识，从我国钻石行业的优势来看主要有以下几点：①我国钻石加工已经具有一定规模，拥有世界上第二大加工队伍，而且在人才的培养方面已经初步形成了专业教育与职业教育相结合，以及包括鉴定、设计、制作和商贸等内容的培训体系；②我国的钻石切割和打磨技术已经为世界同行所认同，“中国工”意味着一种优良的加工品质；③我国钻石业的人工成本是这个劳动密集型的产业所无法忽视的常数，而中国城乡二元经济的特点又使这种优势能够长期得以维持；④我国的钻石消费市场正处在成长期阶段，其发展的潜力已经为世界同行所重视，他们把中国称为世界上钻饰市场最厚的一块蛋糕；⑤我国自己的钻石交易中心已经建立并运转，它吸引和聚焦着国内外有实力的钻石企业打破行业内现有的分散性、封闭性和区域性，促其整合升级并形成规模，以适应进一步开放的全球化经济的需要；⑥国家已经开始重视这个行业的发展，尤其在营造良性的经营环境方面开始努力。

前不久国家商务部有关部门听取了这方面的情况，要求在今后一段时间加快这方面的发展速度，当然我们也必须重视我们这个行业多年来存在的历史问题，主要是四方面：①我国钻石资源比较稀缺，生产的毛坯无法完全满足一个小型加工厂的需求，而国内现有的政策措施，特别是税收政策在吸引国际钻石资源方面比较乏力；②我国的钻石企业规模有限，比较分散，而且缺乏合力，因此，在发展中他们遇到的问题很长时间得不到重视和解决；③我国的钻石行业长期处在不规范的经营状态下，以至于无法形成自己的品牌和完整的国内外销售网络，也无法得到融资的保障；④我国钻石业尚未形成完整的产业链，基本处在两头在内、两头在外的脱节状态下，所谓两头在内、两头在外是指加工在内、利润在外；销售在内、批发在外。我们曾经对1995到2000年我国钻石来料加工做了一个分析，基本上它的进口和出口增值比重是1.8%，也就是讲100万美元的毛坯钻或成品钻引进来，我们产出的价值是101.8万美元；我们的批发市场主要是在国外，特别是在香港地区，而我们的零售市场都是在国内，我们自己的产业首尾不顾，没有办法形成

一个自己的完整的产业链，严重影响了这个行业资金积累和发展空间。因此我们必须根据世界钻石业的发展趋势发扬我们的优势，克服我们的弱势，这样我们才可能在新世纪开创钻石业的新局面。

古人云“顺势则成、逆势则损”，钻石业的发展也是如此。纵观钻石业发展的格局，我们可以发现“三个化”是当今全球钻石行业总的发展趋势，即加工低成本化、交易更规范化、产业趋向链化。

所谓加工低成本化主要是指钻石的切割和打磨从劳动成本比较高的国家和地区向人工成本比较低的国家和地区转移的过程，全球钻石业的这种变化始于20世纪90年代，当时由于世界钻石加工技术已经发展到了比较成熟的阶段，作为劳动密集型的行业，业内激烈的竞争主要集中在人工资源成本的控制和世界销售市场份额的占有率方面，因此，钻石加工也开始由发达国家向发展中国家转移，从西方转移到了东方。目前钻石业的加工主要转移到了劳动力价格相对便宜，经济发展比较快、人口密度比较大的亚洲国家，这是全球钻石业变化总格局的一大趋势，我们应该很好地加以利用。

所谓交易更规范化主要是指金伯利进程国际证书制度正式实施以后，世界上重要的产钻石国、钻石加工国或贸易国以及世界上钻石行业组织开始按照国际的协议履行职责，从源头上严格防止冲突钻石流入正常流通领域的国际措施。目前大概有四十多个国家和地区的政府管理部门、相关的行业组织已经参与其中。这些制度的执行意味着钻石在跨越国界流通领域当中受到起码两个国家政府的关注，有时还受到几个国家政府的关注，因此它要求钻石交易更趋规范，否则就会在钻石的流转过程中费时费事、事倍功半，这种变化趋势已不可逆转，我们也必须引起重视。

所谓产业趋向链化，可以从世界上主要的钻石供应商戴比尔斯调整了它一手看货人的队伍看出，其中比较关键的是要求一手看货人除了有一定的资信以外还必须拥有加工、销售，特别是零售的产业链，戴比尔斯按照这个标准对它的一手看货人进行了重新洗牌，这种变化也是我们整个行业必须引起重视的一种趋势。以我们目前的优势和弱势应对这种变化趋势，我们的出路在什么方面，我们说规范钻石流通秩序、吸引国际钻石资源、推动钻石产业成链，这就是我们的出路所在。当前政府管理部门主要是抓住重点，在完善政策、坚持开放、有效管理方面营造良好的外部运作环境。大力推进我国钻石交易中心的发展，使它真正成为我国钻石产业动力强劲的引擎。

在国家一系列新政策的推动下，我国钻石交易中心的交易额以及上交国家的税收都出现了跨越式的发展，出现了双赢的局面。在交易中心建立以前，从1995年到2001年的情况看，全国

经海关办理一般贸易进出口手续的钻石当时一年平均1048万元，而钻石交易中心实质性运作一年以来，从2002年的6月到2003年的5月通过钻石交易所进出的钻石金额2.44亿美元，是以前年均的25倍，另外钻石交易中心试运作的17个月交易总额达到了3.43亿美元，平均每月的交易额就达到了2142万美元，它一个月的交易额就超过了以前17个月的交易总额。钻石交易中心实质性运作以前，钻石在进口环节需要交纳关税、消费税、增值税三项税收，当时全国征税总额一年也就是500多万元人民币；在交易中心实质性运作以后，一年共征收进口环节增值税一项1.13亿元人民币，是原来三项税收总额的20多倍。

钻石交易所是一个非盈利的会员制组织，成立的时候仅有41家会员，到2003年的5月底它已经发展到了106家会员，其中外资会员72家，分别来自中国香港、中国台湾、以色列、比利时、美国、南非、印度、新加坡、日本等十多个国家和地区，中资会员32家分别来自北京、上海、山东、广东、河南、陕西、江苏、浙江、辽宁等省市，除此之外我国大陆地区还有近十个省市近百家钻石企业和这些会员建立了供货协作关系。

我国钻石资源配置市场的主体市场刚刚建立，无论是规范交易的比重，还是会员数量的涵盖都毕竟有限，还处在一个发展的过程，要看到我国钻石行业十多年来的发展中，由于它外部运作环境长期处在大起大落的变化之中，处在不规范状态之下，因此许多钻石企业就像一根木炭，如果你想在规范我国钻石流通秩序当中把木炭洗白的话，最终的结果可能是把整根木炭全部洗掉，然而木炭还是洗不白，因此我们必须根据这种状况来研究相应的政策，设计新的游戏规则，充分发挥我国钻石交易所的行业凝聚力，建立自己的品牌和加强它为非盈利组织的自律功能，把绝大多数的钻石企业吸引到这个规范、安全、平等的交易平台上来，参与新的规范交易游戏，遵守约定书上的规则，造就国家和企业双赢的局面。从政府部门来讲，完善政策、坚持开放、有效管理。完善政策就是指重视运用国家政策来引导我们整个行业适应国际变化的格局，扬长避短。

钻石交易中心运作的实际情况证明只要政策得当，并具有针对性，国家和钻石行业就会实现双赢，因此从我国钻石行业的实际情况出发，我们将建议国家进一步调整钻石交易中心的政策，特别是税收方面的政策（这个报告已提交到国务院，作为一个建议，能不能批准，我们还在努力）。我们总的想法是为进一步吸引资源，建议对毛坯钻石实行进口环节增值税即征即退，对成品钻石在按照原来进口环节征收增值税的基础上减少实际的税负，减少的部分实行即征即退；同时要求对原来的特定关税的减免变成法定关税减免，通过政策

方面的调整，真正使经营者在参与新的游戏规则当中能够得到鼓励和保护，使这个行业原来两头在外，两头在内的脱节现象得以尽快扭转，使国际上大的钻石企业更愿意到中国来发展加工，使我国的钻石企业能够逐步走向世界，形成完整的生产和销售网络，形成自己的品牌。我们政府部门还必须坚持开放，所谓坚持开放就是不论国别，不论所有制，只要有利我国钻石交易中心健康持续发展，有利于促进我国钻石业以及有利于引进国际钻石资源的，我们都给予欢迎、给予支持。开放可以引进国际先进的经验，可以促进我们与国际尽快接轨，为中国钻石市场树立一个更高的标准，从而使国内同行、国际同行一起既竞争又合作，共同推进发展。政府部门必须坚持有效管理，所谓有效管理就是坚持国家即定的一般贸易项下的钻石进出口集中管理的原则，保护合法经营，方便规范流通，我们要在商务部的直接领导下和国家有关部门的指导下继续与政府各有关部门以联合办公的形式来降低政府的管理成本，同时遵守国际钻石交易的规则和惯例，方便钻石跨境流动，方便中外钻石商通过钻石交易中心各供其有，各取所需。

以上是对我国钻石业的历史、对世界钻石业的发展趋势以及我们政府管理部门所要努力的方向做了一个大致的阐述，我们相信如果我们重点明确、政策对头，再加上政府和整个行业的共同努力，中国钻石业一定会迎来一个充满希望的灿烂未来，在新世纪实现新的发展！

第三节 上海华通铂银交易市场

一、交易市场简介

上海华通铂银交易市场（以下简称“华通铂银”）由中华全国商业信息中心控股，是目前国家惟一指定的白银交易市场。“华通铂银”的建立得到了中国商业联合会、中国五矿化工进出口商会、中国有色金属工业协会金银分会、中国有色金属工业信息中心、桂林电器科学研究所、上海电器科学研究所电工合金分会、湖南省永兴县人民政府、永兴县金银协会、深圳市黄金珠宝首饰行业协会等国内白银行业权威机构与单位的大力支持。

原华通有色金属现货中心批发市场作为我国白银上市交易的惟一指定市场，其价格一直以来对国内的白银生产与消费起着指导性作用。“华通铂银”在原华通市场的基础上进行更名改建，引进中华全国商业信息中心控股，保留原华通市场的白银交易经营权（原华通市场现占“华通铂银”20%的股份）。与此同时，“华通铂银”改变了原华通市场的交易模式。原华通市场基本上扮演的是贸易商的角色，即从上一家买入，加上一定的手续费后再卖给下一家；而“华通铂银”推出的网上交易则是为买卖双方搭建了一个交易的平台。交易商可以通过这个平台来签订合同、支付货款和提取货物。交易市场的主要职能是监督买卖双方履行合同，保证平台正常运转，为交易商提供各种服务，本身并不参与买卖。

“华通铂银”的白银交易目前只对机构投资者开放，个人投资者要投资白银买卖尚需时日。该市场对只有经工商行政管理部门登记注册，从事与白银有关的生产、经营和消费活动，并且具有良好资信的企业法人，才有可能成为交易商并参与交易。

二、白银电子交易简介

1．白银电子交易涵义

指交易商通过上海华通铂银交易市场电子交易系统报价、成交，进行白银购销的行为。

2．白银电子交易程序

取得交易商资格后，买方交易商可采用分期付款方式，按成交数量以80元／千克的标准支付交易首付款，即可进行买入交易；卖方交易商未提交仓单前，提供有货担保，即可进行卖出交易。在双方约定的交货日前，买卖双方按《上海华通铂银交易市场白银交易管理办法》和《电子交易合同》的要求分批交付货款、注册仓单（或担保金），于交货日实现货款和注册仓单的互换。

3．白银电子交易规定

交易品种：符合新国标GB/T4135-2002《银》规定的IC-Ag99.95白银。

质量品级差价：IC-Ag99.99白银：+15元／千克；IC-Ag99.90白银：-15元／千克。

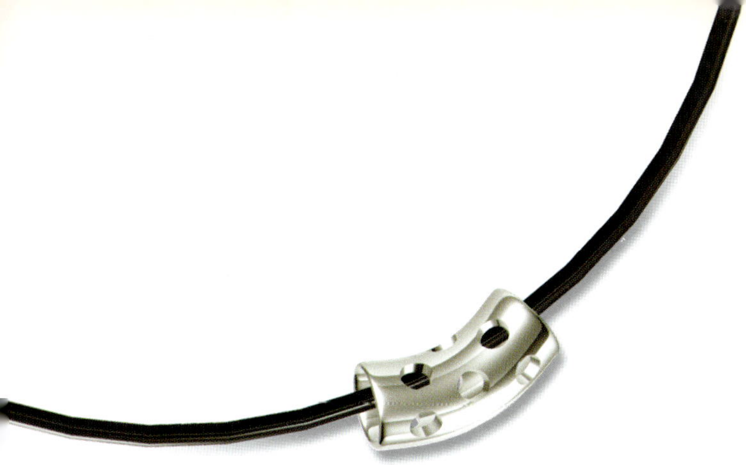

报价单位：人民币元／千克。

最小变动价格：1元人民币／千克。

最小交易数量：1批。

交易单位：30千克／批。

交货时间：买卖双方约定。

交货地点：本市场指定的交货仓库。

4．白银电子交易时间

暂定为周一至周五上午10:00－11:30 （国家法定节假日除外）。

5．白银电子交易相关费用

摊位费：1万元／三个月，2万元／一年，3.5万元／三年，5万元／五年。

交易手续费：成交数量0.5元／千克；交货手续费：交货数量1元／千克。

6．白银电子合同违约处理

买卖双方有任何一方未按电子交易合同约定履行合同，即视为违约。违约处理依照《上海华通铂银交易市场白银交易管理办法》和《电子交易合同》相关规定执行。

三、“华通铂银”市场的功能特点

1．“华通铂银”的多重优势

（1）惟一性：国家惟一指定的白银交易市场。

（2）规范性：严格遵守《中华人民共和国合同法》，执行2003年4月1日起正式实施的国家标准GB/T4135－2002《银》和即将出台的国家标准《大宗商品电子交易规范》（修订版）。

（3）专业性：业内资深管理团队实施国家“九五”重点攻关成果《大宗商品批发市场电子商务解决方案》。

（4）准入制：只有获得“华通铂银”交易商资格的企业才能参与网上交易；交易标的必须符合国标GB/T4135－2002《银》规定，且品牌必须通过“华通铂银”的认定。

（5）安全性：《上海华通铂银交易市场白银交易管理办法》等相关市场管理制度保障货款、

货物安全及履约安全，并由上海及异地双重管理和交易备份系统保障技术安全。

(6) 便捷性：交易商通过国际互联网直接上网报价、配对、结算，以电子购物的方式实现白银现货交易。“华通铂银”同时提供相应的仓储物流配送服务。

(7) 经济性：全电子化的交易模式费用低廉，大幅度降低交易成本，避免三角债。

(8) 计划性：企业可根据自身生产经营需要订立合同、约定交货日期，实现资源合理配置。

2. 形成白银网上交易市场的必要性

我国的白银市场开放较晚，没有形成做市商，传统交易模式难以形成全国统一市场。只有网上交易才能集中全国所有的买家和卖家。此外，网上价格通过竞价产生，众多买家竞价产生最高的申买价，众多卖家通过竞价产生最低的申卖价，买卖之间通过竞价形成权威的报价，并通过互联网向全行业发布。交易商直接通过网上以最优价买卖，无需到其他地方询价。这样，理论上说，任何时刻买家都能从网上订购当时最低价的白银，卖家则能通过网上以当时的最高价预售白银，从而规避市场价格波动的风险，实现利润最大化。

白银是一个理想的网上交易品种，它具有以下特点：①有众多的生产者和消费者；②生产者与消费者之间直销比例不大；③质量等级易于标准化。网上交易成本低、接入方便，能集合几乎所有业者，所以网上交易具有传统交易无可比拟的优势。白银网上交易就有市场，而且网上的集中市场无需做市商加盟，利用互联网集合所有买家和卖家形成网上的集中交易大市场，买

卖之间通过竞价形成权威的报价，并通过互联网向全行业发布，交易商就无需到别处询价，在网上即可以最优价进行交易。

（1）控制生产成本

传统交易模式下，用银企业既受零星采购渠道的限制，又受不透明价格的困扰，同时还要承担价格波动带来的风险。通过“华通铂银”的“中国白银网”，企业可以在未来6个月之内的任何一天以预先确定的价格购买进原材料，并且得到货物质量与交货的保证，从而实现对原料成本的控制，提高成品销售利润。

（2）锁定销售收入

受生产周期的限制，产银企业可以知道今天白银的价格，却无法精确预测自己产品生产出来后的售价。通过“华通铂银”的“中国白银网”，生产厂商可以先以某个能够接受的价格预售白银，不必担心产品实际售出之前的价格波动问题。同时，由于买方在“华通铂银”市场预付了担保金，生产厂家也无须担心买方交不出货款，从而实现了销售收入锁定。

（3）发现价格机制

由于“华通铂银”市场提供了一个集中交易的网上平台，且交易商的买卖行为不仅反映现时市场的供需情况，更包含了未来市场的供需信息。这样一来，白银被放在一个更大的地域范围和更长的时间范围内来进行考察，其价格经过不断的起伏、波动后形成的最终成交价也就更能准确地反映其内在的商品价值，对于人们的经济活动也就有更强的指导作用。首先，能帮助企业更准确地确定原材料采购价格和销售价格，减少生产经营的盲目性。其次，能促进供需状况的改善，即引导人们扩大一些预期有利可图的生产经营活动，或缩小、终止一些预期无利可图的生产经营活动。最后，“华通铂银”市场的成交价格能为政府掌握经济运行情况和作出经济决策提供重要的参考数据。

四、上海华通铂银交易广东分市场于深圳开业

深圳安盛华实业发展有限公司与上海华通铂银交易市场有限公司合作建立的上海华通铂银交易广东分市场于2003年8月在深圳隆重开业。该市场将实现白银电子交易，开创白银交易e时代。

广东分市场以深圳为中心辐射广东地区参与白银电子交易的商家及白银供求企业，对白银现货交易起到监控和引导作用。广东分市场将与上海市场共同致力于国内南北两地白银资源的合理配置及科学流通，有效提高白银交易操作的安全性、经济性和便捷性，有力保护广东地区交易商的合法权益。

【第四章】

中国宝玉石协会

Gemmological Association of China

第一节　中国宝玉石协会

一、中国宝玉石协会2003年工作重点

1. 加强品牌的培育与管理

中国珠宝首饰业驰名品牌按照培育管理方法每两年要重新界定一次，2003年底，协会要对已推荐的40家驰名品牌重新界定，实施末位淘汰制。并从近几年列为“中国珠宝首饰驰名品牌”培育对象的企业中进行考核增补。利用协会的优势，培养、壮大行业内的“驰名品牌”，努力培育国际品牌。

2. 继续抓好“放心示范店”工程

扩大“放心示范店”的规模和影响，使珠宝零售企业成为零售中的品牌，更加净化和规范珠宝首饰市场。

3. 加强对外联络

二、中国宝玉石协会所属分支机构（Branches of the GAC）

中国宝玉石协会所属分支机构是经民政部登记备案，从事各专业相关情报收集、政策研究、技术交流、项目攻关、知识普及、教育培训、市场开拓等项工作的常设机构。

1. 珠宝首饰厂商专业委员会（Jewelry manufacturer's Committee）

本专业委员会是由全国100余家大型企业的总经理组成，以推动和发展珠宝首饰品牌、提高企业效益、扩大国产珠宝首饰的知名度和市场占有率为主要工作内容，为扶持民族品牌、发展民族产业、创出世界著名品牌而努力。

2．玉石专业委员会（Jade Committee）

中国人与玉结缘，有着上万年可以考证的历史，玉文化是中国极具特色的传统文化之一。弘扬玉石文化，培育玉雕人才，推动行业发展正是本专业委员会的主要任务。组织玉文化理论、材料、工艺、作品等交流、研讨；组织玉雕技能培训，组织优秀作品评选，促进行业技术和玉石经济的发展则是本专业委员会的具体工作。

3．珍珠专业委员会（Pearl Committee）

珍珠有着悠久的历史、灿烂的文化，被誉为“珠宝皇后”。中国是一个珍珠大国，产量占世界总产量的95%以上，从业人员30多万。本专业委员会主要由我国珍珠业大中型企业及有关专家组成，倡导科学养珠、提高珍珠品质，以树立珍珠品牌，宣传推广中国珍珠，培育中国珍珠品牌龙头企业为己任，开展各项工作。

4．珠宝玉石鉴定评估专业委员会（Jewelry Testing and Assessment Committee）

本专业委员会以国内权威的鉴定评估专家和机构为主，主要研究和探讨珠宝首饰鉴定和评估的标准、准则和方法，研究珠宝首饰鉴定和评估的技术手段，协调全国珠宝首饰鉴定评估活动，以提高我国珠宝首饰鉴定评估水平，推动我国珠宝首饰市场健康发展。

5．宝玉石资源开发专业委员会（Gemstone Resource Exploitation Committee）

中国地域辽阔，宝玉石资源丰富。本专业委员会由从事宝玉石资源勘察、开发、评估的专业人士组成，主要工作是调研、搜集宝玉石资源的相关信息，对资源开发方针、行业技术、政策等提出建议，促进宝玉石资源勘察、开发和评估，使其更有效地发挥资源、经济和社会效益，为资源的可持续性利用提供依据。

6．教育专业委员会（Education Committee）

是以研究珠宝首饰行业教学工作及培养从事鉴定、商贸工作的专业技术人才为主的专业委员会。由大专院校和科研单位的专家和学者组成，不断探索珠宝首饰教学新方法，培育新型人才，每年组织两次认证考试。目前已有1500多人通过了“中国宝玉石协会宝石鉴定师（GAC）”资格认证。

7．印石专业委员会（Seal Stone Committee）

印石艺术源远流长，是中国书法、印章文化的代表，印石专业委员会旨在继承传统，推陈出新，组织印石、砚石文化。艺术的学术与技艺交流，促进商贸活动的健康发展，探索石料的综合利用，拓宽应用领域及掺入高新技术，并使这一传统文化发扬光大。

8. 学术委员会（Academic Committee）

本委员会是中国宝玉石协会成立最早的专业委员会之一，由本行业资深的专家、学者组成。主要任务是对宝玉石界基础性及重大学术问题进行交流和探讨，并与国外同业学者进行交流与合作。

9. 人工宝石专业委员会（Artificial Stone Committee）

当今国际国内市场的需求，极大地推动了人工宝石的研究、生产和应用。中国已成为人工宝石生产、加工、贸易的重要基地，吸引着来自世界各地的珠宝厂商。本专业委员会由从事人工宝石开发、研究、生产的专家和企业组成，以技术攻关和推广、普及人工宝石的相关知识，拓展人工宝石的应用领域为主要任务。

10. 观赏石工作委员会（Ornamental Stone committee）

观赏石以丰富的文化内涵和天成的自然属性深为人们所喜爱，由众多爱石、赏石、藏石等相关人士组成的本专业委员会，以弘扬石文化、组织观赏石学术交流和研讨、组织观赏石精品交流、推动观赏石产业化发展为主要任务。

北 京 国 际 珠 宝 展

CHINA INTERNATIONAL JEWELLERYFAIR

CHINA PEARLS 中国珍珠真品标识　CHINA PEARLS 中国珍珠真品标识

中国珍珠真品标识（Chinese Accredited Pearl）

三、珠宝首饰行业“放心示范店”评选

为进一步促进珠宝首饰市场规范建设，加强行业自律，维护消费者合法权益，提升企业的知名度、信誉度和美誉度，不断进行品牌的培育和发展，中国宝玉石协会于2002年面向社会开展了评选珠宝首饰行业“放心示范店”活动。至2003年活动开展一年来，全国有100多家企业申请报名，经专家评审、消费者推荐，最终有40多家企业被授予“放心示范店”称号。至2004年9月底，共有120家企业被评为“放心示范店”。

“放心示范店”活动的适时推出为行业自律找到了一个突破点，在行业内产生了很大的影响，提升了企业发展壮大的信心和品牌意识。2003年中国宝玉石协会决定将推广行业自律公约与“放心示范店”活动相结合，在行业内大力开展维护市场竞争环境，进行行业自律活动，树立中国珠宝玉石首饰行业整体形象，使民族珠宝产业能在将来与国际珠宝品牌的竞争中更加有利，从而提高中国珠宝玉石首饰在国际市场的占有率。

四、行业自律

企业自律是行业自律的前提。要搞好全行业的自律，首先要从企业做起，在产品质量上严于律己，保证消费者的合法权益，同时也是为了维护珠宝企业自己的利益。

实践证明，行业自律是市场发展的可靠保证，为保证珠宝行业的可持续性发展和消费者对珠宝行业的可信度，行业的自律公约是一项必不可少的制度保证。中宝协在全国首次推行《中国珠宝玉石首饰行业自律公约》，实际是以制度为合约的方法，保证了行业自律和质量自律工作的顺利进行。

随着我国珠宝玉石首饰行业的发展，形成了一批特色基地和一大批具有实力的企业，正是由于他们的形成和不断壮大为我国珠宝首饰行业的发展做出了重要贡献。但市场的竞争也越来越激烈，在优胜劣汰的市场机制形成过程中，将会出现各种各样的问题，市场上以次充好、虚高定级、虚假打折的现象时有发生。加工经营企业、检测鉴定机构要求加强自律、规范经营的呼声日益高涨。加强行业自律是消费者的呼吁，是企业的心声。

加强质量意识，狠抓内部管理，把好产品质量关，确保生产经营的珠宝玉石首饰符合国家、行业和地方的有关标准规定的要求；增强服务意识，以诚信经营、规范经营、优质服务去培育

市场、发展市场和繁荣市场；树立品牌化的经营战略，增强竞争能力。

检测鉴定机构应加强自身建设，严格遵守国家的有关标准、有关规定，严格遵守《中国珠宝玉石首饰行业自律公约》，建立健全质量管理体系和信用体系，自觉抵制人情检测鉴定报告，杜绝虚高定级等违规行为，客观、公正、科学地出具鉴定证书。

珠宝玉石首饰行业的各个企业应自觉维护全行业的整体利益，抵制各种不规范和不正当的竞争行为，营造公平的市场竞争环境，树立诚信守法的行业形象。

第二节　地方协会动态

一、重庆金银珠宝饰品行业协会成立

重庆金银珠宝饰品行业协会经重庆市政府主管部门批准，于2003年10月23日正式挂牌成立。随着中国西部开发战略的实施，重庆市的经济发展十分迅猛。重庆市金银珠宝行业历史久远，目前，全市从事金银珠宝饰品制作、维修、批发、零售等大小企业300多家，从业人员上万。为加强业界团结及行业自律，规范市场，重庆市首批145家金银珠宝饰品企业联合发起并成立了重庆市金银珠宝饰品行业协会。

“打造品牌，树立形象”是行业协会的发展主题。协会今后的工作思路是：树立协会“诚信经营、打造品牌、客户至上、优质服务”的指导思想，发扬“自立、自尊、自强、自律”的“四自”精神，进行大胆尝试，探索创新，学习借鉴国内外行业协会先进经验和运作模式，找到一条适合重庆市金银珠宝饰品行业协会有效管理、快速发展的路子。

二、天津黄金饰品协会创新发展

在我国黄金市场发生重大变化，黄金行业由计划经济转向市场经济发展阶段，天津市黄金饰品协会在加强行业自律的前提下，充分发挥协调、服务、管理、监督的职能作用，在“协”字上下功夫，对促进天津黄金行业健康运行起到了重要作用，协会自身也在实践中得到了创新发展。

1．抓价格协调，维护市场秩序

1999年到2000年上半年，国际金价波动，国内金价由国家管理逐步过渡到企业自己定价，原料零售价格频频变动。在这种情况下，协会理事会抓住主要矛盾，先后11次研究调整天津市黄金饰品零售价格有关问题，经市物价局批准，价格调整得以实施，稳定了黄金饰品市场。2000年下半年，经国务院批准，国家计委于10月4日作出规定：“黄金饰品不再实行政府定价，放开

后实行市场调节，由生产经营者自主定价。”这一新规定出台后，协会的职能由协助政府对市场价格进行监督管理，转变为帮助企业共同“协商”管好市场价格。近四年来，由于协会卓有成效的协调和宣传教育工作，使天津市黄金饰品市场基本保持价格稳定，市场秩序良好。

2. 加强行业自律，规范企业行为

协会围绕加强行业自律，提高自我管理能力，积极落实四项重点措施。其一，统一规范检测收费标准。其二，修改制定贵金属、珠宝饰品售后服务统一规定。其三，加大协会协调力度，组建五县联络网。其四，制定行业公约。2003年，协会根据多数企业要求，制定了适应黄金行业发展的行业自律新公约。又与天津宝玉石协会研究制定了天津市金银珠宝饰品行业公约。

3. 架设政企之桥，促进双向服务

四年来，协会先后协助政府开展“计量价格信得过”评比、“服务月”、“质量月”、“拥军优属”、“预防非典”等活动。同时，采取组织培训，深入企业办班，提供信息等方式，主动为企业服务。

4. 打开交流窗口，推动行业发展

借助新闻媒体和相关行业组织，打开交流窗口，拓宽交流渠道。四年来，协会与世界黄金协会、中国黄金报、国际铂金协会等单位加强合作与交流，组织了多次大型促销活动和饰品知识宣传活动。协会与媒体合作，宣传形象，知名度不断得到提高，会员企业由最初的60多家发展到100多家，会员企业年营销黄金饰品占天津市平均总销售量的95%以上。

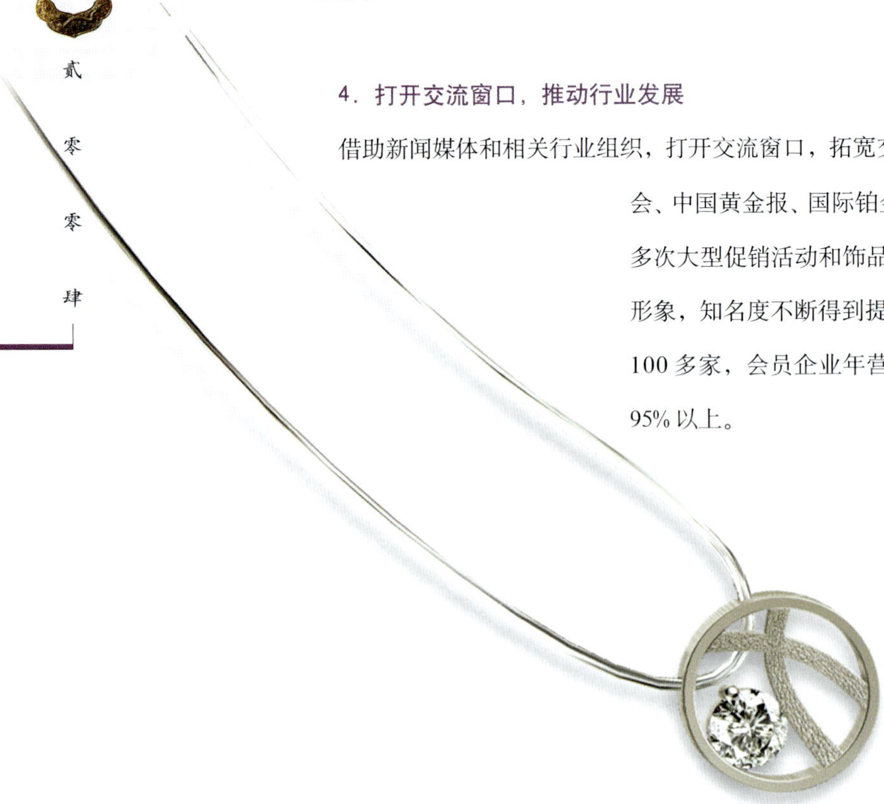

三、2003山西省珠宝首饰行业年会暨新国标宣贯会

2003年11月9日，由山西省质量技术监督局首饰质检Ⅱ站主办的山西省珠宝首饰行业年会如期召开，近130名来自全省各地的珠宝厂商来到太原参加一年一度的行业年会。

四、深圳宝协召开行业自律大会

2003年5月28日，深圳宝协在艺展中心召开深圳市珠宝首饰行业自律大会，深圳市珠宝首饰加工企业负责人参加了大会，国家首饰质量监督检验中心主任沈沣到会讲话。大会由深圳市黄金珠宝首饰行业协会秘书长杨绍武主持，深圳宝协会长许锦池作了重要讲话。与会者认真分析了当前国内珠宝市场情况和存在的问题，深入讨论了行业自律工作的重要性和紧迫性。协会要求，深圳珠宝首饰厂商要严格遵守《产品质量法》，加强自律，保证产品质量，诚信经营，公平竞争，与时俱进，共同维护深圳作为全国珠宝首饰制造中心的地位，树立良好的深圳珠宝行业形象。

许锦池认为，深圳的珠宝加工企业占全国的70%，是我国最重要的珠宝首饰加工基地。深圳广大珠宝生产企业要严格执行《产品质量法》及相关的国家行业标准和行规行约，自查、自纠、自律，保证产品质量，自觉维护深圳珠宝首饰行业的形象。产品质量是企业的生命，是参与市场竞争的根本，是实施企业品牌战略最基本的要求。企业必须无条件地执行《产品质量法》，任何机构和企业概莫例外。否则不仅会影响深圳市珠宝首饰行业在业内的整体形象，影响深圳珠宝首饰在全国市场的占有率，影响珠宝首饰行业品牌战略的实施，而且将影响全国珠宝行业的发展。

与会者一致认为，珠宝首饰加工企业必须加强产品质量意识，狠抓内部管理，把好产品质量关，确保生产的珠宝首饰质量符合《产品质量法》的规定。还要以诚信经营规范经营，优质服务去培育珠宝市场。并且要树立品牌化的经营战略，增强产品竞争力。珍惜深圳珠宝加工中心在全国珠宝界的地位，保护消费者的利益，保护生产厂家自身的利益。

为确保产品质量，深圳珠宝加工企业切实改革生产加工工艺，提高生产工艺水平，严把原料关。许多生产企业不惜用重金招聘人才，花巨资购买先进的检测仪器，以避免不合格的产品出厂。

深圳珠宝生产企业纷纷表示，一定要加强自律，自觉维护珠宝行业的整体利益，抵制各种不规范和不正当的竞争行为，营造公平的市场竞争环境，树立诚信守法的企业形象。为净化珠宝市场，促进行业健康有序发展，健全现代市场体系做出自己的贡献。

【第五章】

教育、科研与鉴定、评估

Education, scientific research, identification and evaluation

第一节　教育资讯

近年来，我国珠宝首饰业发展迅猛，珠宝鉴定渐渐浮出水面，继而成为一种新兴职业。随着市场的稳定繁荣，对珠宝鉴定人才的需求也日益增多，珠宝鉴定师渐渐成为一个热门职业。行业发展推动人才需求，市场繁荣构建就业平台。

目前学习珠宝鉴定有许多途径。一种是国家正规院校学习，并可获得相关文凭。例如：中国地质大学（北京、武汉两地）、桂林工学院等。另一种是通过专业机构的学习及考试，获得一张专业的珠宝鉴定师的资格证书。例如：国家宝石监测培训中心的NGTC、中国地质大学（武汉）珠宝学院的GIC、中国宝玉石协会的GAC等。国际证书有英国皇家珠宝协会的FGA、美国宝石学院的GIA、比利时钻石高阶层议会的HRD等。第三种，一般是以充实自己的知识为目的，通常是各种珠宝鉴定培训班。

NGTC、GIC、GAC等证书均是通过专业机构培训后颁发的，不是由民间颁发的证书。但只有国家质量监督检验检疫总局颁发的珠宝玉石质量检验师资格证书才是国家惟一承认的专业证书。该证书的第一次考试是在1997年，到目前为止，全国已有700余人获得了该证书。随着珠宝玉石质量检验专业技术人员职业资格制度的进一步实施，今后的珠宝玉石质量检验工作全部由获得职业资格证书的技术人员来完成。

一、GIC品牌介绍

中国地质大学（武汉）珠宝学院（GIC）是经国家批准成立的第一所珠宝学院，是最具规模和实力的宝石学教育与研究机构，是国家技术监督局批准的全国珠宝玉石质检师考前培训（武汉）站，被海内外同行誉为“宝教摇篮”。GIC多类型宝石学历教育桃李满天下，宝石学历教育毕业生深受业界欢迎。GIC普通高等教育以本科教育为主，适度发展研究生教育，每年有宝石学方向硕士研究生毕业。

1989年GIC与国际著名宝石教育机构英国宝石协会合作，成为其在亚州的第一个中文FGA考点，1993年与其合办DGA证书，1995年成为英国宝协远东地区（包括港、澳、台地区）惟一的联合培训中心，现已培养222名FGA宝石鉴定师，121名DGA钻石鉴定师。GIC1993年率先推出中国人自己的宝石鉴定师资格证书——GIC证书，并受到业界的普遍欢迎，至今已颁发证书1408个，学员遍布全国各省市级珠宝质检站、各大珠宝公司。学珠宝到地大，已成为整个行业的共识，GIC已在台湾、青岛、南京设有教育点。 GIC首饰设计中心热忱服务业界，GIC教育为业界提供适时及超前的服务，1997年开设首饰设计和首饰制作工艺师课程，GIC首饰设计中心的目标是引领设计潮流不断推出既具中国文化传统，又具时代特点的新作品。

二、中国首届 GIA —— G.G 证书班毕业典礼在京举行

2003年12月1日，中国首届GIA——G.G证书班毕业典礼在国土资源部珠宝玉石首饰管理中心、国家珠宝玉石质量监督检验中心举行。共有来自全国各地的8位学子顺利通过了考试，拿到了鉴定珠宝学家（G.G）证书。

美国宝石学院（GIA）是全球久负盛誉的珠宝学院，被业内人士称为珠宝界的哈佛大学。该校与中国内地合作办学的第一个培训班从1999年正式开始。能够获得G.G证书并非易事，必须是在获得了钻石证书、彩色宝石证书和通过鉴定宝石学家的理论考试之后才能最终获得。

中国这8位首次获得G.G证书的学生在专业头衔上拿到了珠宝业的最高文凭，这对他们来讲是一次很好的投资。珠宝行业的发展越来越开放，G.G是一个与国际接轨的文凭，那些国际性的大公司进入中国需要的人才首先就是具有G.G证书。

三、深圳高级技校珠宝首饰系

深圳高级技术学校是以高等职业资格教育为特色的全日制、多功能高等职业学府，被列为全国实施高等职业资格教育的试点单位，已形成8大门类21个专业的培训教育体系。珠宝系是其中之一，专门培养珠宝鉴定、珠宝营销、首饰设计与首饰制造专业人才，生源既有初、高中毕业生，中等职校毕业生，也有社会青年和在职人员，学制分为3年和5年。学生毕业时，经考核合格，不仅可取得高等技术学校毕业证，并可获得国家高级职业资格证书，学校负责推荐毕业生就业。

四、上海新侨学院

上海新侨学院从1999年开始，把珠宝专业的办学方向定位在“珠宝首饰设计与制作”上。开设的课程主要有：绘画、素描、平面构成、立体构成、色彩构成、设计表现技法、创作学、电脑首饰设计（JCAD）、宝玉石款式设计与加工、贵金属加工工艺等。学院力图在艺术修养、创作思维上对学生进行培养。学院目前已配备了电脑首饰设计实训室、宝石鉴定实验室、贵金属首饰制作实训室以及钻石加工实训室。任课教师有上海市宝玉石协会的资深专家，华东师范大学、华东理工大学的教授，市职业培训中心的行家等。上海的发展给了珠宝行业极大的机遇，新侨学院也将成为培养各方面珠宝人才的摇篮。

五、国家质检局上海国际培训中心

国家质量技术监督局上海国际培训中心于1995年建立，是培育珠宝检验人才的摇篮，为我国珠宝事业的发展做出了卓越的贡献。

上海国际培训中心的日常工作是培养各级贵金属、钻石、珠宝玉石的检验员。至今，已造就2000多名各类初级、中级、高级检验员。同时，全国珠宝玉石质量注册检验师上海考前培训站设立在这里。一批又一批的学员通过培训，获得了CGC资格证书。

上海国际培训中心拥有50多名专兼职教师，他们在培育检验专业人员的同时，还接受有关部门的委托，参与编辑出版了《珠宝首饰检验》一书。这是一本贵金属首饰、钻石、宝玉石检验员职业技能鉴定用书，是劳动和社会保障部就业司认定的全国职业技能培训推荐教材。

六、广州番禺职业技术学院

广州番禺职业技术学院针对当地珠宝加工企业多。亟需高素质珠宝技术、管理人才的状况，积极探索建立产学合作的教育新模式，按照珠宝经济发展要求，首次确定珠宝技术和管理专业人才为该院的培养目标。

该院重视教学体制和管理体制的改革，在课程设置和教学内容上体现行业对人才的要求，增强人才培养的针对性和适用性，组建了专业层次高、素质高的番禺职业技术学院珠宝技术和管理专业指导委员会。在管理体制上，他们打破常规，大胆引入香港珠宝界知名人士来此授课。

七、中国地质大学（武汉）珠宝学院博士授予点及首饰设计硕士授予点

中国地质大学（武汉）珠宝学院博士授予点及首饰设计硕士授予点均获国家教育部审批通过。从此，珠宝学院拥有对该院所设专业的合格博士毕业生授予博士学位、对首饰设计专业的合格毕业生授予硕士学位的资格。这标志着中国地质大学（武汉）珠宝学院的专业教育再上新台阶，并在国内珠宝教育领域保持领先地位。

中国地质大学（武汉）珠宝学院是一所以珠宝教育为中心任务的教学和科研单位，该院从1994年起承担宝石学方向本科生教育任务，2000年经国家教育部批准，设立了面向市场、面向未来的宝石及材料工艺学本科专业，现招收宝石及材料工艺学方向和珠宝首饰设计方向本科生，同时还培养更高层次的宝石硕士生和博士生。此外，还通过成人教育和网络教育方式培养珠宝专业学生，构成了多层次的珠宝教育体系。

第二节 科研资讯

一、钻石加工技术取得新突破

由山东省莱州市珍珠镇河崖村机床通用配件厂生产研制的钻石成套加工专用机械——通用型数控自动化钻石成套加工机获得成功。这标志着我国珠宝钻石加工业已迈入国际化生产标准行列。

该机械采用国际先进的电脑数控技术和装置，可自动完成各类钻石的成型加工。整机由钻石切割机、刮圆成型机和磨钻加工机组成，可将不规则的钻石坯料经切割成型制成合乎规格的钻石毛料，经刮圆成型机通过磨抛处理加工成一定形状和尺寸的半成品，由磨钻加工机完成钻石的底面成型加工到表面星加工，使毛坯钻石成为晶莹剔透的成品。该机加工钻石规格一致、观感悦目，可实现标准化生产，能减低生产成本，提高钻石制品的附加值，是目前国内较为先进的珠宝钻石专用加工机械。

二、广东省东莞市金龙珠宝首饰有限公司成功研发“钻石砂”工艺

广东省东莞市金龙珠宝首饰有限公司是集黄金、铂金、镶嵌饰品和电镀摆件及挂件于一体的大型生产、加工、批发及零售的企业。公司在磨砂工艺的基础上研制开发出“钻石砂”工艺，在业内处于领先地位。应用“钻石砂”工艺的黄金饰品不但提高了光泽度，而且表面闪耀着类似钻石的光芒，能产生黄金上镶嵌了钻石的效果。这种新工艺的设备及所用材料都与以前有很大不同，设备需从国外进口，并先在电脑里做出样品，然后再投入生产。由于新工艺成本较高，所以每克黄金的加工费也提高至6元。铂金饰品同样也可应用这种工艺，在镶钻效果的同时，会让铂金的金属光泽更加光亮和自然。

“钻石砂”工艺技术在黄金、铂金上的应用居业内首例，目前只是针对香港地区和内地的品牌零售批发的珠宝首饰采用这种新工艺，新产品上市受到了市场的欢迎和好评。

三、宝石改色技术再惹争议

美国GIA的宝石贸易实验室最新研究指出：泰国不仅用有争议的新宝石改色技术生产加工黄色、橘黄色、粉色宝石，而且用同样的技术生产加工红色和蓝色宝石。研究发现：浅紫色的蓝宝石可以加工处理成诱人的红色；有些蓝色宝石是由浅绿色，甚至是相当暗色调的蓝宝石改色而成。改色宝石都可以鉴定出来，但当前的研究重点不是在鉴定方法上，而是要建立一套正确的鉴定标准。目的是使宝石商和珠宝首饰消费者了解掌握这种新改色技术的实质，在交易宝石时能根据宝石质量及价格做出正确的选择。

研究还指出：有人说新改色技术并没有影响或改变蓝宝石原来的性状，其实这是不可能的。因为蓝宝石在自然界形成的温度不超过1300℃，而外加的致色元素作为一种新的化学元素是在1800～1900℃的极高温度下进入。在这样高的温度作用下，其原来的内含物必然发生根本性变化。

瑞士宝石实验室对泰国新改色上市销售的蓝宝石也进行了深入的研究，同样发现了可改色成桔红色或红色、浅粉—橘黄色、橘黄—粉色、纯黄色等。研究还指出：泰国的新改色技术方法并不是很容易就能鉴定的，特别是用一些常规的方法对其进行鉴定是很困难的。

美国GIA宝石研究所认为他们的研究并不是要说明这是一种什么方法，正确与否；而是要求在运用一种新方法生产加工时，产品要有相应的说明，要有科学的准确术语，这样才能统一认识，便于市场交易与技术交流。

经美国宝石贸易协会（AGTA）的宝石实验检测中心（GTC）鉴定分析认为，泰国新推出的橘黄色蓝宝石是通过扩散法致色的。进一步的研究测试证明：泰国橘黄色蓝宝石是在高温氧化环境条件下，使铍通过扩散法进入蓝宝石晶体质点内部而致色的，也就是扩散法改色。2002年3月美国热处理专家John Emmett和晶体化学专家Troy Douthit两位博士又将铍扩散法应用到各种不同类型的宝石内部，结果证实：泰国推出上市的橘黄色宝石及橘黄－粉色蓝宝石是将铍或其他轻金属元素镁、钙等，用扩散法扩散到宝石内部而致色的。

国际有色宝石协会（ICA）不支持美国主要宝石实验室用“扩散法”术语来描述泰国采用新处理方法改善的特殊颜色（主要是橘黄色）的蓝宝石。

美国宝石贸易协会的宝石检测中心及美国宝石研究所（GIA）的宝石贸易实验室认定：如果能见到蓝宝石有合成附晶生长标志，那么这种蓝宝石改善的新工艺方法就应当确定为是用铍通过扩散法改善而来的。

国际有色宝石协会主席Eliezri认为：虽然国际有色宝石协会和美国宝石贸易协会联合发布了如何揭开关于泰国蓝宝石改善新工艺的陈述，但是，国际有色宝石协会并不支持使用“扩散法”术语或出现合成附晶生长的术语来描述新方法改善的蓝宝石。

国际有色宝石协会副主席Joseph M.menzie指出：我们不同意用“扩散法”术语，是因为最后的结论还不能确定，还需要经过世界范围内更多的实验室检测。国际有色宝石协会使用“T”(treatment)符号作为优质改善处理宝石的说明标志，并要求国际有色宝石协会所有成员都使用这种专用术语。现在，美国联邦贸易委员会要求使用这一专有术语，并要求公开这种方法的内

容。这就需要在公开这一方法时要以简明的语言对有关方法进行准确的描述，在行业内外都能贯通使用，这样才能利于行业的发展及贸易往来。

虽然国际有色宝石协会强烈要求泰国公开其新改色技术，但是泰国有关方面于2002年9月正式宣布：坚持不公开新的改色技术。与此同时，要求出口促销部门继续促销其经过新技术改善处理的橘黄色蓝宝石，并在《jewelry news Asia》杂志2002年第11期刊登非常醒目的“橘黄色蓝宝石”整版广告，大力宣传“The Thai Orange”品牌。

泰国有色宝石俱乐部(color stone club Thailand)还明确表示：不采纳以“T”(Treatment)表示其新的改色技术的做法，仍坚持使用“热处理”(heat trteated) 术语，也不接受“扩散法”(diffusion) 术语。

泰国在声明表态的同时，还进一步说明其改色橘黄色蓝宝石的技术方法是一种新改色方法，即将改色的蓝宝石浸渍在实验溶液之中，蓝宝石表层就产生橘黄色外层。而泰国推出上市的橘黄色宝石就是应用这种新方法开发出来的，而不是所谓的扩散法。

现在泰国用新改色方法改色的蓝宝石最大者达20克拉。

四、专门用于观察丘比特切工的丘比特放大镜

江苏省地质调查研究院地质实验室宝石仪器研究中心研制出一种专门用于观察丘比特切工的丘比特放大镜。这种放大镜由底板（黑色圆板）和放大镜筒组成，用它可清晰地观察到丘比特切工钻石桌面呈现的8支箭和背面对称的8颗心，既可观察镶嵌式，也可观察裸钻。用来观察其他类钻石切工，也能起到直观、方便的作用。

江苏省地质调查研究院地质实验室宝石仪器研究中心是中国宝石鉴定仪器专业制造单位，从事宝石鉴定仪器的研究和制造已有15年，拥有专门从事宝石仪器研究和开发制造的工程技术人员，产品销往海内外。

五、现已定型的宝石改色方法

1. 单一热处理方法（Simple heat treatment）

这种方法的特点是对宝石只进行单一的加热处理，不加入任何其他外来物质（主要指致色元素），通过控制或改变组成宝石的离子所处环境的氧化还原状态来达到改善宝石颜色、增强宝石透明度的效果。这就是泰国使用的传统宝石改善方法。经过这种方法改善处理的宝石，其化学成分和结构等均未发生变化，特别是没有化学变化或物理化学变化产生，这种方法处理改善

的宝石，市场上习惯称谓仍是天然宝石。

2. 扩散处理方法（Diffusein–treatment）

这种方法起源于美国和日本，这种方法处理的蓝宝石产品于20世纪70年代就曾上市销售。这种方法的特点是高温（温度要达到1800℃以上），必须加入致色元素（如钛元素等），并使之在高温状态下渗入到改色宝石表面之下几个微米，使被改色处理的表层（几微米厚）产生美丽的颜色。这种方法改善处理的宝石产品市场上通称为扩散处理的宝石产品。

3. 染色方法

现在有些有色宝石的颜色是通过化学方法或物理化学方法，也就是常说的染色方法处理，市场上常有人称这种方法处理的宝石是假的，其实说这种方法处理的宝石是假的并不准确，宝石是天然的，而其美丽的颜色是人工加上的，也就是人们习惯称之为假的颜色。

第三节 鉴定资讯

2003年是珠宝行业的自律年，为了让珠宝市场更加繁荣和规范，各地的珠宝检测机构发挥了积极重要的作用。随着人们对珠宝首饰消费的不断增加，消费者对质检机构的依赖性将会越来越强。质检机构作为珠宝首饰业的“把关人”，担负着为企业把关、为消费者负责的重任。要在自身建设上下功夫，除了要具备先进的设备和仪器外，还应强化服务意识，客户满意应是质检机构的永恒追求，质检机构也应创品牌。质检机构必须仅仅围绕“服务”来做文章，只有服务到家，宣传促销才有力度，才能创造服务品牌，将品牌转化为竞争优势。

质检机构引进市场竞争，淘汰劣质、不规范的质检机构也是当务之急。为促进该行业的健康发展，要把质检机构逐步推向市场，接受市场检验，这是国内市场的需要，也是国际竞争的需要。

从20纪90年代开始，在短短十多年的时间里，鉴定检测机构经历了从无到有、从小到大的发展之路。目前，全国已有取得各级政府主管部门计量认证、授权认可、国家实验室认可资质的鉴定机构共计一百多家，他们以特有的服务方式和服务产品进入市场经济领域，对于促进市场朝着规范化、有序化方向发展，促进整个行业健康向上，在沟通消费者和珠宝首饰企业之间等方面发挥着不可替代的作用。

一、珠宝首饰质检机构工作概况

检测机构作为整个行业中一个特殊的服务性组织，它的作用就是为这个行业的健康发展提供一个强有力的技术支撑，主要表现在以下几个方面：

（1）检测机构直接为珠宝企业提供鉴定、分级、各种测试服务，为珠宝企业每一件产品量身订做鉴定证书、分级证书，有力地促进了企业的发展。

（2）检测机构直接、间接地为珠宝企业培养了大批专业技术人员，十多年来，各级检测机构以直接的方式或以通过技术咨询和指导的间接方式，为他们的客户——也就是各个企业，培养、输送了各个层次的专业技术人员，为企业的人才积累和自身发展做出了突出的贡献。

（3）检测机构以第三方公正者的身份优势为珠宝企业建立品牌、开拓市场创造了更多的机会。检测机构一方面积极向公众宣传普及珠宝文化知识，指导公众的珠宝消费行为，培养珠宝消费市场，另一方面还帮助企业协调、化解消费与营销之间的矛盾，为行业的发展创造了良好的市场氛围，以技术的手段，在企业与消费者之间架起了一座畅通的桥梁。

（4）检测机构积极配合国家政府主管部门的市场监督检查工作，在很大程度上限制了假冒伪劣产品的泛滥，更好地保护了守法企业的经营活动，确保市场的正常经营秩序。

当然，随着社会对珠宝鉴定需求的增加，鉴定工作也暴露出一些问题。由于各检测机构之间缺乏有效的交流合作，不同机构出具的证书，在适用标准尺度上不尽统一，部分地造成相同产品的鉴定结论存在某种差异。此外，重复鉴定现象也比较普遍，在一定程度上给企业和消费者增加了负担。个别检测机构因工作疏忽或出于种种其他原因，出具"人情报告"，故意提高鉴定商品的等级，破坏了企业之间的公平竞争秩序，损害了消费者的利益，降低了企业、消费者对检测机构的信任度，影响了检测机构科学、独立、公正的形象。为解决上述问题，鉴定机构应加强自身建设，自觉遵守行业自律公约，提高专业人员素质，培养专业队伍素养，树立为行业服务的信念，严格遵守国家有关标准和规定，客观公正科学地出具各种证明证书。

作为行业中一个不可或缺的主体，鉴定机构应充分利用自己独特的优势，在加强自身建设的同时，积极配合行业协会协调、管理工作，努力推动行业健康发展。

各检测机构之间也应加强合作交流，增进相互之间的理解，及时引进先进的管理经验和技术方法，不断完善自我。

随着中国加入WTO，全球贸易自由化的进程不断加快，中国完全有希望成为全球最具竞争力的珠宝首饰生产加工中心和消费中心，而检测鉴定机构将在这一进程中扮演越来越重要的角色。

二、地方质检机构动态

1. 重庆市宝石产（商）品质量监督检验站

重庆市宝石产（商）品质量监督检验站从内部建设抓起，秉着公正为本的原则，使得重庆市场的珠宝检测率达100%。

所谓公正为本的原则其具体表现就是在商家与消费者之间一碗水端平，既不偏袒商家，也不侵害消费者；既要从维护消费者的利益着想，严格把关，坚决堵塞假、冒、伪、劣的宝石产（商）品进入市场，也要充分考虑到商家的合法权益不受到侵害。

从事珠宝玉石的质量监督检验工作，只有恪守职责，坚持公正为本的原则，才能切实维护消费者与商家的双方利益。重庆市宝石产（商）品质量监督检验站对珠宝检验严格要求，对重庆珠宝市场健康有序的发展，以及繁荣当地珠宝经济起到了关键性的作用。

2. 山西省质量技术监督局首饰质检Ⅱ站

山西省质量技术监督局首饰质检Ⅱ站现有各类检测技术人员20人，其中具有工程师以上职称的占总人数的70%以上，拥有各类检测仪器设备38台件，此外还有完善的质量管理体系及最新的国际、国内标准，保证了检测结果的准确性和可靠性。几年来，经过全体工作人员的共同努力，无论是在技术上还是在仪器设备及业务服务上，质检Ⅱ站都处于全国省级站领先地位，迈入了全国先进质检站行列。

质检站应该与珠宝企业相互依存，讲诚信、树品牌，只有这样，才能稳定和发展相互之间的关系，共同发展。正是质检站这种与珠宝企业共同发展，凡事从规范山西珠宝行业出发的理念，使得山西省珠宝行业近年来得以稳步发展。

3. 海南省三亚市规范金银珠宝标识

为规范金银珠宝、玉石饰品的标识，引导生产企业及经销企业正确标注标识，三亚市出台了《三亚市金银珠宝、玉石饰品标识管理规定》。此《规定》对金银珠宝、玉石饰品的标识标签等作了详细规定，要求金、银、珠宝、玉石饰品标识使用的文字、数字和字母，其字体高度不得小于1.8毫米，饰品标识标签内容应当包括饰品名称、纯度、质量、价格等。《规定》还要求单颗珠宝玉石标价在2000元以上的应标明饰品的总质量，规格一般以毫米为单位。标价3000元以上的应当附有法定检验机构出具的鉴定证书，证书上应当附有该件金、银、珠宝、玉石饰品照片，标价1000元以上、3000元以下的应当附有当地法定检验机构出具的鉴定卡。

三、个人消费珠宝如何进行鉴定

个人消费珠宝如要进行鉴定，需先持有效身份证件将样品送至检测中心，最好能提供送检样品的相关信息；与中心签订委托检验合同书并完成样品交接手续后，样品即可进入检验流程；送检后的第三个工作日到中心凭有效身份证件领取样品和证书。每件珠宝首饰的检测费用为100元人民币。通常完成一项检测任务需要2～3天的时间。

各地消费者可到本地区技术监督黄金珠宝饰品质量检验站进行检测，其中北京市有5家经国家质量监督检验检疫总局授权的检测权威机构。它们分别是：国家珠宝玉石质量监督检验中心、国家首饰质量监督检验中心、北京大学珠宝鉴定中心、高德珠宝鉴定研究所、中国地质大学宝石检验中心、中国宝玉石协会检测中心。

目前，国内的商家所出售的每一件珠宝成品首饰都带有鉴定证书，但在国际上检测机构仅对个别高档首饰或裸石进行鉴定。

四、珠宝玉石鉴定信息

1. 翡翠质量评价标准

翡翠质量评价原则："4C2T1V"

4C 是 color　　（颜色分正、浓、鲜、均），

clarity （净度），

crack （裂纹），

cut （切工）；

2T 是 transparency（透明度），

texture （结构）；

1V 是 volume （体积）。

这个翡翠质量评价标准是由国际知名的翡翠专家欧阳秋眉女士总结了市场上积累多年的经验、交易、资料统计而系统地提出来的。欧阳秋眉女士说，判断翡翠的标准，一是要从它的矿物成分、物理性质、结构构造去分析，这是物质的基础；二是真假的标准，真的叫A货，人工漂酸处理的叫B货，另外还有C货，B+C货，甚至更差的是D货；三是质量评价的标准是4C2T1V。标准的出现是为了规范市场，使市场有标准、有秩序地发展。

国家宝石监测培训中心主任杨立信说，目前翡翠没有一个统一的国家标准，有关翡翠的质量评价领域还是一个自由王国。欧阳秋眉推出的翡翠质量评价标准属于个人行为，目前是完全可以的。

2．云南发布地方标准——翡翠饰品如何分级

云南省质量技术监督局批准发布的《翡翠饰品分级地方标准》于2003年3月起正式实施。该标准发布实施后，全省辖区内从事翡翠质量鉴定（检验）、价值评估、商业贸易等均须按标准执行。

该标准的发布实施，将有利于维护翡翠公平、公正贸易的市场秩序，有利于维护广大消费者和合法经营者的利益，也有利于保护云南数百年来开发利用翡翠而积累的知识产权，还有利于云南珠宝实施品牌战略，走向国际市场参与国际市场竞争。

这个标准主要包括翡翠的颜色、透明度、净度、质地工艺与质量5个方面的主要内容。翡翠饰品的颜色分级：S_1至S_6六个级别，含有色调、均匀程度、浓淡程度、色泽和光谱波长（绿、蓝色）；翡翠饰品的透明度分级，分为T_1（透明）、T_2（亚透明）、T_3（半透明）、T_4（微透明）、T_5（不透明）5个级别，民间俗称分别为玻璃地、冰地、蛋清地、米汤地、瓷地或石灰地，分别含有浅色翡翠（$T = 0.18$）与绿色翡翠（$T = 0.055$）中的T值、t值、1差值；翡翠饰品的净度分级，分为J_1（极纯净）、J_2（纯净）、J_3（半纯净）、J_4（欠纯净）4个级别，分别含有划分标准的具体内容；翡翠饰品的质地分级，分为Z_1（极好）、Z_2（好）、Z_3（一般）、Z_4（差）4个级别，Z_1、Z_2俗称老种，Z_3、Z_4分别俗称新老种、新种，也分别含有划分标准的具体内容。

3. 粉色钻石的特征及颜色分级

粉色钻石长期以来都被行家视为珍品。只是近20年来，由于澳大利亚开采阿盖尔（Argyle）矿山，粉色钻石才得以正常开采、加工上市，但数量仍然有限。

粉色钻石的稀有、美丽使其成为世界顶级珠宝首饰拍卖会——嘉士德（Christies）珠宝首饰拍卖会上的重要拍卖品。1994年，嘉士德在瑞士日内瓦拍卖会上拍卖的一颗重19.66克拉的粉色钻石，成交价为每克拉377483美元，总价值为740万美元。

长期以来，世界任何地方都没有足够的粉色钻石，以满足对其进行广泛而深入研究的需要。现在美国GIA的宝石贸易试验室（the Gem Trade Laboratory）已经拥有1500粒粉色钻石的鉴定研究结果以及相关数据。通过研究确定了天然粉色钻石的特点及颜色分级系统。

粉色钻石包括：浅紫色调的粉色—粉色—橘黄色调的粉色。彩色钻石致色的原因尚待研究，有研究认为是由于钻石晶体缺陷造成的，与茶色（brown）钻石的致色原因一致。研究还指出：粉色钻石包括I型和II型。在研究测定的1490颗粉色钻石中，I型粉色钻石1166颗，II型粉色钻石仅有324颗，也就是说I型钻石中粉色钻石的比例大，而II型钻石中粉色钻石比例小。但是研究还发现，II型粉色钻石中重量大的居多，而I型粉色钻石中则重量小的居多，也就是说钻石的粉色不仅与钻石的类型有关，还与其重量的大小有关。不同类型粉色钻石粉色的变化也不同。详见表4.5.3.1和表4.5.3.2。

表4.5.3.1　粉色钻石的类型与重量的变化

钻石类型 \ 重量分级（克拉）	<0.99	1～2.99	3～4.99	5～9.99	≥10
I	55%	37%	3%	4%	1%
II	26%	49%	13%	9%	3%

表4.5.3.2　粉色钻石的类型与粉色分级的变化

钻石类型 \ 分级系列	微弱	非常浅	浅	较浅	正常	较深	深	鲜亮
I	5%	5%	8%	9%	34%	22%	12%	5%
II	15%	9%	23%	18%	26%	5%	2%	2%

从上表可知：美国GIA粉色钻石的颜色分级为：微弱的粉色（Faint）、非常浅的粉色（vrry light）、正常的粉色（fancy vivid）、较深的粉色（facy intense）、深粉色（fancy Deep）、鲜

亮粉色（fancy vivid）。

粉色钻的研究发现，所研究的粉色钻石中将近1/2的样品都有色带显示，其中I型粉色钻石的色带显示不超过65%，II型粉色钻石仅有12%有色带出现。

鉴定粉色钻石，其净度如何几乎无关紧要，这与鉴定评价无色钻石的要求完全不同。但是，粉色钻石鉴定的结果证实：68%的II型粉色钻石净度在VS以上，全部样品测试结果，具有VS净度的粉色钻石仅占51%。详见表4.5.3.3。

表4.5.3.3　粉色钻石的类型与净度的变化

钻石类型＼净度	FJ	VVS	VS	SI	I（P）
I	55%	37%	3%	4%	1%
II	15%	49%	13%	9%	3%

粉色钻石在紫色光照射下（无论长波还是短波），绝大多数都没有或很少显示萤光效果。

粉色钻石在切割抛光过程中颜色可发生变化。

4. 钻石仿制品合成碳硅石与钻石的主要区别

钻石仿制品碳硅石于1994年在美国制作产生，又称为“莫桑石”。它的物理性质与钻石极为接近，突出的特点是导热性能良好，热导仪测定结果与钻石没有差别。1988年，美国公司在市场上正式出售碳硅石，当时价格是同等大小钻石的5%～10%。曾经被部分人利用在钻石贸易中，有过交易欺诈行为。目前国内还没有得到合成钻石已进入流通市场的讯息。

碳硅石与钻石的主要区别特征有：

(1) 碳硅石是立方晶系的非均质体，钻石是立方晶系的均质体；

(2) 在偏光镜下，钻石颜色黑暗，转动时颜色没有变化，碳硅石转动时颜色有四明四暗的变化；

(3) 10倍放大镜下碳硅石刻面棱处可看到双影，钻石没有刻面棱双影现象。

5. 细分钻石级别，建立信用等级

测量误差理论认为：所有测量结果，由于误差的存在，无论级别划分的大小，级别划分的标准如何，测量精确度的好坏，都存在上下差一级的可能。具体到钻石净度的分级，对于没镶嵌的裸钻，净度级别分为LC、VVS_1、VVS_2、VS_1、VS_2、SI_1、SI_2、P_1、P_2、P_3十个级别，不管测量得多么精确，都可能上下差一级别，如把VVS_2测成VS_1，或把VS_2测成VS_1。对于镶嵌的

钻石，净度级别分为LC、VVS、VS、SI、P 5个级别，同样地，不管测量得多么精确，都可能上下差一级别。

即使测量的精确度高到难以想像的理想状态，结果都可能上下差一级别。下面我们用具体事物来说明。

现行的钻石净度分级标准以主观感觉为主，界限模糊。不光我国是这样，国际上主流的钻石分级体系，如GIA（美国宝石学院）、CIBJO（国际金银珠宝联盟）、IDC（国际钻石委员会）都如此。只有HRD（比利时钻石高阶层议会）不同，它曾强调钻石净度分级的定量性，即根据内含物的大小，来确定净度级别（表4.5.3.4），但它的方法没有得到普遍接受和支持。现在连HRD自己都已经采用IDC的标准；只是在HRD的教学上，仍保留定量净度分级的理论和方法。客观地讲，HRD的钻石净度分级标准，比较客观、标准，可操作性强，受主观感觉影响少。这里为了说明方便，我们把问题简化，设置如下假设的理想化条件：①HRD的钻石定量净度分级得到普遍认可，是公认的标准；②钻石的内含物都是晶体，都在钻石台面的同一位置，并且只有一个；③内含物都是标准的圆球体，从任意方向测量直径都一样大。

表4.5.3.4　HRD不同净度级别的内含物大小

净度分级	从台面范围可见的内含物大小
FL、IF（LC）	最大内含物的平均直径不超过5微米（不论在何处）
VVSl	最大内含物的平均直径不超过12微米
VVS2	最大内含物的平均直径不超过25微米
VS1	最大内含物的平均直径不超过40微米
VS2	最大内含物的平均直径不超过70微米
SI1	最大内含物的平均直径不超过150微米

注：1微米 $=10^{-6}$ 米

再假设测量是极其精确的，误差仅仅是0.001微米（这在常规情况下是不可能达到的）。这时仍有可能上下差一级别。例如，一颗钻石内含物的直径是4.9995微米，应该是LC级的，由于误差，测量成5.0005微米，便属于VVS_1级的了，这时向下差一级；同样道理，另一颗钻石的内含物直径为5.0005微米，应该是VVS_1级的，由于误差，测量成4.9995微米，便成为LC级的了，这时向上差一级。

假如我们通过改进，使测量更加精确，误差仅仅是0.0001微米（这里暂且不管实际上是否能达到），一颗钻石内含物的直径是4.99995微米，应该是LC级的，由于误差，测量成5.00005微米，便成为VVS_1级的，也向下差一级。

假如我们将钻石净度分级只分为2类：很好的（VS_2及以上级别的）和好的（SI_1及以下级别的），VS_2和SI_1的交界是70微米，仍然会出现同样的问题，很好的级别（69.9995微米可能会测量成70.0005微米（好的级别）。

提高测量的精确度虽不能防止上下差一级别，但能减少发生上下差一级别的概率。假设有一大批钻石，内含物在0～30微米之间，并且是随机均匀分布的（即分布在每一个数值的概率都是一样的）。当测量误差是1微米时，内含物直径在4～6微米、11～13微米、24～26微米之间的钻石，由于误差的存在，可能使结果相差一个级别，发生的概率大小=（2+2+2）/30× 100%=20%；假设我们通过改进，使测量更加精确，误差仅仅是0.1微米时，则只有内含物直径在4.9～5.1微米、11.9～12.1微米、24.9～25.1微米之间的钻石，由于误差的存在，可能使结果相差一个级别，发生的概率大小=（0.2+0.2+0.2）/30×100%=2%。显然，提高测量的精确度，大大减少了发生上下差一级别的概率。反过来说，精确度很差，会严重影响测量结果；假设测量误差是10微米时，内含物直径是4微米（LC级）可能会测量成14微米（VVS_2），从而发生跳级。因此测量的精确度对测量的结果是很重要的。

这里说的仅仅是可能发生上下差一级别的误差，并不是一定会发生上下差一级别的误差。并且随着测量水平的提高，会逐渐减少相差一级的概率。

第四节　评估资讯

一、中注协规范珠宝首饰评估执业

2003年2月12日，中国注册会计师协会发布《珠宝首饰评估指导意见》，以规范珠宝首饰评估人员执业行为，自2003年3月1日起施行。

该指导意见指出，珠宝首饰评估人员执行珠宝首饰评估业务，应当对珠宝首饰进行鉴定和品质分级。评估程序主要包括：明确珠宝首饰评估业务基本事项，签订珠宝首饰评估业务约定书，形成珠宝首饰评估计划，对评估对象进行鉴定和品质分级，收集和分析珠宝首饰评估资料，评定估算，形成和提交评估报告，工作档案归档。

该意指导见强调，珠宝首饰评估人员在对评估对象进行鉴定和品质分级时，应采用国家颁布的鉴定和品质分级标准。如果没有国家分级标准，可以采用国内外珠宝业常用的分级标准，并在评估报告中明确说明。珠宝首饰评估人员评估具有无形资产的珠宝首饰时，应当予以充分说明。

【第六章】

展会与研讨会

Exhibitions and seminars

第一节　珠宝展会

一、珠宝首饰展将成为上海会展明星

2003年7月下旬，上海市常务副市长冯国勤在与上海珠宝首饰业界有关人员会见时讲到：上海不仅要成为国际金融、贸易经济和航运中心，而且要成为国际会展中心。珠宝首饰展应该是新兴展业的一颗璀璨的明星。

在上海举办珠宝展有六大优势：①由国务院批准的金、银、铂、钻等要素市场全部集中在上海；②上海是国内目前较大、较前卫的珠宝消费市场，且辐射长江三角洲地域；③上海是国际珠宝组织最集中的地方，对外联络方便、快捷；④上海是全球外商普遍关注的投资热点城市，珠宝更是如此；⑤上海一直是珠宝市场运营最规范的城市；⑥上海的珠宝首饰品牌在全国举足轻重，老庙、老凤祥等品牌首饰每年销售量达45亿元人民币。

珠宝首饰兼有金融、文化、商品属性，是小康生活水平的标志性产品，珠宝首饰行业是资金密集型、技术密集型和劳动密集型的行业。据有关人士预测，珠宝首饰可能是继房地产、汽车之后的第三大消费增长点，是极具发展潜力的朝阳产业。繁荣珠宝首饰业会推进上海成为国际金融贸易、经济和航运中心的目标，也将对上海发展都市工业战略起到积极的配合作用。

二、首届中国国际黄金珠宝玉石展

首届中国国际黄金珠宝玉石展于2003年2月26日至3月1日在深圳隆重开展。这次展会是继我国黄金市场开放以来，首次由黄金生产单位集中参与、展示实力的中国黄金珠宝界的大型盛会。

三、2003年上海国际钻石珠宝展

2003年上海国际钻石珠宝展于2003年3月22日至24日在上海国际会议中心举行。

作为主办机构之一的香港亚洲展览（集团）有限公司在展会期间组织了“钻饰时装表演2003”，模特在T形台上尽情演绎着最新流行钻饰，这些钻饰出自一些香港公司，都是自行设计，面向欧美、东南亚市场，代表了当今世界首饰设计的流行趋势。模特展示的首饰有两大特点：一是色彩成为主宰，设计师们吸收时尚领域的各种讯息，把各种色彩、各种材质的钻石、宝石组合镶嵌，制成了非常富有流行味道的彩色首饰；二是首饰大且夸张，并多为手工镶嵌，极具个性。

此次展会约有60家展商参展，展览期间共有5300多人次入场，当中包括4成钻石及珠宝买家、零售商、批发商，其余主要为散户及行业内人士。此次展会与以往行业内其他的珠宝

展不同，是以钻石珠宝为主题，云集了美国、以色列、比利时、英国、中国香港地区、加拿大、印度、马来西亚等10个国家和地区的专业钻石及钻石珠宝的贸易商、生产商、代理商。虽然展会规模较小，但由于组织工作卓有成效，展会亮点频现，使得和者云集，取得了圆满成功。

四、第三届中国成都珠宝首饰展览会

第三届中国成都珠宝首饰展览会于2003年4月3日至7日在成都四川省展览馆举办。主办单位是：四川省宝玉石协会、中国黄金报、中国黄金珠宝杂志、全国宝玉石周刊。组织机构为成都市天一展览服务公司。

本届展会是西部地区高档次的珠宝专业展览会，为有识之士参与西部大开发，拓展西部珠宝业提供了一个全新的舞台。

五、2003上海国际珠宝首饰博览会

2003上海国际珠宝首饰博览会于2003年4月24日至27日在上海展览中心举办。本次博览会由中国宝玉石协会、国土资源部珠宝玉石首饰管理中心、上海黄金交易所和上海钻石交易所联合主办，博威展览服务有限公司承办。来自美国、瑞士、日本、韩国、泰国、新加坡、澳大利亚、意大利、以色列、比利时、波利尼西亚等十多个国家和我国内地、台湾、香港、澳门地区的150多家厂商参加了本次博览会。

2003上海国际珠宝首饰博览会是一个国家级的、高层次、荟萃品牌的专业珠宝盛会，主办单位精心打造了珍珠、银饰和翡翠三大类珠宝精品，精彩纷呈，引人注目。大溪地珍珠、日本的田琦珍珠、我国台湾的大东山珍珠、内地的阮氏珍珠和山下湖珍珠，让观众一饱眼福并为博览会抹上了一道亮丽的色彩。银镇以及美国的思比垂银、意大利的芭伊娜、日本的艾尚和我国台湾的宗宗集团等著名品牌的登台亮相，在博览会上刮起一阵银色旋风。香港“真玉坊”、广东揭阳“绿生生”和以云南昆明景星珠宝世界为主的25家企业组成的翡翠商团，运用全新的设计理念展示融合了中西文化要素的现代翡翠饰品。

本次博览会，台湾珠宝工业同业公会组织了25家企业参展，包下了40个展位，构筑了特色鲜明的中国台湾馆。

六、第四届深圳国际珠宝展

2003年9月13日至17日，第四届深圳国际珠宝展览会在深圳市高交会馆展览中心隆重举办。本次展会无论在内容、质量及服务水平，还是规模、档次及参观买家群体上都上了一个新台阶，向全方位、专业性、高档化的目标迈进了一大步。具有以下几大鲜明的特点：

1．规模最大，品种最全

本届展会在保持2002年A、B1、B2、B3馆的基础上，又扩大了F1馆（国内）、C馆（国际），使得本届展会的展览面积扩大到25000平方米，确定展位1200个。B3馆作为机械、配件、包装专业展馆，创下了同类珠宝展参展珠宝设备、工具、包装、陈列品等之最。

2．打造品牌，树立形象

本届展会的一个重要主题是：打造著名珠宝品牌，共谋行业发展。第四届深圳国际珠宝展是中外珠宝界联合推出的一次“品牌宣言”。展会上，有近百家品牌企业联合展示新产品、新技术，并纷纷推出个性化产品，对消费市场进行定位和细分。各企业都高度重视对品牌形象的树立，精心设计反映企业形象、文化特色的展位。

3．推介新品，引导潮流

展会的组织者将展品的花色品种、新潮款式作为展会的又一个重要主题，主办机构不断向参展的会员企业强调，高度重视饰品设计和开发工作。来自中国内地、香港和台湾地区以及印度、以色列、意大利、新加坡、泰国、英国等国家的600多家著名珠宝公司参加了展会，展示了2003年全球最新款式的珠宝首饰。

4．信息接轨，服务提升

首次实行买家信息化服务，实行展会观众统计分析及数据库开发制作和管理应用等信息化管理。

5．活动丰富，特色鲜明

展会期间，共举办13次大型学术研讨会，邀请来自世界各地的专业人士主讲有关珠宝科技、业务拓展、首饰设计、市场预测以及宝石学研究的讲座，能够为决策人士带来最新的市场资讯

和启示，帮助业内人士掌握市场信息及提高珠宝知识水平和业务水平。参展企业也各显神通，纷纷推出丰富多彩的品牌推广宣传活动。

6．政府支持，商家受惠

为办好战胜“非典”后的此次展会，深圳市政府给予了大力支持及一些费用资助，并对场地租金按面积给予适当的财政补助，以减轻广大参展商的经济负担。

7．宣传到位，舆论造势

展会组织者除在海内外专业报刊、互联网中做了大量的宣传推广工作以外，还运用电视、广播、报纸、杂志等展开系列报道。

本次展会共有3万多名业内人士及买家、5万多名社会公众人士参观。香港四大珠宝商会、台湾珠宝界参观考察团、世界黄金协会、国际铂金协会、DTC钻石推广中心及各省市宝玉石协会的主要负责人以及来自意大利、英国、以色列、印度、新加坡、泰国等国家的参展商参加了开幕式。

七、2003广州国际珠宝展

2003年9月11日至14日，在广州市的锦汉展览中心举办了“2003广州国际珠宝展”。广州是国际珠宝重要的生产和加工基地，素有“中国珠宝城”之称的番禺区，每年珠宝出口占了香港珠宝出口总额的60%。广州的从化，也是国际钻石的加工出口基地。随着广州经济的繁荣发展，以及《中国内地与香港更紧密经贸关系的安排》协议的实施，广州将为我国珠宝消费提供巨大的市场，给珠宝生产、加工、销售企业带来广阔的市场前景。因此本次展会引起珠宝界的广泛关注，除国内珠宝商外，意大利、波兰、西班牙、印度、日本等国家和香港地区的珠宝商也纷纷前来参展。

本次展会的主办单位是中国工艺品进出口公司、中国珠宝首饰进出口公司、中国国际贸易促进委员会广州市分会、信息时报社，承办单位是广州市番禺珠宝厂商会、中艺国际广告展览公司、广州天品珠宝有限公司。

八、2003年中国（广州）国际时尚周

国庆节前夕，2003年中国（广州）国际时尚周隆重拉开帷幕。这是中国首个综合时尚性文化活动。

此次活动一改过去总是由服装服饰唱独角戏的惯例，首次囊括了珠宝首饰、服饰、美容、皮

具、汽车等一系列相关领域，以推动广州打造综合性时尚文化产业。本次时尚周首次实现相关行业组织、企业、消费机构和时尚媒体横向联合，高度整合时尚产业，借此汇聚行业、区域、产业、人力资源优势，使广州真正成为时尚企业、品牌、行业组织、消费终端、传媒等综合演绎、互动参与的大舞台。

黄金珠宝首饰首次加盟广州时尚周活动，并得到了中国黄金协会的支持和广东省黄金协会及广东省金银首饰商会的协办。

人们对黄金珠宝首饰的消费开始由投资保值型向消费型转换，黄金珠宝首饰已经成为时尚与美丽的标志；而时尚与否，也正逐渐成为人们选择黄金珠宝首饰的主要因素。在广州、上海等地，白色18K金卖得十分火爆，就充分说明时尚男女对珠宝材质本身的要求已经降低，转而追求款式的个性化、时尚化，消费观念开始向时尚倾斜。

时尚周活动有近300家黄金珠宝专卖店、柜、场、点参与了珠宝展示和购物周活动，整个活动期间，珠宝首饰等交易额达到了2亿多元人民币。

九、南阳玉雕节："玉文化"的盛会

2003年10日至12日，南阳市第二届玉雕在美丽的白河之滨盛大举行，南阳玉雕将又一次用特有的璀璨和精绝吸引大众的目光。如今的南阳人正在"玉"字上做大做足文章，丰富"玉文化"的内涵，打造魅力独特的文化品牌，提高玉雕产业的档次，以加快这一支柱产业的发展。

十、2003 年首届中国国际珠宝展

2003年10月22日至25日，2003年首届中国国际珠宝展在北京中国国际展览中心隆重拉开帷幕。

展会突出展示了企业形象，树立企业品牌和企业科技实力并实施招展重心向买家转移，在业内引起强烈共鸣，一批一流展商和买家踊跃响应。

十一、第四届北京国际珠宝展

2003年11月20日至23日，北京国贸中心举办了为期四天的第四届北京国际珠宝展，为中外珠宝厂商提供了更多的商机，也为珠宝企业与消费者面对面地交流提供了平台。

十二、2003 第三届上海国际珠宝展

2003第三届上海国际珠宝展于2003年11月20日至23日在上海国际展览中心隆重举行。本次展会由上海世界展览会有限公司主办，上海陆家嘴钻石有限公司和上海天和会展服务有限公司承办，并得到上海钻石交易所和上海钻石交易联合办公室的支持。

展会展出的产品丰富多彩，主要包括首饰、名表、钻石、有色宝石、黄金、铂金、白银等，还有宝石及各类宝石毛坯，已切割宝石、玉石、珍珠、半宝石、人造宝石；除此之外，还有包装陈列用品及机械设备、仪表、仪器等相关产品。

本次展会的特色是：规模大、定位高、专业性强、服务新、宣传广。

展会云集了中国内地和港台地区以及韩国、日本、印度、比利时、意大利等国家享有声誉的珠宝公司。上海的老店、大店、名店及部分“中国珠宝首饰行业放心示范店”首次集体亮相珠宝展。

华东理工学院、中国地质大学武汉珠宝学院、上海大学陆家嘴研究中心等院校、研究机构在展会上推出人才交流业务，免费为珠宝企业与珠宝人才搭建合作平台。

本届展会上还见到了花旗、汇丰、荷兰等银行的上海分行展台，他们有的展示自己的品牌，寻找融资合作的伙伴，有的了解珠宝市场的动态，为珠宝企业提供金融咨询和理财服务，受到了参展的珠宝商和业者的欢迎。

应邀出席“国际钻石高峰论坛”的世界钻石协会主席、世界钻交所联合主席、世界各钻石交易所总裁及海内外钻石知名人士光临展会，为本次展会增添了光彩。

十三、首届昆明国际翡翠珠宝展

首届昆明国际翡翠珠宝展于12月27日至30日在云南昆明举办。本次展会以营造珠宝消费理念，创造参观、交流、洽谈商贸氛围，塑造区域品牌为主要目标；以翡翠、红宝石、蓝宝石、祖母绿等云南的宝石资源的品牌优势，邀请北京、上海、广东、香港等地及泰国、缅甸等国的珠宝商参展；并从不同角度和层面举办珠宝、文化、科技相结合的活动。

昆明是东南亚、南亚各国翡翠珠宝进入我国内地并销往各地的通道，也是云南各地珠宝玉石原料交易的集散地。目前，云南每年珠宝的销售额达60亿元人民币，其中昆明占50%，七彩云南及昆百大珠宝等已是在当地及全国较有名气的珠宝企业。因此从产业建设的关联性来看，云南及昆明既是原料的主要供应地，又是重要的零售市场之一。

本次展会由中华全国工商联珠宝首饰玉器厂商会、昆明市人民政府、中国国际贸易促进委员会云南省分会联合举办。

第二节　珠宝研讨会

一、2003年珠宝玉石首饰行业发展国际论坛

2003年珠宝玉石首饰行业发展国际论坛于2003年10月21日至22日在北京隆重举行。

本次论坛由中国宝玉石协会、国土资源部珠宝玉石首饰管理中心、中国黄金协会、上海黄金交易所、上海钻石交易所、DTC钻石推广／咨询中心联合主办。世界黄金协会、国际铂金协会、世界白银协会协办。

加强交流合作、共谋行业发展是本次论坛的主题。国际珠宝首饰行业的发展趋势、中国政府的有关政策、金融服务与中国珠宝首饰行业发展是本次论坛的重要内容。加强交流合作、促进行业发展是本次论坛的目的。

论坛由三大部分组成：①相关政策；②行业交流；③金融、资本、珠宝经济。

经济专题论坛题目

1. 中国经济发展与中国珠宝业（吴晓求）

讲演提纲：

- 新时代的中国珠宝业倡导“理性繁荣”

2. 中国珠宝业建立信托基金的可行性分析（刘传葵）

讲演提纲：

- 中国珠宝业的雄厚基础已具备建立全国性信托基金的条件
- 中国宝玉石协会可成为中国珠宝业信托基金的发起、管理机构
- 珠宝业信托基金对促进行业健康、高速发展将起“倍增器”作用
- 倡导在中国珠宝业设立专项发展基金

3. 运用资本市场力量，助推中国珠宝产业（徐波）

讲演提纲：

- 庞大的中国黄金珠宝产业目前只有4家国内上市公司
- 中国证券商在国内黄金珠宝业能做些什么
- 珠宝企业如何取得证券公司量身定做的优质服务
- 珠宝企业股票上市实物操作技巧
- 运用资本手段，做大、做强中国珠宝产业

4. 担保和投融资业务为中国珠宝业架起“银企金桥”（王鹏）

讲演提纲：

- 研究和探讨担保公司和投融资业务对珠宝行业融资发展的巨大推动作用

5．珠宝行业的银行实物操作技巧（高映红）

讲演提纲：

- 银行金融服务如何助推国内珠宝厂商
- 如何突破珠宝行业的资金“瓶颈”
- 珠宝厂商迫切需要银行哪些方面的支持
- 如何激活银行对珠宝厂商度身定做的服务
- 银行资金对珠宝业的释放，谁会成为受益者
- 规范、优秀的珠宝企业将在银行的支持下做大做强
- 介绍银行服务工具在珠宝行业的使用方法，交易、结算、信用证、信贷、承兑等方面的实物操作技巧
- 银行如何扶持具有发展前景的珠宝企业“超常规”发展

6．珠宝业投融资策略（常虹）

讲演提纲：

- 黄金珠宝企业的资产重组、并购、股份制改造等策略和实施方法

7．利用资本市场，发展珠宝产业（程秉海）

8．资本运营加速中国珠宝业发展（王仲会）

二、钻石净度与颜色鉴定可靠性问题讲座

由全国首饰标准化中心、国家首饰质量监督检验中心、北京大学珠宝鉴定中心、中国地质大学宝石检验中心联合主办，北京国三元有限公司承办的“钻石净度与颜色鉴定可靠性问题讲座”于2003年8月开讲。

讲座的主题是：

1．净度标准鉴定技术中的可靠性问题

2．颜色标准鉴定技术中的可靠性问题

3．可靠性知识在钻石鉴定技术中的应用

4．德尔菲法在模糊质量中评估中的应用

三、钻石比对中心召开钻石净度级别标准座谈会

问题一：现行钻石分级标准界线模糊

1997年5月1日实施的国家标准“GB/T16554——1996钻石分级”是推荐性国家标准，不是强制性国家标准，这个推荐性国家标准中关于净度的分级标准界线模糊，缺乏可操作性，因

此，用这个标准进行钻石净度质量抽查的结果必然引发争议。

由下表可见，都是在10倍放大镜下观察瑕疵，VVS_2是“很难观察”，VS_1是“难以观察”，这二者之间的区别是一个模糊的界线，各人对观察到的瑕疵到底该划分在那个级别会有不同的认识和不同的标准是不难想象的；同样，VS_2是“比较容易观察”，SI_1是“容易观察”，这二者之间的区分也是一个模糊的界线，也会对同一瑕疵的结论因人而异。所以，同一颗钻石，不同的人鉴定，出现很小的差异是正常的。监督抽查的鉴定机构判定别的鉴定机构出具的鉴定结果，若以钻石的净度级别差一级为理由判定不对是不公正、不科学的，若以此理由进行罚款也是不公平的。

表4.6.2.1 “推荐性国家标准”中“钻石净度分级”规定

4	净度分级
4.1.2	极微瑕级VVS：在10倍放大镜下，钻石具极其微小的瑕疵，细分为VVS_1、VVS_2
4.1.2.1	钻石具有极微小的瑕疵，10倍放大镜下极难观察，定为VVS_1级
4.1.2.2	钻石具有极微小的瑕疵，10倍放大镜下很难观察，定为VVS_2级
4.1.3	微瑕级VS：在10倍放大镜下，钻石具细小的瑕疵，细分为VS_1、VS_2
4.1.3.1	钻石具细小的瑕疵，10倍放大镜下难以观察，定为VS_1级
4.1.3.2	钻石具细小的瑕疵，10倍放大镜下比较容易观察，定为VS_2级
4.1.4	瑕疵级SI：在10倍放大镜下，钻石具明显的瑕疵，细分为SI_1、SI_2
4.1.4.1	钻石具明显瑕疵，10倍放大镜下容易观察，定为SI_1级
4.1.4.2	钻石具明显瑕疵，10倍放大镜下很容易观察，定为SI_2级

建议：制定操作性强的钻石分级标准

国家标准有“强制性国家标准”和“推荐性国家标准”之分，区分在于“强制性国家标准”用“GB”表示，“推荐性国家标准”用“GB/T”表示。前者要强制执行，后者很多人理解为可执行，也可不执行。国家对市场上销售的产品进行质量监督抽查，判断产品质量好与坏、质量检测证书对与错，其标准最好用“强制性国家标准”。所以，政府在依法行政中，在钻石净度级别方面，要么不以净度级别作为考核钻石质量的指标，要么尽快出台操作性很强的钻石净度分级标准。否则必然出现争议，有一方心中不服。

问题二：某些单位具有双重身份

某些机构在市场检查中具有双重身份，既当运动员，又当裁判员。在监督抽查中，他们不查自己的，光查别人的，导致不良后果。结果是，商场领导为了少惹麻烦，要求本商场的厂家一律用既当运动员，又当裁判员单位的鉴定证书，客观上助长了不公平竞争的不良风气。被排挤的检测机构不断有长期客户无可奈何地对他们说："实在对不起，商场告诉我们，只允许有XXX检测单位鉴定证书的货方可卖，今后我们不在你们这里做鉴定证书了！"这样，既当运动员，又当裁判员的单位可以轻易地排挤同行，独霸市场。

既当运动员又当裁判员的单位参与市场抽查，会造成珠宝首饰市场质量监督抽查的结果出现虚假，因为它只反映极少一部分的质量情况，并不反映整个珠宝首饰市场的客观事实。这个结果给政府提供的是一个虚假的信息，会使政府的决策出现偏差；也会使被抽查单位有怨气，破坏了政府与群众的关系。

建议：撤销不合理行政机构

历史证明，凡是某行业有既当运动员又当裁判员的现象出现，这个行业就会出现不公平竞争，既当运动员又当裁判员的单位必定会欺压同行、排挤同行、欺行霸市，同行难免怨声载道。这种不正常现象，在很多行业已经杜绝，在珠宝首饰行业也应当杜绝。

大家最强烈的建议是尽快撤销既当运动员，又当裁判员的不合理行政机构。不能既监督同行，又自己对外进行收费珠宝首饰鉴定，出具鉴定证书。政府要依法行政，必须对不合理的机构——既当运动员，又当裁判员的单位进行改革。

国际上没有一个国家像中国一样每件珠宝首饰都必须配鉴定证书，这是我国珠宝首饰市场快速发展，出现"以假乱真"、"以次充好"欺骗消费者现象比较严重，而消费者对珠宝首饰知识知之甚少这种特殊情况下出现的现象。大家认为：随着时间的推移，市场的不断规范化，人们对珠宝首饰的认识不断提高，珠宝首饰生产厂家和销售商家做不做鉴定证书应当是自愿的；同样，到哪个检测机构去作鉴定证书也是自愿的，任何强制规定都无助于珠宝首饰市场的发展。预测今后的发展趋势是同国际接轨，不必每件珠宝首饰都附鉴定证书，只有极少数的贵重珠宝首饰才配备鉴定证书。

问题三：没有更权威的复查第三方

按照"产品质量法"第十五条规定："生产者、销售者对抽查检验的结果有异议的，可以自收到检验结果之日起15日内向实施监督抽查的产品质量监督部门或者其上级产品质量监督部门申请复检，由受理复检的产品质量监督部门做出复检结论。"

建议：成立钻石仲裁委员会

大家认为，出现质量争议后，不能送原抽查检验机构去复查，应当送更权威的第三方复查。建议成立"钻石仲裁委员会"，由此机构进行复查，并以"钻石仲裁委员会"的复查结论为准。

“钻石仲裁委员会”建议由公认的检测水平高、办事公正的宝石鉴定师组成，最好由获得钻石分级鉴定师资格的人员组成。人员可以多一些，每次执行任务时，可随机抽取5～7人进行工作。

问题四：利益驱使抽查失真

监督机构进行市场抽查时，事先派人去调查摸底，当抽查时，直奔先前调查摸底有问题的地方去。大家分析，之所以出现监督抽查前进行调查摸底，最主要的原因是经济利益驱动，因为查出有质量问题的珠宝首饰后，可以有罚款的“收入”。

这样抽查的结果不能反映珠宝首饰市场真实的质量状况，它只会给政府提供虚假信息；若质量检查报告进行公告，它只会给全国人民提供一个错误的信息。大家认为，这样的虚假信息会毁了我国的珠宝首饰市场。

建议：建立一套科学的监督抽查制度

大家认为，监督抽查要客观、公平、公正和科学，应当建立一套科学的监督抽查制度。不进行调查摸底；抽查时不带懂珠宝首饰质量的监督机构或检测中心的工作人员陪同，而由工商行政执法人员真正随机抽查（尤其是不能只抽查特定检测机构出具鉴定证书的珠宝首饰，要做到一视同仁），被监督抽查样品应当是随机的，密封编码后交监督检验部门检测，有质量争议的交“钻石仲裁委员会”复查；复查后确实有质量问题的按产品质量法处罚。执法人员要提高素质，要依法行政。

问题五：地方保护主义严重

不少地方受经济利益驱动，不管珠宝首饰是否已经有鉴定证书，规定：“凡到我省、我市销售的珠宝首饰必须有我省、我市的鉴定证书，否则不得在市场销售”。

建议：完善相关法律法规

尽快出台相关法规，取消地方保护主义，不得规定必须有本省或者本市的鉴定证书才能销售珠宝首饰。大家认为，凡是经国家技术监督局核查批准，授权出具的鉴定证书应当都是合法和公正的，在全国应一视同仁。地方重复进行鉴定，目的是要收取鉴定费，增加本单位的经济收入，但会加重成本，最后转嫁到消费者头上。这样做的另一个后果是使外地产品失去竞争力，有利于本地产品的销售。这是珠宝首饰行业的不正之风，政府应出台相应法规制止。

（资料整理：沈才卿）

三、深港黄金珠宝行业发展研讨会

2003年11月下旬深圳举办了深港黄金珠宝行业发展研讨会。研讨会由人民银行深圳中心支行、深圳黄金来料加工专委会、香港珠宝玉石厂商会和香港珠宝制造业厂商会共同举办。与会的深港两地嘉宾近百人。

在为努力增强深圳黄金珠宝市场在全国的影响力问题上，代表们提出了8项建议。首先建议由市政府、人民银行和行业协会组成联合工作办公室，负责深圳黄金珠宝行业的发展规模规划和组织协调等问题。希望政府重视行业协会的工作，借鉴香港政府的做法，从资金、人才等方面，支持协会做好培训、科研、试制新品等工作。提出行业应该重新定位，将深圳从全国黄金珠宝生产加工批发基地，向集设计、展览、人才培训、品牌营销、生产基地为一体的综合类首饰营运中心发展。

深圳首饰企业要以高起点、高标准、新设备、新技术、新工艺、新款式来统领中国首饰业的新潮流。要借鉴国际同行的先进理念及管理模式来改造自己，要借用大量的资金和人才来充实自身，形成一个强大且各具特色的首饰企业和品牌，靠实施组合品牌战略占领更大的市场，形成以深圳为中心辐射全国的产供销网络。

要求政府与银行尽快制定金融及资金扶持政策。在守法和税收公平的前提下希望行业协会尽快向有关部门提交深圳首饰消费税整体解决方案。同时呼吁允许在深圳建立黄金交易分中心，以高效解决占全国7成以上的深圳地区金饰企业的原料需求，就近为企业服务，降低生产成本。并且要争取政府支持，同意深圳与香港金银业贸易场开展业务合作。再有，要组建深圳珠宝专业学院，为行业发展建立人才战略储备。

四、建立科学的《翡翠饰品质量分级标准》体系研讨会

2003年12月28日，建立科学的《翡翠饰品质量分级标准》体系研讨在云南昆明召开。与会

的有来自国际及国内的翡翠珠宝界知名专家、学者、珠宝鉴定检验专家、珠宝企业界人士和云南省质量技术监督局领导等60余名嘉宾。会议由云南省珠宝玉石饰品质量监督检验所和云南省标准化协会共同主办。会议的目的是为建立和制定科学的翡翠饰品质量分级标准进行技术准备。

2002年12月云南省珠宝玉石饰品质量监督检验所提出组织完成的世界范围内第一部《翡翠饰品分级》标准（云南省地方标准）顺利通过了评审。

与会者一致认为，建立和制定科学的翡翠饰品质量分级标准，不但是云南省珠宝界长期以来的呼唤，而且也是国内外同行的希望，更是标准化主管部门多年的愿望。无论从翡翠珠宝市场看，还是从全球经济一体化的需要出发，都是非常必要的。标准体系的建立，不但使国内外翡翠行业的生产、加工、交易、商贸、评估、鉴定、拍卖、典当、消费有了共同遵守的质量分级依据，促进翡翠行业健康有序地发展，而且在国际上树立起规则和诚信的意识，为翡翠产业和相关产业充分利用国内外两个市场、两种资源创造了条件，也必将使翡翠产业做得更大更强，进一步提高珠宝翡翠在世界珠宝行业的地位。

国家翡翠饰品质量分级标准体系的建立，将是对世界珠宝界的一大贡献。

五、两岸四地珠宝产业的过去、现在和未来

2003年岁末，在“首届昆明国际翡翠珠宝展”论坛会上，台湾珠宝工业同业公会理事长林昌先生作了题为《论两岸四地珠宝产业的过去、现在与将来》的报告，得到与会者的共鸣。报告分3个部分论述了两岸四地珠宝产业发展的励精图治及光明前景。

过去（1975～1995年）

台湾：从一片荒漠的珠宝产业发展成世界半宝石产销中心。

香港：具有得天独厚的优越环境，是远东空、海交通枢纽与国际金融中心、自由贸易港。加上20世纪70年代香港的黄金就可自由买卖，促成香港贵金属的镶嵌业领先于亚洲各国。

内地：1979年改革开放后，宝石产业处在萌芽阶段。可是，淡水珍珠的养殖发出美丽的光彩，推翻了珍珠养殖是日本人天下的神话。

澳门：因为幅员小又是博彩旅游城市，它具有发展观光珠宝商业的优厚条件。

现在（1995～2003年）

台湾：经过20多年，台湾珠宝业蓬勃发展，但人工难求，大部分产业（不单珠宝业）多在内地、东南亚及世界各地设厂，并在美国、日本、欧洲等设立分公司。在本阶段，台湾只做设计研发接单调配工作。

香港：趁内地改革开放的地利之便，在内地设厂招工。引进台湾半宝石设备加工技术及原本发展不错的贵金属镶嵌业，加上香港珠宝展销会（现已是世界四大珠宝展销会之一）发挥了一定的功效，使香港的贵金属与半宝石产业蓬勃发展。

内地：改革开放经济繁荣，珠宝业厂商如雨后春笋，一片繁荣。但还需慎重，要稳定发展。

澳门：因内地经济发展，国民所得提高，到澳门旅游客源成倍增长，带动了黄金珠宝业的繁荣。

未来（2004年～）

台湾：台湾珠宝产业经过三四十年的发展与变迁，大部分的业者多成立跨国公司，以面临21世纪信息时代及地球村的来到。以台湾公司为运筹帷幄的总部，将原料、生产设计、销售整个网络连成一体，以达成事半功倍之效。

香港：应在现有的良好基础上更上一层楼，大量引进钻石、祖母绿、红蓝宝原石，发展加工业，以形成贵、半、镶嵌于一体的珠宝王国。

内地：内地大部分业者，对国际珠宝咨询与新知识取得的通路欠缺。在对萌芽时期的珠宝产业，协会或商会肩负联系、沟通、整合的责任。纵的方面，应协助政府制定一套与国际接轨、符合时宜的法令规章；横的方面，联络、沟通、整合珠宝业同业，扩大建全协会（或商会）的组织，群策群力，分工合作，从教育、咨询组织着手，以发挥协会的功能。内地的珠宝业定能开出灿烂的花朵。

澳门：虽有广大的内地客户群，更应特别注意黄金珠宝的质量与成色，更应建立一套良好的规范。这样，澳门珠宝永远会眉开眼笑。林林昌先生最后强调：“我们两岸四地的珠宝业者都各有所长，我们都是炎黄子孙，大家应共同合作，手牵手，心连心共同达成中国人的世纪（21世纪），完成世纪所赋予的光荣使命！”

目录

CONTEN

Preface

First chapter Forum

First section Researching relation policy & rule

Second section Trend of industry capital and finance capital mixed together

Third section Discussion on developing direction of jewelry trade

Fourth section Promotion the development of jewelry trade on scale by medium departments and trade organizations

Second chapter Massage、Data and Information

First section The investigation on business situation & development trend of China jewelry trade

目录 CONTEN

Third chapter Special column

First section China top brand

Second section Models of enterprise believed by consumers

Third section Introduction on special jewelry markets

Fourth section International organizations about jewelry trade

Fifth section Popularize activities

目录 CONTENTS

《中国珠宝年鉴》编辑部

地　址：北京王府井大街307号703室
邮　编：100006
电　话：(010) 65236572　85116787
传　真：(010) 65597909　85116787

图书在版编目（CIP）数据

中国珠宝年鉴　2003～2004/《中国珠宝年鉴》编委会编．北京：地质出版社，2004.10
ISBN 7-116-04232-6

Ⅰ.中...Ⅱ.中...Ⅲ.宝石－轻工业－中国－2003～2004－年鉴 Ⅳ.F426.89-54

中国版本图书馆 CIP 数据核字（2004）第 107388 号

ZHONGGUO ZHUBAO NIANJIAN 2003～2004

责任编辑：何　蔓
责任校对：黄苏晔
出版发行：地质出版社
社址邮编：北京海淀区学院路 31 号，100083
电　　话：（010）82324508（邮购部）；（010）82324580（编辑部）
网　　址：http://www.gph.com.cn
电子邮箱：zbs@ gph.com.cn
传　　真：（010）82310759
印　　刷：北京嘉彩印刷有限公司
开　　本：889mm × 1194mm 1/16
印　　张：24.75
字　　数：600 千字
印　　数：1—2000 册
版　　次：2004 年 10 月北京第一版 · 第一次印刷
定　　价：398.00 元

ISBN 7-116-04232-6/F · 185